A.T.カーニー
業界別
経営アジェンダ

A.T.Kearney Management Agenda By Industry 2024

2024

A.T.カーニー 編

Regenerate:
Your business

日本経済新聞出版

はじめに

激変する経営環境

2022年2月24日早朝、ロシアが突如としてウクライナに侵攻を開始しました。確かに、その前年の11月ごろには、ロシアがウクライナ南部のクリミア半島や同国東部の国境付近に軍隊を集め始め、米国などいくつかの国からはウクライナ侵攻の懸念が発信されていました。しかし、2021年の11月以前、または2022年の2月下旬時点においてでさえ、ウクライナ侵攻それ自体やそれに伴う穀物価格・エネルギー価格の上昇などを予測し、十分な対応をとれていた企業（経営コンサルタントも）は多くはないと思います。

その理由としては、事業がグローバル化しサプライチェーンもグローバル全体に広がった結果、あらゆる事業活動が世界とつながる中で、自社が主に事業を展開する産業・地域におけるトレンドだけではなく、ある産業・地域における出来事が、バタフライ・エフェクトのように、他の産業・地域に大きな影響を及ぼすようになってきており、あらゆる産業・地域の動向を注視しなければならないことがあります。それに加えて、注視すべき対象も、国家のマクロ政策や消費者動向だけでなく、破壊的なテクノロジーの登場やそれらを背景とした新たな競合プレイヤなど、経営者が注視しないといけないトレンドが、かつてと比べものにならないほど増えていることがあるように感じます。例えば、ここ数年だけでも、ほんの一例を挙げただけでも、ゲノム、生成AI、ロボティクス、サステナビリティ、インフレーション、少子高齢化、人材不足など経営者が注視すべきトレンドを挙げればきりがない状態です。

このように、現代の経営者にとって、幅広い産業を俯瞰し、そこで起こ

っているトレンドから自社への影響を考察する必要性が高まっています。一方で、自社が事業展開している領域ならいざ知らず、それ以外の領域も含めて、現在何が起こっているのかを横断的に把握するのは、非常に難しいのではないかと思います。そこで、幅広い産業の経営に触れている戦略コンサルティングファームとして、日々のコンサルティングワークの中で感じている最新の潮流や変化を業界網羅的に提供することが、そのような経営者の悩みの解決に貢献できるのではないかと考えたことが本書を執筆することを思いついたきっかけです。

A.T. カーニーとは

A.T. カーニーは、1926年に米国シカゴに創立され、約100年の歴史を持つ世界で最も歴史がある戦略コンサルティングファームの一つです。グローバルでは5,300名のコンサルタントを抱え、フォーチュングローバル500のうち、4分の3以上を顧客としているグローバルでも有数のコンサルティングファームです。また、A.T. カーニーは、日本においては、1972年に東京に拠点を設けて活動を始め、50年超の歴史を有しています。我々は、様々な製造業やサービス業、金融業など幅広い産業に対し、経営戦略、オペレーション最適化、各種機能戦略の策定支援等のサービスを提供し、日々、日本の経営陣が抱える最先端の課題を解決すべく取り組んでいます。

A.T. カーニーは、グローバルでは、ダボス会議での戦略パートナーを務めるなど様々な国際機関や国際会議の有力なパートナーとして、各種アイデアを発信するとともに、その実現を支援してきました。また、日本オフィスにおいては、内閣府や経済産業省、金融庁などにおいて各種政府委員を務めたり、経営者が集まり、最新のアジェンダを討議する場を定期的に開催するなどしてきました。成長産業カンファレンス（FUSE）の後援などによるスタートアップと大企業の橋渡しを担ってきました。また、グ

ローバルの40カ国・地域以上に拠点を有するグローバルファームとして、社内にGlobal Business Policy Council（GBPC）という社内シンクタンクを有し、各国の政府関係者や経営陣と共同してマクロトレンドの分析や今後の展望を研究してきました。

A.T.カーニーの日本オフィスは、「日本を変える。世界が変わる」という考えのもと、「2050年までに、世界中の経営のロールモデルとなる日本を代表する大企業20社、世界に新たな価値を創造する日本発ベンチャー企業200社を生み出す」ご支援をしたいと考えております。そのため、このような国内外での活動を通じ蓄積された最新の知見を、書籍やホワイトペーパーという形で還流できればと考えております。

本書の位置付けと狙い

本書は、日々日本企業の経営課題に向き合っているA.T.カーニーのシニアパートナー、パートナー、プリンシパル、マネージャーが共同で書いたものです。各プラクティス（産業軸や業界横断テーマ軸で括った社内の組織）において、日本を代表する企業と毎年、膨大な数のプロジェクトに従事する中で、大きな潮目の変化や新たな脅威などを感じることが多くあります。

本書は、可能な限り幅広い産業・業界横断テーマをカバーし、そこで起こっている最新のトレンドを俯瞰することに重きを置いています。対象とするテーマを絞り、そのテーマに関し可能な限り多面的に検討する形も考えましたが、激変する経営環境においては、特定テーマの深掘りよりも産業・業界横断テーマを俯瞰して幅広い視座を提供することによって、読者の皆様にとって得られるものが多いのではないかと考え、このような形式をとることになりました。その結果として、当初の狙いは実現される一方で、一業種・一業界横断テーマ当たりに割ける文字数には限りがあり、概要・方向性の提示に留まり、詳細な具体を共有するところまで踏み込み切れなかった感も否めません。そのような点に関しては、各プラクティスが

5

発信しているホワイトペーパーなどで補完いただいたり、各章の著者に直接相談いただければ幸いです。このような本書の特徴に基づき、読者の皆様におかれましては、興味がある産業・業界横断テーマに関して、空き時間にクイックに読んでトレンドにキャッチアップする形で活用いただくのもよいですし、複数業界を連続して読むことで、それらに通底するメガトレンドやうねりを感じてもらう等、読者の皆様の置かれた状況に応じて柔軟に利用できる書籍になったのではないかと考えています。

　最後になりましたが、本書の出版にあたっては、数多くの方々にご尽力いただきました。各章の著者である、A.T. カーニーの各プラクティスのシニアパートナーからマネージャーまでの各位のみならず、その裏側では各プラクティスメンバーには、ブレストや各種プロジェクトの経験のインプットをしてもらいました。また、Global Research チームの今村さん、工藤さん、竹田さんには各種調査を手伝っていただきました。加えて各シニアメンバーの秘書の方々（貝塚さん、天田さん、小林玲奈さん、小林恵さん、新井さん、梶さん、菅さん、青山さん、香川さん、春日さん）にも、本書作成のための時間確保や予定調整などに尽力いただきました。マーケティングチームの久々江さんには、企画段階から各種支援をいただいております。このように各章の著者以外の方々の献身的なサポートが無ければ、上梓することはできなかったものであり、この場を借りて感謝をしたいと思います。

　また、本書の企画・構想からお付き合いをいただいた日本経済新聞出版の永野裕章様には根気強く辛抱いただくとともにお力添えをいただきました。その他、本書の出版を支援してくれたすべての方に御礼申し上げます。

A.T. カーニー シニアパートナー

久野雅志

2023年11月

CONTENTS

第 1 編 産　業

通信	10
生成AI	24
メディア・コンテンツ	36
化学	50
半導体	65
重機械・産業機械	79
エネルギー	95
ヘルスケア	109
不動産	127
観光	143
FMCG	160
アパレル・ラグジュアリー	173
小売	188
銀行	201

第 2 編 業界横断テーマ

サステナビリティ	232
M&A	253
E2Eオペレーション改革	269
サプライチェーン	286
デジタル	301
企業価値創出	320
組織変革	337

第 1 編

産 業

第 1 章

通信

通信業界の構造変化と
新たなビジネス機会

通信業界の概観

　通信業界では、近年、5G/Beyond5G、脱炭素、グローバルのビッグテック（GAFAM）の通信への染み出しなど業界全体の競争のルールを変え得る地殻変動が起こりつつあります。また、2019年に鳴り物入りでMNO（移動体通信事業者）事業に参画した楽天が経営危機を迎えていることなどは、普段通信業界との接点がない読者にとっても興味があるテーマかと思います。

　本章では、国内外の通信業界で発生している影響の大きないくつかのトレンドについてご紹介したいと思います。その上で、特に足元で変化の兆しがあり、通信業界だけでなく周辺の産業に影響を与えうるトレンドについて今後の見立てをご紹介します。

通信業界におけるトレンド

①楽天危機

　楽天がMNO事業に参画する前の国内における無線通信の競争環境は、3大キャリア（ドコモ、KDDI、ソフトバンク）が約90％の市場シェアを占める寡占度の高い競争環境でした。そのような寡占度が高く、競争の少ない市場において、国内の携帯サービスの価格は世界的にも高いと言われていました。

　そうした市場・競争環境に異を唱え、MNO事業に参入したのが楽天です。楽天は、以前はMVNO（仮想移動体通信事業者）として、ドコモのモバイル通信インフラを借りる形で移動体通信事業を行っていました。そんな中、総務省による2017年11月の4G（LTE）向けの1.7GHz/3.4GHz帯の追加割当発表を契機に、楽天はMNOへの本格参入を発表し、2019年よりMNOとしての事業を開始しました。

　しかし、MNOとしてサービス提供をするためには、モバイル通信インフラを整備する必要があり、莫大な先行投資が必要となります。実際、楽天もモバイル通信インフラの根幹をなす基地局（スマホ等に電波を発信する拠点）の設置などにここ数年間で毎年3,000億円程度の投資を行ってきました。その結果、MNOへの本格参入以降の楽天の業績は悪化し、足元2023年時点では立ち行かない状況になっています（図表1-1）。

　では、なぜ楽天はこのような状況に陥ったのでしょうか。もちろん楽天の内部要因もあると考えられますが、外的要因すなわち総務省による規制・政策によるところも大きいと考えられます。元々、総務省が楽天のMNO新規参入を認めた背景には、携帯サービスの価格が世界的に見ても高止まりしている国内において、第4のMNO参入により、健全な競争の促進と価格引き下げの目的がありました。しかしながら、新規MNOの

■ 図表1-1　楽天グループの業績推移

Free Mobileがシェア拡大を実現したフランス（図表1-2）と比較して、日本の総務省による規制・政策は、3つの点で劣っていたと考えられます（図表1-3）。結果、楽天は構造的に厳しい環境で戦わざるを得なかったのです。

　足元の楽天の資金繰り状況に鑑みると、現状の事業構造を維持したままの事業健全化は厳しい可能性が高く、3つのシナリオが想定されます。「シナリオ1.モバイル以外の事業売却（例.楽天市場）による資金確保」「シナリオ2.アセット売却し存続」「シナリオ3.MNO事業売却」です。シナリオ1が発現した場合、楽天のMNO事業を主語とした状況は現状と大きくは変わりません。他方、シナリオ2と3が発現した場合については、通信業界においていくつかの変化を起こす可能性があります。シナリオ2については、後述するインフラシェアリングに関連し、楽天のカーブアウトアセットを活用した国内初の大規模なインフラシェアリング事業者の誕生

産業

■ 図表1-2　市場参入後のシェア獲得推移

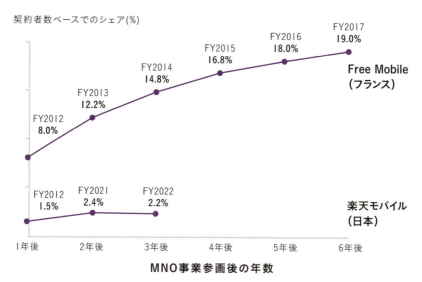

出所：楽天モバイルシェア：総務省「電気通信サービスの契約数及びシェアに関する四半期データの公表（令和4年度第4四半期（3月末））」、
FreeMobileシェア：世界銀行、iliadグループ IR資料よりA.T. カーニーにて試算

があり得ます。また、シナリオ3が発現した場合は、実質的には国内MNO3強体制に戻り、MNOによる値上げが起こり得ます（執筆時の2023年8月時点で、既にドコモ、KDDI、ソフトバンクの3社ともに一部のプランで実質値上げの料金プランを発表しています）。

② インフラシェアリング

　今現在、海外ではモバイル通信インフラにおけるインフラシェアリングと呼ばれる新しい事業が普及しています。モバイル通信インフラは、図表1-4の通り「設置場所」「RAN」「コアネットワーク」で構成されています。従来は、MNO事業者が垂直統合的にコアから設置場所までを全て自前で所有することが主流でした。近年、MNOの収益性が低下していることを背景に、設置場所を有する第三者や、MNOがカーブアウトしたアセ

■ 図表 1-3　政策・規制面の比較

	フランス	日本
原因①　新規参入を促す支援策の欠如	新規参入を支援する法制度の整備 ■既存MNOに対して、「インフラシェアリング」「新興MNOへのローミング」を義務化	実効性の高い規制的な支援なし ■「インフラシェアリング」に関するガイドライン整備や補助金のみ ■「新興MNOへのローミング」の義務化はなし
原因②　競争力のある周波数帯割り当ての出し渋り	参入当初より競争力のある周波数帯を割り当て ■Free Mobile参入時の主力周波数であ2.6GHz帯を割り当て ■2015年に700MHz帯(プラチナバンド)をFree Mobileに対して割り当て	競争力のある周波数帯を未だに割り当てていない ■楽天に対して携帯電話がつながりやすい「プラチナバンド」を現時点で未割り当て ※2023年秋以降に再割り当て予定
原因③　官製値下げによる楽天の価格優位性の低下	官製値下げ未実施	官製値下げを実施 ■新興MNOが十分に育っていないにもかかわらず、既存MNOに対して、低価格帯の料金プランを要請

出所：Free Mobileオフィシャルサイト、総務省「通信事業者の動向(フランス)」「携帯電話用周波数の再割当てに係る円滑な移行に関するタスクフォース」などよりA.T. カーニー作成

■ 図表 1-4　インフラシェアリングの対象範囲

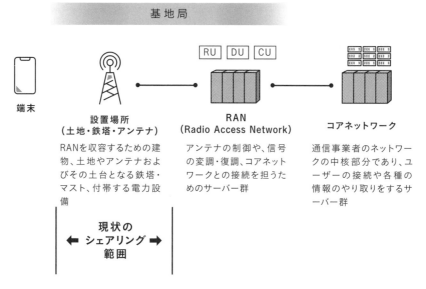

出所：A.T. カーニー作成

ットを買い取った事業者が、複数のMNOに対してアセットを貸し出し、賃料収入を得るインフラシェアリングが広まっています。

　一方、国内ではグローバルと比較して、インフラシェアリングが普及していないのが実情です（図表1-5、1-6）。2012年に国内初のシェアリング事業者であるJTOWERが設立されて以降、5G JAPAN、Sharing Designなどの新規プレイヤが市場参入しました。しかしながら、国内MNOの利益率は高く、地方の鉄塔など一部の立地を除きMNOによるインフラシェアリングの利活用が進んでいないのが実態です。ただし、今後に向けては後述の通り、いくつかの要因により国内においてもインフラシェアリングが普及していくと考えています。

■ 図表 1-5　グローバルでの通信タワーの保有主体の変化

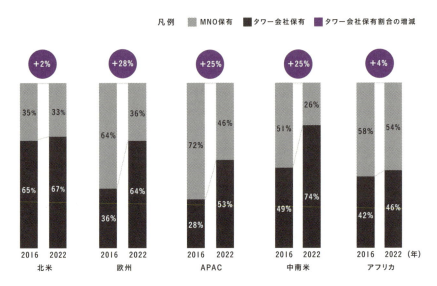

出所：JTOWER IR資料

■ 図表 1-6　APACでの通信タワーの保有主体

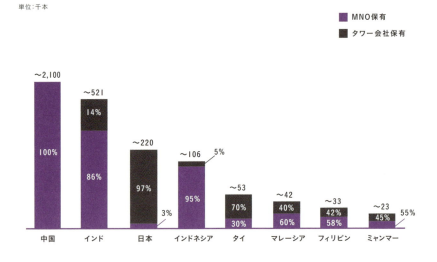

出所：JTOWER IR資料

③衛星通信

2022年に開始されたロシアによるウクライナ侵攻で地上通信網が破壊され、ウクライナ国内の一部地域は不感地帯と化しました。そんな中、ウクライナ政府からの要請を受けて、イーロン・マスクが経営するSpaceXがわずか数日間でウクライナ国内での衛星通信サービスの提供を開始したことは記憶に新しいと思います。

かつては、衛星通信はニッチな領域でした。1980年代には、静止軌道上にある単独の人工衛星を使った政府向けのサービスが主でした。1990年代に入り、低中軌道において多数個の衛星を協調して動作させる衛星コンステレーションが構築され始めました。ただし、提供されるサービスは政府や一部企業のニッチなニーズ（海事・衛星電話向け等）に対応するのみでした。

しかし、足元では衛星通信が存在感を増しつつあります。例えば、2022年に1兆円程度の規模だったグローバルの衛星通信市場が、2028年までには数兆円規模に成長するという市場予測もあります。

今後、衛星通信が進化することにより、「通信のグローバル産業化」が予見されます。通信のグローバル産業化とは、従来は国単位で整備されてきたローカル性の強い通信産業が、メガプレイヤがゲームチェンジャーとなりグローバル産業化するということです。今のところ衛星通信は、費用が高く、供給制約から人口密度の低い地域が対象となります。従って、米国など面積が広くかつ光ファイバー網の脆弱な先進国において普及する蓋然性が高いと考えられます。そのような国においては、"Winner takes all"の可能性が十分に考えられます。他方、光ファイバー網が普及しており、人口密度の高い日本においては、一部の僻地利用に留まると考えられます。

④データセンターの分散化

　情報通信を語るうえで忘れてはいけないのがデータセンターです。企業や消費者が利用するオンラインサービスのデータ処理やデータの保管を行うサーバーやネットワーク機器が置かれている物理的な拠点のことを指します。このデータセンターの配置方法が、データトラフィック需要の変化や脱炭素の潮流の中で変化しています。

　世界のデータセンター需要は伸びています。総務省の情報通信白書によると、2012年に年間1,400億ドルだったグローバルのデータセンターの市場規模は、2021年に年間2,160億ドルまで年平均5%程度で伸びてきました。同様に国内のデータセンター市場規模もIDC Japanによると2015～2022年の間に年率10%程度で成長してきました。Microsoft Teams、Google Workspaceに代表されるビジネス向けのクラウドサービスやYouTube等のコンシューマー向けの動画アプリが、データトラフィックの成長を牽引し、データセンター需要につながってきたのです。

　このようなGAFAMによるトラフィック需要の牽引に伴い、データセンターの配置の仕方も変わってきました。これらのプレイヤが運営するクラウド型データセンターが主流化し、ハイパースケールデータセンターと呼ばれる大規模なデータセンターが、国内では千葉県の印西と大阪周辺の2大需要地に集積されてきました。他方で、その他の一般企業向けの国内データセンター需要は、GAFAMのクラウドサーバーを利用する企業が増える中、逓減しています。

　そんな中央集約化が進んできた国内のデータセンターですが、足元ではエッジ化（分散化）が始まりつつあります。エッジ化の原因は3つあります。まず1つ目は、データセンターの立地を規定する最重要ドライバーであるレイテンシーに関わるユースケースの変化です。例えば、自動運転やスマート工場などのリアルタイムかつ高い制御精度が求められるユースケースや、クラウドゲームのような多接続・大容量が求められるコンテンツ

の進化が挙げられます。2つ目は、供給制約です。データセンターは膨大な電力を必要とします。科学技術振興機構の調査によると2018年に約140億kWhだった国内のデータセンターの電力消費量が2030年には約6.4倍の900億kWhに増加すると言われています。これに対して、電力供給量に対する余裕度を示す電力の予備率は地域によってばらつきがあり、最低水準の首都圏では電力需給の逼迫リスクがあります。3つ目は、政策的な後押しです。岸田政権が掲げるデジタル田園都市国家構想の一環で、データセンターを含むデータハブを東京・関西の2拠点体制から多拠点化することが計画されています。では、どの程度の分散化が進むのかについては、後述したいと思います。

　また、脱炭素の潮流の中で、データセンターにおける取り組みも進んでいます。データセンター関連の脱炭素化の最先端を行っているのも、GAFAMです。2030年までのカーボンニュートラルの実現に向けて、例えばデータセンターにおける100%再エネ利用や液冷技術、排熱利用による省エネの推進が行われています。前述の通り、今後データセンターにおける電力消費量および温室効果ガス（GHG）の排出量は増加することが予見され、データセンターのグリーン化が社会・企業にとってますます鍵となる取り組みになっていきます。

今後の見立て

　最後に2030年程度の時間軸で、大きな変化が見込まれ、通信事業者・それ以外の事業者にとっても新たな事業機会になりうる2つのトレンドに関する見立てを紹介します。

"インフラシェアリングの新産業化"

　これまで国内において普及が進まなかった基地局設備のインフラシェア

リングが、2つの理由から進行すると思われます。1つ目は、MNOにとって今後基地局投資による経済合理性が成立しづらくなる点です。これまで、MNO各社は5Gのエリアカバレッジ拡大を目的に、伝播距離が長く、帯域幅が狭い700〜900Mhzのプラチナバンド帯向けの基地局を設置してきました。今後は、MNO各社が総務省へ提出している置局計画等からも、Sub6帯と呼ばれる3.7〜4.5GHzの基地局の設置が主となっていくことが読み取れます。Sub6帯は、伝播距離は短い一方で、帯域幅が広く、プラチナバンドと比較して大容量・低遅延の性質を持った周波数帯です。従って、プラチナバンドと比較して基地局設置のメッシュが細かくなり、対象カバー人口に対しコストは増加する傾向になります。2つ目は、前述の通り楽天の動向です。楽天の基地局アセットがカーブアウトされた場合に、国内では初となる大規模なシェアリング事業者が誕生する可能性があります。

　インフラシェアリングのビジネスにおける要諦は、基地局の置局の受容性が高い立地を押さえることです。今後、5G（Sub6）の基地局の主となるのは、トラフィック量の多い都市部の人口密集地になります。従って、例えば利用者の多い交通機関や不動産、その周辺にインフラを有する事業者にとっては新規のビジネス機会になるポテンシャルを秘めているのです。

"リージョナルデータセンターの台頭"

　前述の通り、国内でデータセンターの分散化が既に進行しつつあります。2030年断面でどの程度の分散化が進行するのかについては、複数のシナリオが考えられますが、現時点での見立てとしてはリージョナルデータセンターが有望と考えています。

　データセンターの分散度合いに関し、今後大きく3つのシナリオが想定されます。1つ目は、ユーザーロケーションに配置されるオンプレミス、2つ目は、MNOが進めようとしているMEC（Multi Edge Computing）と呼ば

■ 図表 1-7　データセンターの分散度のシナリオと要件

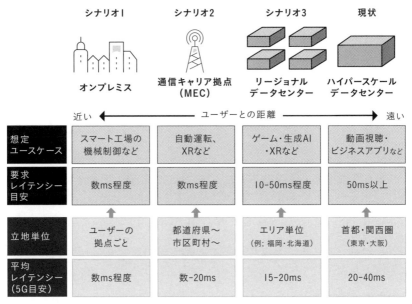

出所：エキスパートインタビューなどよりA.T. カーニー作成

れる通信局舎や基地局設備を活用するシナリオ、3つ目はリージョナルデータセンターで全国の主要都市周辺にハブとなるデータセンターが配置されるシナリオです（図表1-7）。

まず、1つ目のシナリオは、スマート工場などリアルタイムな機械制御を伴うユースケースが対象となります。既に一部ではスマート工場は立ち上がりつつありますが、投資余力がありかつロボティクスの適用範囲の多い自動車産業などユースケースは限定される蓋然性が高いです。2つ目のMECについては、明確なユースケースがないのが実態です。MNO各社の資料等を見ると自動運転やXRを想定していることがうかがえます。他方、自動運転については2030年断面では、MECを所与としないステージ4（高速道路等の特定の環境下における自動運転）の立ち上がり期である可能性が高いです。また、XR向けには過剰品質であり、コスト優位性からリージョナル

DCの方が優位になります。3つ目のシナリオについては、コンシューマー向けのコンテンツがこれまで通り進化していけば、十分に起こりうるシナリオです。例えば、より高画質な動画、クラウドゲームやXR、インタラクティブ性の高い生成AIを活用したアプリケーションなどが挙げられます。これらの萌芽的な事例は既に存在し、スマホ等のモバイルデバイスを活用したコンテンツ消費が主となる場合、東京・関西から距離のある人口密集地（例えば、北海道、九州）において要求レイテンシーを充足できない可能性が高いです。

　このように東京・関西以外において、リージョナルデータセンターハブが立ち上がってくることは、データセンタービジネスの要諦である立地と付帯設備（電力と通信）を押さえられる事業者にとって新たな事業機会になることが期待されます。他方、需要家であるGAFAMのニーズを捉えることが重要であることから、GAFAMと接点を持つグローバルデータセンター事業者と協業することが鍵となっていくでしょう。

産業

第1章 通信

執筆者

針ヶ谷 武文 (はりがや たけふみ)

A.T. カーニー　通信プラクティス シニアパートナー

東京大学教養学部卒。大手通信会社を経て、A.T. カーニーに参画。通信・メディア領域を中心に、成長戦略、M&A戦略、海外戦略、営業改革、全社トランスフォーメーションを手がける。

田添 雄介 (たぞえ ゆうすけ)

A.T. カーニー　通信プラクティス マネージャー

早稲田大学国際教養学部卒。大手清涼飲料メーカーを経て、A.T. カーニーに参画。情報・通信領域を中心に、グリーントランスフォーメーション、新規事業、オペレーション戦略策定などのコンサルティングを手がける。

参考文献

・楽天グループ IR資料
・総務省「電気通信サービスの契約数及びシェアに関する四半期データの公表（令和4年度第4四半期〈3月末〉）」
・World Bank Open Data
・iliad グループ IR資料
・総務省「通信事業者の動向（フランス）」
・総務省「携帯電話用周波数の再割当てに係る円滑な移行に関するタスクフォース報告書」
・JTOWER IR資料
・総務省「情報通信白書　令和4年版」
・IDC「国内データセンターサービス市場予測」
・国立研究開発法人　科学技術振興機構「情報化社会の進展がエネルギー消費に与える影響（Vol.2）」

第2章

生成AI

生成AIがもたらすインパクトと
ビジネス構造変化

　ChatGPTが2022年11月にリリースされ、1億人のユーザー獲得までに要したのは2カ月。史上最速記録を塗り替えました。AIがもたらす変化は、多くの人にとって身近なものとなってきています。A.T. カーニーは、広範な業界の経営層、経営企画部門、事業部門の方々と、生成AIをいかに活用していくべきか、あるいは、AI開発や導入を進める企業がいかに生成AIで事業拡大していくべきか、討議を重ねてきました。

　本章では、多くのビジネスパーソンが興味を持っている、1）生成AIがもたらしている変曲点、2）AI実装に際しての課題と対応、3）今後の見通し、について順を追って見ていきます。

生成AIがもたらしている変曲点

生成AIが顕在化してきた背景

　OpenAIが創立された2015年当時、生成AIは研究を主体とした領域で

投資は集まっていませんでした。2017年にGoogleなどの研究者によりtransformerと呼ばれる深層学習の新手法が発表されて以降、本手法をベースとした大規模自然言語モデルの性能が急激に向上していきました。市場拡大の期待が高まり、2021年以降は投資が加速度的に集まってきています。

2023年、この勢いはさらに加速し、同年6月までの半年間だけで、141億ドルに達しています。このうち、100億ドルはMicrosoftによるOpenAIへの出資です（図表2-1）。これに加え、Google、AWSなどAIの開発競争は激化してきています。

生成AIに対する人々の関心や、投資が急に集まっている背景には、主に以下の2つの技術的な進歩が大きく関係しています。

■ 図表2-1　生成AIの資金調達額・投資案件数の推移

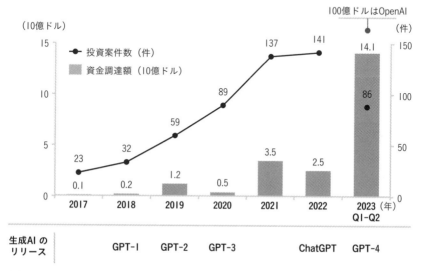

出所:CB Insights: "The state of generative AI in 7 charts"を基にA.T. カーニー作成

1. 生成AIモデルサイズの巨大化

　AIには超高性能の演算能力を持つ半導体が欠かせません。Googleの TPUや、NVIDIAのGPUに代表されるこうした半導体の性能向上が一つ重要な役割を果たしています。

　加えて、深層学習手法の進化も多大な貢献をしています。Googleなどの研究者が2017年に発表した前述のtransformerと呼ばれる新手法により、大規模な学習データを大量のパラメーターで効率的に学習することが可能になりました。実際、AIのモデルサイズは半導体のムーアの法則を優に超えるスピードで指数関数的に増えてきています（図表2-2）。

　計算能力、学習データ、パラメーター数は、増えるほどAIの性能が高まる、というスケール則が関係者の間で議論されている中で（ただし、常に当てはまるわけではない点に注意）、今日のAIの回答が人間にとって「機械的応答」ではなく、「人間の生成／創造行為」のように感じられる域に到達し

■ 図表2-2　自然言語のモデルサイズの推移（パラメーター数）

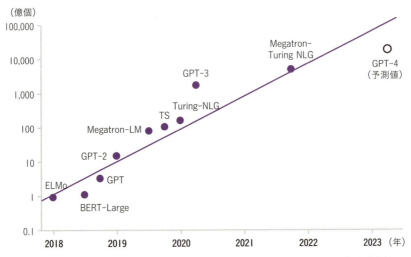

出所：2021年まではNVIDIA Developer「Technical Blog」を基にA.T. カーニー作成。GPT-4は公式発表がなされておらず複数の憶測があり、5,000億〜1.76兆個とも言われている

たことで、急に世界中の人々から注目を浴びることとなりました。

2. AIモデルの扱いやすさの劇的な向上

　元来、AIと言えば、特定のスキルを持つエンジニアのみが使いこなせるもの、という認識があったかと思います。ところが生成AIにより、絵画が苦手でも、コードを一行も書けなくても、AIの専門家でなくても、テキスト、動画、音楽からコードに至るまで生成できるようになりました。たとえ、最初の回答で必ずしも満足する結果が出なかったとしても、何度か応答を繰り返すことで、望んでいる回答を得ることも、直感的なインターフェースを通じてできるようになりました。生成AIが世界中の人々にとって使いやすいものになったことでAI自体が身近なものに変容してきています。

生成AIのユースケースと影響を受けやすい職種

　生成AIに対する投資は、文章から、動画、コード、音声まで幅広い領域にわたっています（図表2-3）。ここでは、特に目を引くユースケースをいくつか見ていきます。

　産業別に見ると、コンテンツ・メディア・広告領域において、SNSへの投稿、営業メール、広告、ウェブサイトのコピーライティング、その他顧客向けのコンテンツなど、人間が行うクリエイティブな作業の一部を代替するユースケースが想定されます。例えば、サイバーエージェントは、独自に開発したAIを活用して、画像・単語などを組み合わせて大量の広告パターンを自動生成し、広告効果の高いものを早期に見つけ出そうとしています。こうした取り組みを通じて、同社は広告オペレーションにかかっている総時間の3割に当たる工数削減を目標に掲げています。

　顧客接点の領域では、文脈や顧客個人に合わせた対応が可能になってい

■ 図表2-3　生成AIの調達資金の投下先（2022年Q3〜2023年Q2）

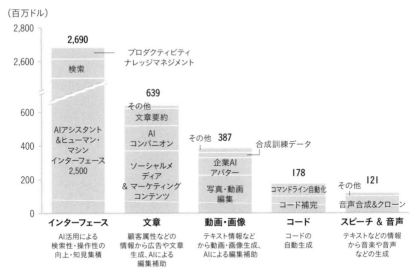

出所：CB Insights：" The state of generative AI in 7 charts"を基にA.T. カーニー作成

きます。例えば、コンタクトセンターのような接客対応の場面において、顧客とのやり取りを要約・保存することで、担当者が変わっても一貫した接客・応答がし易くなります。また、生成AIに個社の製品、業務マニュアルなどのデータを学ばせることで、機械的にあらかじめ決めた通りの自動回答ではなく、より柔軟に応答ができるようになっていきます。さらには、人間の営業・接客の発言に対して、AIがより効果的な営業方法を助言するようなソリューションも出てきています。

　用途別に見ると、コード生成の効率化にも、有用です。例えば、Microsoft社が提供するGitHub CopilotやReplit社のGhostwriterなどを使えば、チャット形式でコーディングに関するアドバイスを得ることができたり、バグの発見・修正を効率化したりすることができます。例えば、NTTデータでは生成AIを使って開発手法を刷新しようとしており、同社が社内で実施した実証プロジェクトにおいて、プログラミングにかかる工

数を7割削減する効果が出ているとの事例もあります。2024年度から、同社の国内外の全エンジニア約10万人にこうした開発手法を習得させることも計画されています。

また生成AIは、AI学習用データの生成・合成にも使われます。例えば、機器やインフラの画像データを基に故障の有無をAIで自動検知するような場合、故障した状態の機器やインフラの画像が大量に必要になります。ところが、そのようなことは現実的には難しかったり、高額のコストが嵩んだりすることが頻繁に発生します。このような場合でも、生成AIが学習用の画像データを生成・合成し、これを故障検知AIに学習させることで、より低コストでより高精度な判断が可能になってきます。

次に、職種別にAIが与える影響についても見ていきます。例えば、Goldman Sachsが2023年3月に発表した予測では、事務・管理業務支援、法務の職種がAIによる自動化の影響を受ける職種として上位に挙げられ

■ 図表2-4　職種別AIによる自動化の影響を受ける雇用者の割合（米国・欧州）

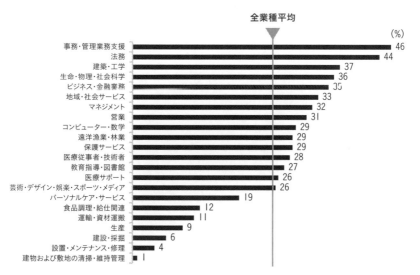

出所：Goldman Sachs「The Potentially Large Effects of Artificial Intelligence on Economic Growth（Briggs/Kodnani）(23/03/26)」を基にA.T.カーニー作成

ています。（図表2-4）。その他、学歴が高く収入も高いホワイトカラーが担ってきた業務が代替対象になってきています。この意味で、生成AIは単純作業の代替に留まっていた従来の自動化ツールとは一線を画しています。

　こうした職業への影響については、AIが人間の雇用を奪うというネガティブな文脈の中で論じられることが多くありますが、より多面的な捉え方ができることも留意すべきでしょう。生成AIの利用により、人間が遂行する業務の内容や質が時代とともに変化していく余地が残されていますし、新たな付加価値が創出される側面も多分にあります。絵が苦手な人でも生成AIを使って創作活動に関われるようになることは、その一例と言えるでしょう。

AI実装に際しての課題と対応

　これまで見てきた通り、生成AIには巨額の資金が集まり、日進月歩で新たな技術が生まれ、長期的な期待値は膨らんできています。ただ、Web版のChatGPTやGPT-4そのままの状態では、企業活動に使うことには適していません。ここでは、AI実装にあたっての典型的な課題と対応を以下の通り整理しています。

1. データセキュリティとガバナンス

　　課題：従業員個人がWeb上で利用したチャット履歴のデータは、オプトアウトしない限りOpenAI社によりモデルの学習に利用され、情報漏洩リスクがある上に、企業側も漏洩を検知する術がありません。

　　対応：サムスンのように、従業員が生成AIに機密情報を入力、漏洩し、問題となった企業も既に出ています。リスクを抑えて利用環境

30

を整える場合、自社で開発したシステムから生成AI事業者が提供するAPIを経由して生成AIの機能を呼び出すか、Azure OpenAI Serviceなどのクラウドを経由して生成AIのAPIを利用することで、データの二次利用や漏洩を防ぎ、社内の利用履歴も管理しやすくなります。

2. 回答の正確性・妥当性を担保できない

課題：生成AIは最新の情報を回答できないこと（ChatGPTは2021年9月以降の情報を学習していません）に加え、単語列の次に来る確率が最も高い単語を連ねて文を作る、という手法がとられていることから、ハルシネーション（「幻覚」の意）と呼ばれる、もっともらしいウソが含まれることがあります。

対応：回答根拠とした出所を明示することや、回答が不明な質問に対しては不明であると回答させるなど、制御する仕組みを追加することがあります。

　国内の大企業においては、パナソニック、日清食品、ベネッセ、メガバンクなどに見られるように、まずは「1. データセキュリティとガバナンス」に対応し、従業員が社内業務で活用できるようにするところから始まっています。特に、不正確な情報が混在していてもリスクが低い場面、あるいは、唯一解がなくそもそも誤答が発生しにくいトピックから利用が拡がっていく傾向にあります。

　汎用の生成AIは自社固有の業務や製品・顧客情報など、固有の文脈に応じた回答を苦手としています。この壁を乗り越えるには、自社のデータをAIに読み込ませることが追加で必要となります。最も容易なものから順に、以下の通り3パターンの手法を整理しています（図表2-5）。

■ 図表 2-5　自社の文脈に合わせた生成 AI の実装方法

	インプットデータ	実装方法	回答性能	コスト	実装難易度
プロンプトエンジニアリング	少量の自社データ	既存の生成AIモデルを利用	精度向上に限界がある	既存モデルの利用コストのみ	最も手軽に実装可能
ファインチューニング	①より多量の自社データ	既存の生成AIモデルに自社データを追加学習させる	追加インプットデータにより、比較的高い	インプットデータの整備と学習コストが追加でかかる	追加学習データの整備や一定のAI専門知識が必要
目的特化型の独自AIモデル	②より多量の自社データと大量の事前学習用データ	目的に沿った独自の生成AIモデルを構築	利用目的の範囲で、最も高い	独自モデルの開発には多額の投資を要する	大量のデータセット準備・モデル開発や投資が必要

　これら3つの手法のうち、現在最も主流にあるのは、実装が最も容易でコストも抑えられるプロンプトエンジニアリングです。これは、質問の仕方に様々な工夫を施して自社のデータを生成AIに読み込ませ、自社の文脈に沿った回答を得ようとするものです。ただし、読み込ませることのできるデータ量に制約があり、精度向上には限界があることが難点です。

　より自社固有性が高いユースケースへの生成AI活用を望む場合、独自の学習データセットを整備し、既存の生成AIに再学習させる（ファインチューン）ことも選択肢となります。足元では、プロンプトエンジニアリングと比べると時間と投資を要する割に、最新世代のAIモデルがファインチューニングに対応していない（2023年3月に公開されたGPT-4がファインチューニング可能になるのは2023年内の見込み）、等の理由から実例は限られます。今後、技術が進展すれば、活用シーンは将来的には拡がり得ます。

　3つの手法の中で、最も難度が高く、最も高額の投資を要するのが目的特化型の独自AIモデルです。これは、目的に合う自社の独自の学習デー

タセットを学習させることで全く新たなAIモデルを開発するものです。国内でも複数の言語モデルがリリースされていますが、5,000億〜1.76兆個とも噂されるGPT-4のパラメーター数（非公表）を擁する超汎用型の生成AIとは考え方が異なります。用途を限定することでパラメーター数を約100億から約1,600億程度と、AIの計算処理に求められるGPU代や電気代を抑えています。こうしたアプローチを採用することで、利用目的の範囲では回答精度を保ちつつ、より安価な選択肢となることが期待されます。

今後の見通し

今日、生成AIは、過大な期待が抱かれやすい"期待期"のフェーズにあるように見えますが、中期的には、過度な期待を持っていた層は疑念や幻

■ 図表 2-6　生成AIが社会に適応するまでの過程

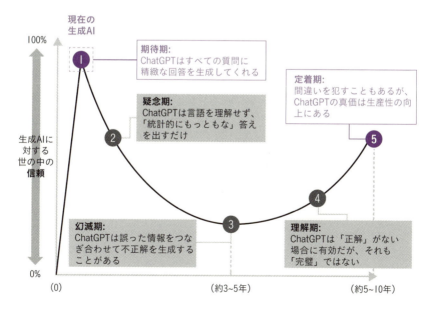

滅の念を持ち、次第に過大でも過少でもない適切な期待値が共有され、最終的に定着していくフェーズに移行していくと考えられます（図表2-6）。

2024年は、2023年に見られた生成AIブームの一時的な調整局面に入る場面も出てくるかもしれません。例えば、明確な効果が出た実例が確認されているコード生成のようなユースケースは定着していく可能性が高いと思われる一方、2023年に大きく期待を集めた汎用生成AIモデルでは、自社文脈へ適合させることが難しく、コンセプトレベルの域を超えられないユースケースも出てくると思われます。目的特化型モデルの性能の仕上がり次第では、一部の業種では汎用モデルより特化モデルの活用が進む可能性もあります。2024年は、実際に効果が出る領域を見極め、その領域に対するPDCAを多く回した利用者が果実を得られる年になるでしょう。

産業

第2章 生成AI

[執筆者]

針ヶ谷 武文 (はりがや たけふみ)

A.T. カーニー　通信プラクティス シニアパートナー

東京大学教養学部卒。大手通信会社を経て、A.T. カーニーに参画。通信・メディア領域を中心に、成長戦略、M&A戦略、海外戦略、営業改革、全社トランスフォーメーションを手がける。

滝 健太郎 (たき けんたろう)

A.T. カーニー　通信プラクティス シニアパートナー

東京大学経済学部卒。通信・メディア領域を中心に、成長戦略、M&A戦略、デジタル戦略、R&D戦略、全社トランスフォーメーションを手がける。

竹井 潔 (たけい きよし)

A.T. カーニー　通信プラクティス マネージャー

MITスローン経営大学院卒（MBA）。総合電機メーカーを経て現職。通信・ハイテク領域を中心に、中期経営計画、事業戦略、新事業開発、M&A戦略、組織再編を手掛ける。

[参考文献]

・CB Insights: "The state of generative AI in 7 charts"
・NVIDIA: Developer Technical Blog
・東京大学 松尾研究室：「AIの進化と日本の戦略」
・Goldman Sachs: "The Potentially Large Effects of Artificial Intelligence on Economic Growth（Briggs/Kodnani)"
・日経クロステック『ChatGPT産業革命』（日経BP）

第3章

メディア・コンテンツ

IPホルダー化する世界

メディア・コンテンツ産業の地殻変動
──IPホルダー化を目指すメディア企業──

　2010年代以降の10数年は、メディア・コンテンツ産業において大きな地殻変動の時代でした。デジタルデバイスの普及と通信環境の著しい改善により、メディア・コンテンツ産業の収益構造は大きく変わってきました。出版社を例にとれば、これまで紙でコンテンツを出版して"モノ"を売買するビジネスから、電子書籍化した"デジタルデータ"、アニメ・映画化など映像による"配信権"、コンテンツのグッズなどの"商品化権"など、マルチにコンテンツを活用するビジネスに転換してきました。言い換えれば、"コンテンツを創造して売る"から"コンテンツをIPにして広げる"が大きく進んだ時代でした。

　参考までに、"IP"という言葉は"Intellectual Property"（知的財産）の略語で、一般産業で言えば特許に代表される研究等の成果物を中心にした権利

群を表していますが、メディア・コンテンツ企業が"IP"という言葉を使う場合には、「ひとつの世界観に基づいたコンテンツ群」という意味合いで使うことが一般的です。重要なのは「コンテンツ群」という言葉で、あくまでひとつのゲーム、アニメ、ということだけではなく世界観を体現する幅広いメディアミックスが実装されて初めて"IP"として成立します。つまり、コンテンツメーカーはひとつのコンテンツを創るだけでなく複数のメディアミックスで展開・拡散することで、ひとつのコンテンツをひとつのコンテンツで終わらせない、結果としてIPホルダーに転換していったと言えます。

　過去脈々とコンテンツをIP化させる取り組み（アニメ化してグッズ販売する）は存在していましたが、ここ数年で①プラットフォーマーの登場によるリーチの拡大、②ライセンス活用の拡大、③コンテンツ創造の小規模化、が進んだことによってIP化が加速して、IPホルダーの収益性が高まっています。

①　プラットフォーマーの登場によるリーチの拡大

　グローバルプラットフォームの登場、動画コンテンツにおけるNetflix・Amazon Prime・Disney+等の動画配信プラットフォーマー（以下OTT）の勃興は、メディア・コンテンツ産業のバリューチェーンに大きなインパクトを与えました。

　これまで家庭に映像コンテンツを届ける役割はTVやDVD（販売・レンタル）が担っていましたが、OTTはこれに取って代わり、特に先進国中心に視聴者の集まるプラットフォームを構築しました。TVのメディアとしての影響力が減少したことは言うまでもありませんが、OTTは高い集客力とサブスクリプションビジネスによる安定的なキャッシュ創出力を背景に、IP・コンテンツホルダーにも影響力を行使し始めました。北米ではAmazonのMGM買収、DisneyのFOX買収等でIP・コンテンツを抱え込

み、自社プラットフォームの魅力度を高める（同時にライバルからキーコンテンツを奪う）競争が生まれており、日本でも強力なアニメコンテンツの配信権を高額で独占、製作委員会への出資、さらに原作漫画のアニメ化権の獲得、等IPホルダー（特に出版社）とIP・コンテンツを囲い込むことで会員数を増加させることに成功しました。

しかしながら2010年代後半から、Disney+ をはじめとするプレイヤ増加による競争激化や、先進国マーケットでの飽和等により成長が鈍化したこと、視聴者のサブスク「慣れ」（見たいコンテンツを見るとやめて次のプラットフォームに移ること）で、人気IPの争奪戦（特にオリジナル作品の原作獲得競争）が激化し、IPホルダーに徐々に交渉力が戻ってきつつあります。加えて、2019年から始まった『鬼滅の刃』が、従来型の制作委員会方式（出版社・TV局・制作会社・広告代理店等で作られる任意組合でアニメ制作のリスクを分散する手法）をとらず、TV局・デジタルメディアとフラットに交渉できる"マルチプラットフォーム戦略"を採用したことで、柔軟な露出戦略が実現し、結果として全世界で大きな収益を得たことがIPホルダーの戦略に大きく影響を与えました。

これらの経緯を経て、IPホルダーはこれまでのレガシーメディアと各プラットフォーマーからの配信権収入で安定的な収益を得たことに加えて、これまでリーチが難しかったグローバルマス層へのリーチも手に入れることとなりました。2億人以上の会員数を持つNetflixを筆頭に、先進国中心に数億人規模でのリーチを手に入れたことで、IPホルダーの「グローバル化」が進んでいます。

②　ライセンス活用の拡大

もうひとつ重要なトレンドは、制作コストの増大です。映画・アニメであればCGやVFX等の映像技術の進化、コンソールゲーム（一般的にプレイステーションやXbox等の据え置き型ゲームを指す）であればハードの進化によるグ

ラフィックの高精細化、モバイルゲームであればデバイスの性能向上と消費者の要求水準の向上、といった技術や消費者の変化により、プロコンテンツの制作・開発コスト・マーケティングコストが大幅に増加してきました。例えば、コンソールのAAAランクゲームの開発費は、2000年代後半は1本当たり30億円ほどだったものが、2018年ごろには150億円、2023年では300億円超と劇的に増加しており、大手IPホルダーや大手メディアでもコンテンツ創造は重大な投資となりつつあります。

このコスト増加によってコンテンツ事業者は、ライセンスマネジメントのオープン化やマネタイズの高度化が求められるようになりました。前述のように、『鬼滅の刃』がマルチプラットフォームで成功したことも追い風となり、IPホルダーのマルチプラットフォーム化が進んでいることに加えて（例：ソニーグループのゲームもXboxで遊べる）、プロダクトプレイスメント（例：映画『ミッション・インポッシブル』中にBMWが登場）、広告化権（例：島耕作×メルセデスベンツの広告キャンペーン）やデジタルグッズ・NFTなど幅広いIP運用のパターンが生み出されています。

この中でも収益規模が大きいのはゲームです。前述の通り、ゲームは開

■ 図表 3-1　マスターライセンシー選定の交渉におけるライセンス活用範囲の例

発費・運営費ともに膨大であるが成功時の収益も極めて大きくIPホルダーとしては取り込みたい収益源のひとつであり、Disneyも『STAR WARS』をEAにライセンスアウトして『Star Wars ジェダイ：フォールン・オーダー』『Star Wars バトルフロント』等のヒット作を生み出し、ワーナーはハリー・ポッターシリーズの『ホグワーツ・レガシー』で2023年最大級のヒットを記録しています（ちなみに『ホグワーツ・レガシー』はワーナー子会社のAvalanche Softwareが開発しているが、同社がもとはDisney傘下の開発会社でDisneyの自社開発撤退によりワーナーに買収された、という流れは考えさせられます）。これらのコンソール大型ゲームの開発費は数百億円規模で超大型IPに限られてしまいますが、モバイルゲームの中でもパズルゲーム等のライトゲームは低コストでも一定の収益性があることから、取り組みは進んでいます。

　ライセンスの幅に加えて、前述のようにグローバルで日本IPの認知が広がったことで、現地でIPライセンスを運用する事業者も増え、クオリティも年々高まってきています。これまでポリティカルリスクや侵害品リスクの高さからマネタイズしきれなかった中国でも、AlibabaやTencentなどの大型プラットフォーマーのグループが日本IPを求めてライセンス部隊を作り、自社の子会社やB2Bネットワーク（例：AlibabaのECサイトへの出店社）を活用して、多様なライセンス展開を提案するようになってきました。これまでの中国×IPビジネスとは異なるフェーズを迎えており、IPホルダーのグローバル化の追い風となっています。

③　コンテンツ創造の小規模化・大衆化

　IPの拡散・マネタイズの進化に加えて、IPの創り方にも変化が生じています。

　これまでコンテンツ創造は、映画やゲームといった大規模投資によるマス拡散や、マンガ・小説に代表される"多産多死"モデルが一般的でした。

特に、後者の"多産多死"モデルは、コンテンツを創造するうえで極めて効率的に運用されており、出版社が日本のコンテンツ創造をリードしている現状は納得感があります。具体的に言えば、『週刊少年ジャンプ』という読者を引き付ける強力なメディア（およびそこに掲載されるというブランド力）でクリエイターを集め、ノウハウを蓄積した編集者がコンテンツをブラッシュアップし、雑誌＋コミックという比較的安価なコンテンツで世に問う、というサイクルが循環して、優良なコンテンツ・IPを創造してきました。

足元で勃興した新たなコンテンツ創造の場が、SNSやpixivをはじめとするクリエイタープラットフォームです。プロ・アマチュアを問わず、大量の消費者・読者が集まったプラットフォームに自分の作品を発信することで、いままで世に出てこなかったクリエイター作品が消費者の目に触れるようになりました。ほとんどの作品は大衆化しませんが、ごく一部ではクリエイター個人の発信から大ヒットIPに至った事例も登場してきました（例：ナガノ氏の『ちいかわ』）。

これまで大規模投資が難しく、強固な出版社モデルには参入できなかったプレイヤが、成功確度は低いもののコンテンツ創造に至りやすくなったのは、大きな変革だったと言えます。

ここまで議論の通り、IPホルダーの収益性の高まり（①②）とIP創りのハードル低下（③）により、バリューチェーンの中流〜下流（制作・編集や放送・配信）を事業領域とする事業者がIPホルダーを志向しつつあります。

今年の中盤に動きが見られた一社が、TBSホールディングス（以下TBS）です。TBSはグループ方針・VISION2030の中で、"オリジナルIP開発の推進"と"IPの拡張戦（「EDGE」）"を標榜して事業運営を推進しています。2022年5月には、韓国NAVERグループのNAVER WEBTOON（webtoonプラットフォーム運営）およびSHINE Partners（マンガ制作）とのJV（ジョイントベ

ンチャー）でwebtoon制作会社「Studio TooN」を設立し、ドラマ化・アニメ化も見据えたオリジナルIPの新規創出事業に乗り出してきました。また、2023年7月にはゲームを通じたオリジナルIP開発を目指すとして、TBS GAMESを発表しています。これらのオリジナルIP開発に加えて、2022年1月には、グローバル水準の高品質ドラマの制作を目指し、「THE SEVEN」を設立し、低予算化が進む日本のドラマ制作体制では活用できない大掛かりなVFXやデジタルプロダクションを用いて高品質な作品を作るノウハウの蓄積を狙っており、IPをグローバルで展開できるドラマを制作できるスタジオとして期待が集まっています。同様の動きは今後他のテレビ局でも見られると思われます。

Sony Interactive Entertainment（以下SIE）も、ゲーム開発費の高騰を受けてIP化の必要性をいち早く認識した事業者です。1本の開発・販売に数百億円以上を投じるゲームでは、1本ごとに"バクチ"を打つにはリスクが高すぎる状況です。そこで、彼らはリスク低減のためにも"続編"や"スピンオフ"を狙って、ゲームそのものではなく"世界観"を浸透させること（＝IP化）に注力し始めています。実際に人気シリーズ『アンチャーテッド』の映画化や、数々の賞を受賞した『The Last of US』のドラマ化などが具体的に登場しており、続編も期待されています。他のゲーム会社でも任天堂の『スーパーマリオブラザーズ』、セガサミーの『Sonic』シリーズの映画化・Netflixオリジナルアニメ化、などが記憶に新しく、またゲーム会社だけでなく、おもちゃ会社のマテルの人気シリーズ『バービー』の映画化など、マルチメディア化によりコンテンツをIPに広げていこうとする動きは活発で今後も広がっていくと考えられます。

他にも、webtoonを切り口にオリジナルIPを作る動きも顕著です。前述のTBSに加えて、ゲーム会社（セガサミー、ドリコム）、おもちゃ会社（バンダイ）、電子書籍販売会社（eBook Japan・DMM）等、多様な業界から参入が相次いでいます。従来のIP創造は一人のクリエイターのクリエイティブ力

産業

をレバレッジするためクリエイティブ発掘が重要であり出版社が長けている領域でしたが、webtoonではシナリオ・絵・演出などを分業にしてチームでIPを生み出すことから後発でも参入しやすく、加えて著作権がクリエイターではなく事業者側にあることから、IPとして権利運用しやすいため、参入しやすさと合わせて「IPホルダーを目指す事業者が最初に目指すのがwebtoon」という潮流はもう少し続きそうです。

まだまだ加速するIPビジネス

これまで語った通り、IPビジネスは好調で、ここを目指して様々なプレイヤが進出を目指す流れは今後も継続していくものと考えられますが、それに加えて下記のようなトレンドが見られてくるのでは、と考えています。

① 日系IPホルダーのグローバル展開の加速
② 海外プレイヤによる日系IPへの投資
③ ③生成AI・web3領域を活用したIPコミュニティの登場

① 日系IPホルダーのグローバル展開の加速

グローバルのIPマーケットは今後も成長が予想されており、日系IPもグローバルOTT経由での認知度拡大を背景に成長が見込まれています。また、東南アジア・中東・南米は豊かな人口をベースに経済成長が見込まれている他、国内コンテンツ産業が活発なインドやナイジェリア等でもIP消費が広がっています。先進国中心であったIPマーケットが新興国にも広がりつつあり、非連続な成長も期待できるマーケットです。

好況な市場環境の一方で、日系IPホルダーの多くは十分にグローバル展開できているとは言い難く、多くのIPホルダーではアニメ配信や出版

■ 図表 3-2　主要地域の成長性（エンタメ市場規模の予測：10億ドル）

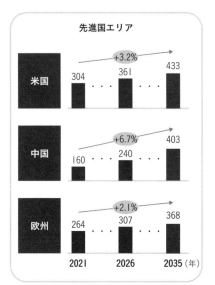
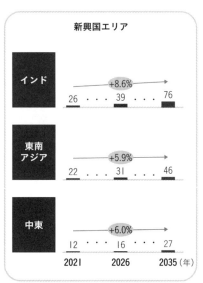

※ 2026年以降は GDP per capita の成長率をかけた保守的な試算

物の翻訳、商品化のライセンスアウトに留まっているのが現状です「製作委員会の複雑な権利関係」が課題に挙がることが多いですが、実際にはシンプルに権利運用できる『鬼滅の刃』でも映像配信以外のライツ運用で大きな収益を上げられておらず、本質的な課題は別のところにあると見ています。

　結論から申し上げると、本質的な課題は「連続性不足」だと考えています。つまり、"グローバル展開したいがリソースが少なく、一部の有名IPにしか注力できない（リソース不足）"→"注力IPのジャンルやターゲットが異なり毎回新しいIPで新しいライセンシーに営業する（連続性不足）"→"結果として長期的なアカウントリレーションを築くことが難しく、効率化できない"、という悪循環が発生していると考えています。リソース不足は深刻で、特に国単位の言語・文化・商慣習の違いへの対応が大きなハード

ルとなっています。

　IPホルダーにとって大きな機会であることは間違いなく、各プレイヤがグローバル化に向けた道筋を検討しているものと予想しています。来年以降、各社でグローバルなM&AやJVの組成、パートナーリング、新市場への参入といった新たなグローバル戦略の展開が進むものと予想しており、特に日本国内での権利運用のシンプル化、注力国（おそらく北米・中国が中心）における現地法人の拡充・関連企業のM&A、スモールマーケット（欧州・東南アジア等）でのIPライセンス展開のコンソーシアム化・ローカルパートナーとのJV等資金投入、といった動きが見られるのではないかと見ています。

②　海外プレイヤによる日系IPへの投資

　前述の通りグローバルでの日系IPの認知は動画配信プラットフォーマーの登場によって拡大しましたが、数十年前のTV放送をきっかけに日系IPを知り親近感を持っている人が多いことに驚かされます。フランスで1970年代のロボットアニメ『グレンダイザー』が人気だったり、ブラジルで『聖闘士星矢』が根強い人気を持っていたり、ナイジェリアでは『るろうに剣心』ファンが多かったり、と意外な組み合わせも多く見られます。こういった背景で、根強い日系IPの人気やIPの創造力に期待した海外プレイヤの投資が増えてきています（ファンだった世代が十分な消費余力を持つ世代になっているという面も相応に存在している）。

　足元で見られている海外プレイヤからの投資は、(1)中東からのオイルマネーの流入、(2)web3領域での活用を目指したIP確保の2つの類型が存在しています。

（1）　中東

　中東、特にサウジアラビアがグローバルでもコンテンツ産業に積極的に

投資しています。ムハンマド・ビン・サルマーン氏が皇太子に任命された折から、脱石油依存の経済改革を掲げ、潤沢なキャッシュを経済多様化に資する投資に投下し始め、その一環がコンテンツ産業です。

＜サウジアラビア系企業による日系IPの買収事例＞

- 任天堂は、政府系ファンドのパブリック・インベストメント・ファンド（以下PIF）が2020年ごろから株を買い増し2023年2月時点で8%の所有。PIFはカプコンやネクソン等の株も保有
- 皇太子が設立したMiSK財団が所有するElectronic Gaming Development CompanyがSNKを買収
- 2022年11月にサウジアラビアの大手エンタテインメント企業マンガプロダクションズが、『グレンダイザー』の中東におけるIPライセンスを取得およびダイナミック企画（注記：『グレンダイザー』のIP元）と戦略パートナーシップを締結。2023年8月にリブートアニメを発表

日系IP以外にも、グローバルでesportsの最大手リーグを買収するなど、コンテンツ領域でのハブを目指しており、サウジアラビアによる日系IPへの投資は今後も続きそうな気配となっています。

（2）　web3領域

2021年終わりから世間的にも取り上げられたweb3ですが、2022年のFTA破綻を背景に"冬の時代"となっています。しかしながら、有力事業者は着々と足元を固めるべく事業ポートフォリオを拡充しており、特にweb3ビジネスの巨塔、Animoca BrandsはIPホルダーとの連携に加えて、IPへの出資を日本法人経由で行っています（例：人気Vtuberグループ・ぶいすぽっ！を運営するBraveグループ等）。

web3の"春の訪れ"はまだ見えませんが、web3コミュニティ・インフ

ラの活性化やウォレットの拡散に有用と見られているIPを得るために、web3事業者がIPホルダーとの連携・買収を模索するのは自然な流れであり、今後も投資が続くものと予想しています。

③ 生成AI・web3領域を活用したIPコミュニティの登場

前述の通り、web3は"冬"の時代が続いています。暗号通貨やNFTが取り上げられ、市場の暴落とともに"冬"に陥ったわけですが、web3の本質的な価値は「これらを複合的に活用したコミュニティ運営」にあります。現に、"冬"の時代でも、スターバックスなどコアファンを抱えるブランドはweb3コミュニティの構築を着々と進めています。

web3型のコミュニティは、コミュニティの思想と、思想を反映したインセンティブにより、自発的にコミュニティ自体が拡散します。インセンティブ設計により、ファンがファンを呼ぶ構造を作りやすく、IPの拡散・

■ 図表3-3　web3.0の概念図

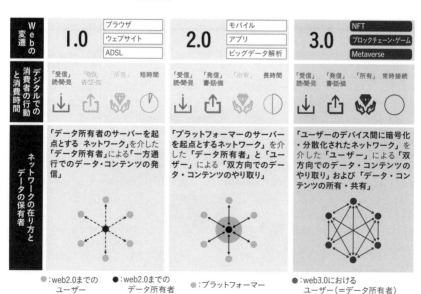

リテンションに有効性が高いと見られています。一方で、コミュニティ拡大の大きな課題のひとつは"拡散に必要なコンテンツの量に限界があること"です。過去に同人ゲーム「東方Project」が、ニコニコ動画や同人誌での2次創作コンテンツを背景に一大IPになった事例がありましたが、そこでキーとなったのはコンテンツの量と質です。1次コンテンツはどうしても投下量に限界があり、拡散に必要な面的なコンテンツには足りない状況になりますが、一方でクリエイターが2次創作に資するコンテンツを作ってくれるかが運任せで再現性に乏しい。

このような状況を打破しうるポテンシャルを持つのが生成AIです。生成AIは、全ユーザーをクリエイター化することができる点で、不足する2次創作コンテンツを無限に生み出せる可能性を秘めており、コミュニティの内外で全ユーザー≒クリエイターが2次創作コンテンツを投下できるようになれば拡散性が高まり、コミュニティ自体の拡張が期待できます（2

■ 図表3-4　web3.0 コミュニティにおける生成AIの活用余地

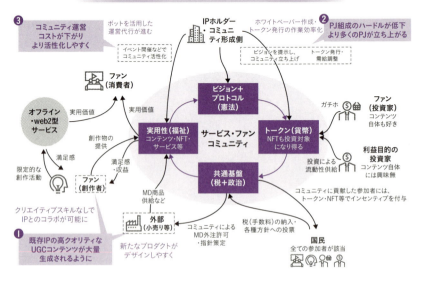

次創作へのインセンティブ設計も重要)。

　こういったUGC（User Generated Contents）の可能性を大いに広げうる生成AIの登場は、ネクスト「東方Project」が生成AI・web3コミュニティから生まれる蓋然性を高めたと言えます。IPホルダーの間でも意見が分かれると思われますが、来年以降こういったUGCコミュニティの登場を見据えて生成AIやファンコミュニティ運営といった領域への投資が加速していくものと予想しています。

執筆者

針ヶ谷 武文（はりがや たけふみ）
A.T. カーニー　通信・メディアプラクティス シニアパートナー
東京大学教養学部卒。大手通信会社を経て、A.T. カーニーに参画。通信・メディア領域を中心に、成長戦略、M&A戦略、海外戦略、営業改革、全社トランスフォーメーションを手がける。

向山 勇一（むこうやま ゆういち）
A.T. カーニー　メディアプラクティス・アーバンプラクティス　シニアパートナー
IBMを経て、A.T. カーニーに参画。ADKの経営改革室長の兼務など、メディア領域で豊富な知見・経験を持つ。

松岡 洋平（まつおか ようへい）
A.T. カーニー　メディアプラクティス　ディレクター
米系戦略ファーム、ライフネット生命立ち上げ、ディッキーズジャパン副社長、SmartNewsでのマーケティング、RIZAP GROUPでのグループ会社数社の取締役、LINE Payにて決済マーケティング／暗号通貨プロジェクト、デジタル庁でのマーケティングなどを経て、web3スタートアップと兼業でA.T. カーニーに参画。

末次 健人（すえなみ けんと）
A.T. カーニー　メディアプラクティス　プリンシパル
講談社を経て、A.T. カーニーに参画。メディア・コンテンツ領域を中心に、全社トランスフォーメーション、グローバル戦略、成長戦略などを手がける。

参考文献

・イシイジロウ『IPのつくりかたとひろげかた』（星海社）
・北谷賢司『エンタメの未来2031』（日経BP）
・Licensing International "Global Licensing Industry Study"
・DATAREPORTAL "DIGITAL2023: GLOBAL OVERVIEW REPORT"
・PwC "Global Entertainment & Media Outlook 2022-2026"

第 4 章

化学

合成生物学を応用した
バイオ化成品の浸透

　本章では、化学業界の重要テーマの一つとして合成生物学を取り上げます。

　生物の代謝系を用いて望む化合物を合成・量産する合成生物学的手法が近年その応用領域を広げています。特に、香料や化粧品添加剤のような高付加価値製品における天然物代替に留まらず、樹脂原料の小分子等までもが、脱化石燃料による環境価値が認識されるのに伴い商業化の射程に入りつつあります。このような従来の化成品とは抜本的に異なる製造手法の応用拡大は、専門のバイオベンチャーや樹脂のユーザー企業である消費財メーカー、発酵ノウハウを持つ飲料メーカー等が本市場での付加価値獲得を狙う絶好の機会を提供しています。本章では、合成生物学的手法やこの技術がもたらす競争環境の変化を概観し、変化に直面する企業がとるべき戦略立案の在り方を提言します。

産業

合成生物学とは何か

合成生物学の定義と応用

　生物学の一般的な定義では、生物学は解析生物学と合成生物学の2つの
カテゴリーに分けることができます。生物学の主流を占めてきたのは前者
の解析生物学で、これは自然な進化により発生した生物がどのようなメカ
ニズムで機能しているのかを理解しようとするものです。対して「合成生
物学」は、意図的な設計によって新しい生命システムを創造することを目
的とする学問で、その目的は有用生物の創出や生命現象の理解まで幅広で
す。特に有用生物の創出を目的とした研究においては、生物を構成する
"部品"を組み合わせることで望む化成品を合成する代謝経路を設計し、
これがうまく生体内で発現・駆動するよう制御することによって有用化合
物を合成しようとする工学的な研究領域を創出しました。ここで蓄積した
遺伝子組み換え技術やゲノム編集等の生物学的ツールや微生物・細胞培養
等のノウハウに加え、DNA/RNAといった核酸の解析・合成に必要なシー
ケンサーやPCR装置、化成法、バイオリアクターなどの周辺機器・方法
論の進化が、2000年頃からの爆発的な応用拡大につながりました。

　合成生物学の応用領域はしばしば3色で表現されます。すなわち、赤＝
医薬分野、緑＝農業分野、そして白＝産業分野です。赤の医療分野では、
古くはインスリンの遺伝子組み換え合成から、足元では各種のバイオ製剤
の製造まで、広く合成生物学的手法が用いられています。緑の農業分野で
は、遺伝子工学を用いた有用農作物の作出等が行われています。白の産業
領域では、燃料エタノールや各種のフレーバー・香料・樹脂原料等の有用
化合物が合成生物学的に製造されています。本章では主に"白"の領域の
中でも合成生物学的手法を用いた各種の化成品製造に注目して、その競争
環境の概要を紹介します。

第4章

化学

なお、これ以降、合成生物学的手法を用いて合成する各種の化成品をバイオ化成品、合成生物学的手法を用いた製造プロセスをバイオプロセス、この時に使われる微生物・細胞株をスマートセルと呼びます。

バイオ化成品製造の技術的課題

　バイオ化成品の競争環境を理解する前提として、バイオ化成品の量産とその開発プロセスについて概略をご説明します。

　バイオ化成品の量産プロセスは主に2つの部分からなります。1つ目がバイオリアクターを用いるアップストリームプロセス（Upstream process, USP）です。典型的には数kL〜数百kL程度の筒状のリアクター内に、原料と微生物、液体培地等を加え、1日〜数日かけて反応を進めます。2つ目のプロセスは、このようにして得られた溶液から目的化合物を分離・精製・回収するダウンストリームプロセス（Downstream process、DSP）です。DSPには、例えば細胞破砕による細胞に内包された成分の回収、遠心分

■ 図表 4-1　バイオ化成品製造の技術的課題

スマートセル開発	スケールアップ
効率の良い試行錯誤のために合成生物学のデータアセットや専門的ノウハウが必要な領域	化学工学的なスケールアップノウハウと共に、設備投資が必要となる領域

スマートセル開発：
- ターゲット分子生産に必要な**代謝経路・遺伝子の設計**
- DNA・合成遺伝子工学等を用いた**菌株の創出**
- ハイスループットフェノタイピングによる目的化合物の**生産量やバイオデータの取得**
- 統計解析・機械学習を用いた**生産性の決定因子の抽出**

スケールアップ：

量産リアクター（数kL〜）へのスケールアップ
- 試薬用から安価だが低品質な工業用グレードの原料転換が必要
- 酸素の飽和度の確保、連続式への対応など、化学工学的なノウハウが重要に
- リアクター容量の費用負担が大きい

大型量産リアクター（数十kL〜）へのスケールアップ
- PDCAサイクルに必要なリードタイムが長い
- 大型キャパシティはCMO等から貸借することが難しく確保が困難

離による生物や固体不純物の分離、フィルターやクロマトグラフィーによる目的物質の単離、製造された製品の乾燥、等が含まれます。

このような商業スケールのバイオ化成品製造の確立における技術的な難所は2カ所あります。

1つ目はUSPを担うスマートセル（酵母、細菌、糸状菌等）の確立です。スマートセルの開発は、既知のスマートセルや代謝プロセスに関するデータベースやノウハウを基に進めますが、望む化合物を高収率・高速に生成し、かつ、DSPの効率性にも配慮したスマートセルを設計する技術的なハードルは非常に高いため、専門的な技術アセットや知見の積み上げが重要となる領域です。従って、スマートセルの確立において強みになるのは、新規バイオプロセス用の遺伝工学等を用いた微生物株・細胞株の創出の土台となる菌株のライブラリの大きさであり、またプロセスの開発経験の厚みであるといえます。実際、本領域は専門性の高いプレイヤがプラットフォーマー的に領域横断で存在する領域で、例えばGinkgo BioworksやAmyrisといったバイオベンチャーが著名です。本書では詳しく触れませんが、本ステップでは機械学習とハイスループット実験系を組み合わせた手法等の要素技術の開発改善がまさに進行中です。

2つ目の技術的な難所はスケールアップです。スマートセルとその培養方法をラボスケールで確立したのち、量産スケール（数kL〜）へのスケールアップが必要となります。この際、例えば原料の試薬グレードから工業用グレードへの切り替えに伴う不純物の増加等の培養条件の変化に加え、比較的単純なバッチ培養からフェドバッチ培養や連続培養への培養方式の転換、リアクター内部の酸素濃度分布の管理、温度恒常性・均一性の担保、攪拌強度の最適化等の化学工学的な技術ノウハウが新たに必要となります。

スケールアップにおいては製造設備の確保も大きな課題となります。スケールアップの実現可能性が見えないタイミングでの設備投資や人的投資

はリスクが高いため、多くの場合CMO（製造受託機関）や提携先企業等から〜数kLスケールの製造設備を借りて製造することになります。この中でも特にCMOの製造設備は製薬用途と競合するため単価が高く、バイオベンチャーの費用負担増につながっています。数十kL以上へのさらなるスケールアップに取り組む場合には対応できるCMOが少なく、ベンチャー自身によるさらなる設備投資が必要となるケースが多いようです。

化学領域における合成生物学の展開

合成生物学のターゲット

　今日、合成生物学的に合成できる化成品の幅は広く、例えば2019年のJangらの総説論文では、"Bio-based chemicals"として、主に糖を起点としバイオプロセスを活用して合成される数十種の分子が紹介されています。Ginkgo BioworksやAmyrisのようにAIとバイオを組み合わせて新たな合成生物学的反応プロセスを開拓するプレイヤも出現・急拡大しており、技術的にラボスケールで合成可能な化合物の種類はさらに爆発的に増加しつつあります。中でも足元で商業化が進んでいる主要なバイオ化成品として、本章では燃料・天然物・樹脂原料の3つをとりあげ、特に進展甚だしい天然物・樹脂原料の2つの競争環境を深掘りします。

　燃料カテゴリーではバイオエタノールの製造が盛んに行われてきました。燃料の脱石油化を後押しする各種の政策等を背景に、現在では合成生物学の一大領域をなしており、典型的には数百kLスケールの極めて大型のバイオリアクターを用い、量産効果によるコスト優位性が競われています。中には後述のLanza Techのように非バイオ原料から燃料を合成するプレイヤも出てきています。

　天然物カテゴリーには香料やフレーバー、化粧品等原料や食用タンパク質等が含まれます。例えばフレーバー・フレグランス（F&F）領域ではバ

ニリンやテルペン類、人工肉の香料となるヘム、化粧品原料のスクワラン やコラーゲン等、食用品は乳やたまご、牛肉等に含まれるカゼイン、オボ アルブミン、食用コラーゲン等が含まれ、いずれも、従来は動植物から製 造・抽出していたものを製造コスト抑制や環境負荷低減を主な目的に微生 物・細胞株を用いた合成生物学的プロセスに切り替えようとするもので す。上記で挙げた2つの技術ボトルネックの観点のうち、スマートセルの 確立難度は天然代謝系が存在するために後述の樹脂領域に比較すると低い 場合が多いとされています。一方のスケールアップの難しさは種類によっ て大きく異なります。例えば、F&Fや化粧品添加剤はユーザーが最終製 品中に少量しか使用しないために価格感受性が低く、したがって重量当た り単価を高く設定できるため、比較的小スケール・高コストの製造（例え ば数kL程度）でも経済合理性が成立します。対して、最終製品中の含有率 の高い食用タンパク質は製造コストを抑えるために大スケール化（例えば数 百kL程度）が必要になります。

　樹脂カテゴリーでも、合成生物学を用いた樹脂原料のバイオ化成品代替 が検討されてきました。しかし、最初期の量産成功例の一つである1,4-ブ タンジオールの場合、2003年当時で事業化に15年・1.3億ドルを要するな ど、当時の技術では石油由来化成品に匹敵するコスト水準の樹脂原料を製 造する難度は非常に高いものでした。ところがここ数年、BtoCビジネス を中心に脱石油化目標を掲げる樹脂ユーザーが増加してきました。詳細は 後述しますが、このようなユーザーからの期待を背景に、ナイロン、ポリ エステル、PET等の樹脂の"バイオ化"が再び脚光を浴びており、今後の 市場拡大が期待されています。また、リサイクルの観点からも合成生物学 的な手法を用いて使用済み樹脂を原料化する検討も進んでいます。本領域 はスマートセル確立の難度が高く、また大規模なスケールアップも必要と なるため、チャレンジングですが期待の持てる領域です。

　以下では、上記のうちでも、足元で特に動きのある天然物と樹脂原料カ

テゴリーの2つについて、数社をケーススタディとして取り上げつつ、競争環境をご紹介します。

天然物カテゴリーの競争環境

天然物領域では、既存の香料メーカーや化粧品メーカーがバイオベンチャーを買収して取り込み、自社の商流などのケイパビリティーを活かしながら製品ポートフォリオの"バイオ化"を進めている他、一部のバイオベンチャーは自社で商品化や商流開拓に取り組んでいます。

まずは代表的な事例としてBASFをご紹介します。BASFは自社でも約30年前から発酵に基づく化成品合成に取り組んでいるほか、2014年からスマートセル開発のAmyrisと提携し、BASFがターゲット化合物を選定、Amyrisがスマートセルを開発する形で合成生物学の応用も目指してきました。足元ではF&Fカテゴリーにターゲットを絞った上で、ある程度の

■ 図表 4-2　大手プレイヤ視点から見るバイオ化成品合成のプレイヤーマップ

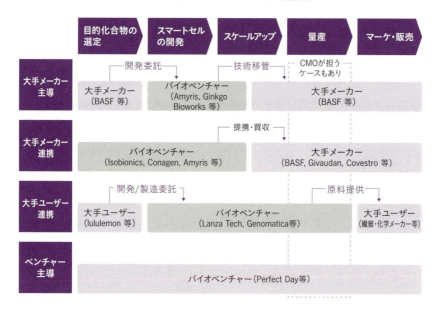

規模に成長したスマートセルを扱う企業の買収や提携を進めることで、合成生物学の取り込みに成功しています。その一例が、2019年のバイオテック企業Isobionicsの買収と自社のアロマイングリディエンツ事業への組み込みです。Isobionicsはテルペンのバイオ合成に強いベンチャーで、買収時にはノートカトンやバレンセン等の柑橘系オイル成分を主に取り扱っていた他、買収後はBASFとの協働でビャクダンの香り成分であるサンタロール等へ取り組みを広げています。また、同じく2019年にはバニリンを扱うバイオテックConagenと協力協定を結ぶなど、本カテゴリーでのオープンイノベーションを通じたポートフォリオ拡大を進めています。

　足元ではF&F以外の領域へと拡張しようとする動きも見られます。2021年にはBASF Venture Capital（BVC）がIT・オートメーションとバイオテクノロジーを組み合わせ甘味料、ビタミン、パーソナルケア製品、農作物保護製品等の幅広いバイオ化成品を開発するBotaBioや、CO_2からバイオエタノールを製造するLanza Techに投資しています。また、BASFがRiKarbon社と提携し、廃棄物由来エモリエント剤（化粧品原料の一つ）等のRiKarbon社の持つ技術を独占的にライセンス・商業化するパートナーシップ契約を締結しており、燃料・樹脂領域におけるグリーン価値創出を有望領域とみている様子もうかがえます。

　これらの企業の買収や提携に際してBASFは、ベンチャーの買収・提携後、製造プロセスのスケールアップや製造効率向上等のプロセスの磨き込み等の技術的支援に加え、規制対応（特にF&F領域）等の後方支援でシナジーを創出しています。例えば上述のIsobionics買収の場合、開発済み香料等の製造やDSPの効率化、新製品サンタロールの上市にあたっての規制対応でBASFのノウハウが生かされたといいます。既存事業で培ったノウハウは、提携先企業の持つ製品やバイオプロセスのスケールアップ可能性や市場性等の要素を見極めるためにも役立っていると思われます。

　以上に掲げたBASFの取り組みから示唆されるのは、30年来の発酵技術

の蓄積があるBASFであっても、新しいバイオ化成品の獲得には提携や買収というインオーガニックな手段が必要であること、そのためには既存事業の知見やCVCを活かした5〜10年単位のプレイヤ探索と提携の試行錯誤が必要かつ有効であること、また、バイオテックに対する製造ノウハウ転移・商流活用・規制対応等の機能によるシナジー創出が可能であること、だと考えられます。

　本章では詳しく触れませんが、本カテゴリーでは他にもGivaudanが2023年にAmyrisの事業を買収（化粧品原料のスクワランやヘミスクワラン等）するなど、既存大手が買収を通じて合成生物学領域のポートフォリオを広げる例が見られます。

　また、バイオベンチャーが独力で製造やブランディングまで試みるケースもあります。例えば、乳タンパク質を製造するPerfect Dayや卵タンパク質を製造するThe Every等、食品タンパク質を扱うベンチャーは消費者向け製品を自身で製造・販売しています。また、Amyrisは自社で製造しているスクワラン等のバイオ原料をベースとして6つのスキンケア・化粧品ブランドを立ち上げた上、1ブランドを買収で加え、原料レイヤーから、BtoC化粧品レイヤーに染み出しつつありました。（なおAmyrisは2023年8月に破産申請しました。今後はブランドを売却、原料開発に集中する計画のようです。）

樹脂カテゴリーの競争環境

　樹脂原料カテゴリーでは、BtoCメーカーの環境負荷低減へのコミット拡大を主なドライバーとして、合成生物学の活用が進んでいます。化成品や素材メーカーがバイオテックとの提携を通じて環境負荷低減ニーズに応えようとしている他、BtoCメーカー自身がバイオテックを支援して樹脂原料の製造プロセスを開発・垂直統合を狙う動きもあり、また各社に対してIPを提供するバイオテックも存在するなど、バリューチェーンのレイヤーをまたいでの環境価値の獲得競争が激化しています。

最初にBtoCメーカーに目を向けてみます。BtoCメーカーで最も取り組みの進んでいる企業の一社はlululemonです。lululemonは2025年時点でポリエステルの75％をリサイクルに、ナイロンの100％をリサイクルか再生可能材料に置き換えるインパクトアジェンダを発表しています。lululemonの顕著な点は、このインパクトアジェンダの実現に向けて自社でバイオプロセスの確立に乗り出し、化学・素材メーカーのパイを奪おうとしているとも見える動きを取っている点です。例えばポリエステルは、バイオテックのLanza Tech、化学メーカーのインディアグリコールズ、繊維メーカー遠東新世紀と連携し、バイオ由来のポリエステルを製造する計画を進めています。Lanza Techが空気中のCO_2を回収してエタノールに変換、インディアグリコールズがそれをポリエステルに変換する座組です。同様にナイロンについてはバイオテックのGenomaticaに投資、植物由来ナイロンを製造するバイオプロセスの開発に向けて複数年のパートナーシップを組んでいます。

国内のBtoCメーカーでも同様の動きがみられます。例えばサントリーは2030年時点グローバルで利用するすべてのペットボトルにリサイクル素材や植物由来素材のみを利用する旨のプラスチック基本方針を定めています。同社はこれを実現するべくAnellotechと提携、セルロースからテレフタル酸の原料であるパラキシレンを合成するプロセスを開発しました。

対する素材メーカーも、ユーザーニーズや環境負荷低減ニーズに応えるべく、バイオ化を進めています。例えばCovestroはポリマー原料を中心にバイオ化に取り組んでいる企業の一つです。同社はバイオテックのGenomaticaと提携し、6,6-ナイロンの原料であるヘキサメチレンジアミン（HMD）のバイオプロセスを用いた量産に成功しており、Genomaticaから商業プロセスの商業化ライセンスを取得した上で、コーティング剤や接着剤の原料として利用していく予定としています。同社はアニリンについてもパートナー企業とバイオマスからの製造プロセスを確立している他、

第4章

化学

バイオプラスチックの製造に際して廃棄物や廃棄油を原料とするフェノールを Neste から調達、バイオプラスチックの製造に用いています。国内でも、東レが消費生活の「脱炭素化」を掲げて100%植物由来のポリエステル繊維の開発を進めていたり、ブリヂストンがタイヤの化学ポリマーをバイオ系素材で代替するなど、バイオ化成品の開発・製造が進んでいます。

これらの BtoC メーカーや素材メーカーに対してバイオプロセスのノウハウを提供しているのは多くの場合バイオベンチャーで、彼らは IP をライセンシングし、自社では設備を持たないビジネスモデルとするのが一般的です。例えば BASF や lululemon と提携している Lanza Tech は、CO, CO_2, H_2 をバイオリアクターに吹き込んで圧縮ガスとし、これを微生物が発酵させることでエタノールを合成する微生物発酵技術を持っています。Lanza Tech 自身は自社での設備投資が難しいことから工場や商業施設を持たず、技術をパートナーにライセンスとして提供し、パートナーによるエタノール売上の一定割合を受けとるビジネスモデルをとっています。

競争戦略上の論点と提言

戦略上の論点

これまで見てきた通り、天然物や樹脂原料のカテゴリーにおいて"バイオ化"に価値のある化成品は、主に"脱化石燃料による環境価値が大きい"、"天然の動植物からの量産が困難/不可"の2つのいずれか、あるいは両方の条件を満たすものです。しかし、このような化合物は必ずしも種類が多くありません。スマートセルの確立確度が一定以上高いもの、スケールアップの確度が一定見えているもの、等の技術的要件を加えると、経済合理的に製造できるバイオ化成品候補は相応に絞られてしまいます。従って、バイオ化成品領域における競争は、誰が限られた"バイオ化"候補化成品を早期に見出し、他社に先駆けて量産化に成功し、上記の価値にプレミア

ムを支払える顧客群を押さえてコストリーダーシップを獲得するかを競う
ものとなりそうです。

　上記で紹介したように、大手企業多くの場合はバイオベンチャーとの提
携・ライセンシングや買収によってバイオ化成品のポートフォリオを獲得
します。従って、有望なターゲット化合物のバイオ化を実現できる、有望
なバイオベンチャーの見極めも重要です。この領域はBASFのケーススタ
ディで見たように、一定程度時間をかけた試行錯誤が必要となるでしょう
し、また、バイオベンチャー側から有望な提携先とみてもらえるようなマ
ーケティング機能も重要と考えられます。提携・買収を通じてシナジーを
発揮するためには、スケールアップにおける技術的支援、製造品の商品化
や営業・販売機能を提供することも必要です。

　まとめると、本領域で勝つために、機能面では、①"バイオ化"のター
ゲット化成品を特定するマーケットインテリジェンス、②有望なスタート
アップの見極め、③技術確立を商業化の両面でのベンチャー支援機能、④
製造されたバイオ化成品を売り込むセールス・マーケティング機能、の4
つが重要と言えます。

　以上を念頭に、経営戦略上重要な論点は、いかに潜在・顕在的な"バイ
オ化"ニーズのある化合物を特定し、自社のケイパビリティや他社との提
携・買収等を通じて補完できるケイパビリティを踏まえて、自社が獲得を
狙える・狙うべきバイオ化成品の範囲をどう設定するか・精緻化するか・
そして実装していくか、といえます。

提言

　これまでの議論を念頭に置きつつ、合成生物学領域における競争戦略の
描き方を提言します。

　まずは、自社の狙うバイオ化成品の範囲の設定が必要です。第一歩は市
場における"バイオ化"ニーズの理解となるでしょう。この時、ターゲッ

■ 図表 4-3　バイオ化成品参入戦略の考え方

どこを狙うか: **ターゲット化成品の範囲**	✕	誰と狙うか: **オープンイノベーション戦略**	✕	どのように狙うか: **実装計画**
市場ニーズのある化成品はどれか — バイオ化成品毎の潜在顧客 — 各々のWillingness to pay		**提携・買収候補には誰がいるか** — スマートセルを開発済 — スマートセルを開発可能		**短期的に実現を目指す領域は・その方法は** — ターゲットバイオ化成品・ターゲット顧客をどこに定めるか — どのようなタイムライン・マイルストーン・体制で進めるか
自社ノウハウの活きる領域はどこか — 商流・マーケティング機能 — 培養スケールアップやDSP		**ベンチャーの"目利き"力をどう養成するか** — 商流・マーケティング機能 — 培養スケールアップやDSP		**中長期的な展開可能性は** — 製造したバイオ化成品の横展開可能性 — 蓄積したノウハウの他領域への展開可能性
競合に先んじられるか — 競合の取組状況 — 競合との棲み分け可能性				

ト化合物そのものだけでなく、具体的な潜在顧客と各々のWillingness to payをある程度定量的に把握する必要があります。環境価値へのプレミアムを支払うかどうかは、顧客毎のサステナビリティ戦略に大きく依存するためです。そこに、世の中で実現されている技術水準や自社のケイパビリティ（顧客基盤やスケールアップノウハウ、規制対応機能等）、他社の取組状況等を加味し、自社のアプローチ可能なバイオ化成品とその優先順位を絞り込む必要があります。

　次に必要なのはオープンイノベーション戦略の策定です。すなわち、市場に存在する潜在的な提携/買収先の保有する技術水準や製造キャパシティを理解し、先だって設定したターゲット化成品群に対して不足ケイパビリティの調達戦略を策定する必要があります。また、中長期的な視点からは、いかにベンチャーエコシステムに入り込んで目利き能力を醸成するかという観点での検討も有効と考えられます。

　実装計画の策定においては、上記で捕捉した提携／買収先との量産プロ

セスや商流の確立に加え、その先の用途展開や顧客展開も計画しておくことが必要です。例えば同じバイオ化成品を既存顧客以外にも展開し、面で押さえることができれば規模の経済による製造コスト低廉化も望めますし、BASFの例のように香料領域で取り組みを蓄積したのちにノウハウを活かして別領域への展開を図ることも可能と考えられます。実装計画を実行に移すために必要な人的アセットの補完やノウハウを継続的に蓄積するためのCoE等の仕組みの整備も重要です。

おわりに

　化学領域では合成生物学をテーマとして取り上げ、化学・素材メーカーに留まらない様々なプレイヤがいかにして付加価値の実現を狙っている・実現しているのか、概観してきました。合成生物学に留まらず、リサイクルやCCS等、環境価値の創出は化学業界にとって重要な事業機会として、今後も引き続き研究を進めていきたいと考えています。

第4章 化学

執筆者

竹村 文伯（たけむら ふみのり）
A.T. カーニー　シニアパートナー
ノースウェスタン大学ケロッグ経営大学院卒（MBA）。松下電器産業、米系コンサルティング会社シリコンバレーオフィスを経て現職。日本、および、北米でICT・エレクトロニクス、重電・産業機械業界を中心に20年のコンサルティング経験を持つ。経営戦略、事業戦略、Go-To-Market、海外事業投資、新規事業、M&A等の支援に従事。

西川 覚也（にしかわ かくや）
A.T. カーニー　シニアパートナー
東京大学工学部（産業機械工学）卒。国内大手特許事務所を経て現職。電機、半導体、重工機械、素材、商社、PEを中心に15年のコンサルティング経験を持つ。事業戦略、R&D戦略、海外展開戦略、戦略提携・M&A、ターンアラウンド等の支援に従事。

井坂 祐輔（いさか ゆうすけ）
A.T. カーニー　マネージャー
2019年大阪大学大学院工学研究科を修了（工学博士）、A.T. カーニーに参画。化学・素材をはじ

めとするハイテク領域を中心に、中期経営戦略策定、新規事業立案、事業機会探索、M&A戦略立案やビジネスDD等の支援に従事。

参考文献

- ・「Amyris and BASF Reach Agreement for Strain Engineering Collaboration」『GlobeNewswire』2014年4月3日
- ・「Amyris continues clean beauty acquisitions with EcoFabulous Cosmetics」『Premium Beauty News』2021年4月17日
- ・「Redesigning living organisms to flavor your food」『DELL Technologies』2022年9月23日
- ・「Givaudan Acquiring Cosmetic Ingredients From Amyris」『Perfumer & Flavorist』2023年2月22日
- ・「BASF Partners with RiKarbon Inc. to Produce Biodegradable Emollients」『Cosmetics & Toiletries』2022年9月26日
- ・「BASF invests in Chinese synbio start-up」『biooekonomie.de』2021年3月26日
- ・「The state of synthetic biology: Fast but not fast enough」『absci』
- ・Columbia Climate School「How Synthetic Biology Can Help the Environment」『State of the Planet』2019年8月14日
- ・Willie Vogt「BASF turns to 'white biotech'」『FarmProgress』2022年12月9日
- ・「Covestro and Genomatica produce important chemical raw material using biotechnology」『Covestro』2022年1月19日
- ・「二酸化炭素から繊維を製造へ 米ランザテックとlululemonが『カーボンリサイクル』で連携」『Sustainable Brands』2021年7月27日
- ・「lululemon partners with Genomatica on plant-based nylon」『Genomatica』2021年8月18日
- ・「2020 Impact Agenda」『lululemon』2021年8月18日
- ・「植物由来原料100％使用ペットボトルの開発に成功」『サントリー』2021年12月3日
- ・「東レ、100％植物由来のポリエステル繊維の試作に成功。消費生活の『脱炭素化』を後押し。『エシカル消費』の高まりで商機到来」『環境金融研究機構』2020年2月22日
- ・長森英二、笠原堅「微生物物質生産系開発の最適化期間を短縮するための方法論・自動化」『化学工学』2022年4月5日号
- ・蓮沼誠久、秀瀬涼太、番場崇弘「微生物の高速育種を実現するスマートセル創出プラットフォーム」『化学工学』2022年4月5日号
- ・S. Y. Lee, H. U. Kim, T. U. Chae, J. S. Cho, J. W. Kim, J. H. Shin, D. I. Kim, Y.-S. Ko, W. D. Jang, and Y. S. Jang「A comprehensive metabolic map for production of bio-based chemicals」『Nature Catalysis』2019年1月
- ・花村遼、小林美保「生物化学産業に係る国内外動向調査」『経済産業省 令和3年度商取引・サービス環境の適正化に係る事業』2022年3月18日
- ・ジェイミー・A・デイヴィス『合成生物学』、Newton Press、2022年
- ・山本一彦『バイオモノづくりへの挑戦』、中央経済社、2022年

64

産業

第5章

半導体

半導体業界の注目すべき進化

　半導体デバイス市場は過去にITバブルやリーマンショックなどの不況に見舞われながらも着実に成長を続けており、長期的に見ても将来性豊かな市場です。この成長の背景には、家電製品、パソコン、スマートフォンなど、日常生活に溶け込んだ製品だけでなく、EV化・自動運転に向けて著しい進化が続く自動車、SNSや通信のインフラとなるデータセンターにおいても多くの半導体が使用されていることが挙げられます。言い換えれば、半導体は人々の生活に不可欠な存在となっています。今後も人口増加や技術の進化とともに、半導体市場は着実に拡大し続けることでしょう。

　こうした魅力的な市場である一方で、半導体製造には膨大な設備投資が必要とされています。そのため、特に下流側のデバイス製造の市場では寡占化、場合によっては独占状態になることがあり、主要なプレイヤはわずかな大手企業に限られている状態が続いています。顧客の数が限られているため、上流側の製造装置や材料市場では新規プレイヤにとって市場参入

が難しく、既存のプレイヤもわずかな顧客企業に依存せざるを得ない状況が続いてきました。

　しかしながら、近年、業界に変化の兆しが見られるようになりました。この変化から生まれる事業機会や半導体産業におけるビジネス展開、特に製造装置や材料に関連する事業を拡大したいと考える企業にとって、私の視点から注目すべき論点をご紹介いたします。

半導体業界における足元の変化

　半導体市場が成長してきた一方で、その成長を推進する半導体のアプリケーションが次第に変化していることを実感されている方も多いかと思います。

　1990年代にはパソコンやWindowsが主流であり、2000年代にはインターネットの普及に伴い、サーバーやデータセンターの需要が増加しました。2010年代にはiPhoneをはじめとするスマートフォンの普及が進むことで、YouTube/Netflixに代表される動画再生サービスや写真と動画を共有するSNSが普及しました。その結果、通信量が拡大し、サーバーやデータセンターにおけるデータの処理量も増えました。現在ではChatGPT等の生成AI・機械学習の応用が台頭し、データセンター処理量を一層拡大させています。

　しかしながら、これらの変化が指し示すのは、半導体デバイスに対して「高度な計算や記憶を高速かつ効率的に低コストで行える」能力が求められるという事実です。アプリケーションが変わろうとも、その基本的な要請は変わりません。

　私が注目しているのは、近年の5〜10年間における以下の2つの変化です。

前工程の微細化の減速

　従来の技術の進化方向は、ムーアの法則（Moore's law）に従ってトランジスタの集積率を約18〜24カ月ごとに2倍にすることであり、主に前工程での微細化が注力されてきました。しかし、近年、特にプロセスノードが10nm以下に到達して以降は微細化が減速し、新たな技術的課題が浮き彫りになっています。

　特に大きなボトルネックとなった課題は露光工程です。45nmプロセス以降、ArF液浸露光技術が使用されており、30nm未満ではArF液浸露光によるダブルパターニング技術が採用され、ArF液浸露光の限界を乗り越えてきました。しかし、10nm未満では、全く異なるEUV（極端紫外線）露光技術への移行が必要とされました。EUV露光への切り替えには、レシピの再検討だけでなく、EUV装置の運用スキルや洗浄など露光周辺プロセスへの影響も検討する必要があり、これらの課題を克服するためには時間と労力がかかります。

　さらに、従来のMOSFET（Metal-Oxide-Semiconductor Field Effect Transistor）の構造も限界に達しています。MOSFETの構造をこれ以上小さくすると、短チャネル効果によるリーク電流が問題となります。この課題を克服するため、トランジスタの構造を工夫して変更する必要がありました。その結果、3次元構造のFinFET（Fin Field-Effect Transistor）へと進化してきました。しかし、この構造もプロセスノード3nmの微細化まで進めると、リーク電流の増大が問題になり、限界を迎えつつあります。

　前工程がトランジスタの微細化に関する課題に直面しているなか、各企業は前工程だけでなく後工程のパッケージ基板の微細化や構造進化（2.1D/2.5D/3Dの積層技術）にも注力しています。具体的には、1つのパッケージ基板に複数のチップ（主にロジックチップとメモリチップ）を配置するチップレット構造を採用することで、従来の方法よりも電気信号の伝送ロスを減少させつつ、大きなロジックチップをチップレットに分割してそれぞれを

コスト最適なプロセスノードで開発することができ、計算処理の性能向上も実現できるようにしています。

テクノロジーリーダーの変化

　過去においては、パソコンやサーバーのCPU市場で8割以上の圧倒的なシェアを持つIntelが、半導体業界において強固な地位を築き、市場のリーダーとして君臨してきました。しかしながら、近年、Intelはスマートフォンのアプリケーションプロセッサなどの新規分野への参入や最先端プロセスノードの立ち上げにおいて後れを取り、その結果、一部の分野では他社にリーダーシップを奪われる状況に陥っています。

　半導体の前工程製造の観点から見てみましょう。Intelは10nmプロセスの導入に苦戦し、製品のロードマップに遅れが生じました。具体的には、トランジスタに近い配線層の材料を従来のCuからCoに変更する試みを行いましたが、新しい材料の平坦化工程に問題が発生し、解決に時間を要しました。一方、ファウンドリのTSMCやSamsungはCu配線を中心に異なるプロセス技術を採用したため、Intelが直面した問題を回避できました。Intelの最先端プロセスの遅れは、全ての要因ではないにしても、最新ノードのロジック製造においてTSMCがリーダーに躍り出る契機となりました。Intelのプロセス技術の遅れにより、TSMCは次世代半導体製造の主導権を握り、市場でのリーダーシップを強化しています。

　アプリケーションの観点を見ますと、AI演算装置として広く利用されるGPUの需要が急速に拡大しています。かつては画像処理に使用されていたGPUは、今やAI分野でも重要な役割を果たしており、この分野においてはNVIDIAが8〜9割の圧倒的なシェアを持ち、その強力なポジションとGPUの設計ノウハウにより、AI向けの半導体市場においてリーダーとなりつつあります。

産　業

■ 図表 5-1　半導体業界における変化

足元の変化		今後10年のさらなる変化の仮説

前工程の微細化の減速
— EUV露光技術への移行により、レシピの再検討や露光周辺工程の課題に取り組む手間が発生
— トランジスタの3次元構造への変化
— 後工程の微細化・構造進化への注力

どこかのタイミングで微細化が止まるか？

前工程の微細化の減速は進行するものの、微細化が止まる可能性は低いか
— IMECは2037年までの技術ロードマップを設定
— 大手ファウンドリは需要の成長を見込み先端ノードへの投資を継続

テクノロジーリーダーの変化
— Intelの最先端プロセスの遅れ等の要因で最新ノードの製造ではTSMCがリーダーに
— 主流アプリケーションとなっているAI向けの半導体ではNVIDIAがリーダーに

次のテクノロジーリーダーが誰になるか？

後工程の技術に確実性が低い状況から、必ずしもTSMCやIntelに留まり続けないか
— デバイスの設計や製造のプレイヤの増加
— 主流となる次世代パッケージ基板技術や導入タイムラインが不透明

今後10年の半導体業界のさらなる変化

　上記の2つの変化は、長期的な展望を見据えても継続的に影響を与える可能性があり、新たな事業機会を切り拓くための重要な要素となるでしょう。以下は、業界の専門家のインタビューや公開情報を基に推測した私の見解です。

前工程の微細化の減速が激化して、どこかのタイミングで微細化が止まるか？

　まず、「前工程の微細化の減速が激化して、どこかのタイミングで微細化が止まるかどうか？」に対する見解ですが、前工程の微細化の減速は進行するものと考えられます。ただし、業界全体は前工程の微細化への投資を進めており、そのために微細化が止まる可能性は低いと思われます。半導体の最先端技術を牽引するIMECは2037年までのロードマップを設定

しており、現在の最先端プロセスノードである3nmから0.2nmまでの微細化を計画しています。その過程で、トランジスタの構造はFINFETからナノシートGAA（Gate All-Around）に変わり、さらにCFET（Complementary Field-Effect Transistor）に進化すると予想されています。また、TSMC、Samsung、Intelなどの大手ファウンドリも、2027年までのロードマップを策定し、IMECと同様の技術方向を目指しています。各社は2028年以降のプロセスノードやトランジスタの構造については未公開ですが、生成AIなどのアプリケーションの需要を受けて、微細化チップの市場が今後も成長する見通しであり、これを背景に各社は先端ノードへの投資を継続するでしょう。

　しかしながら、トランジスタの構造や新たな材料の開発など前工程の微細化が進展する一方で、後工程の技術開発やさらにはシリコンフォトニクスによる基板間通信の光化の研究も同時に進行するでしょう。Intelは前工程、後工程、光電融合の3つの領域を同時に推進していますが、前工程への設備投資規模は後工程やシリコンフォトニクスと比較して大きなものとなっています。

次のテクノロジーリーダーが誰になるか？

　デバイスレイヤーのプレイヤが増加してきたことと、後工程の方向性に確実性が低い状況から、次のテクノロジーリーダーが誰になるかはっきり言えないのが答えになるかと思います。サプライチェーン上のプレイヤが増加しているという傾向の中で、特に後工程やシリコンフォトニクスの分野において、テクノロジーリーダーが必ずしもTSMCやIntelに留まり続けるかはまだ明確ではありません。

　プレイヤが増えたことは、半導体デバイスの設計と製造、両方の領域ともに起きています。データセンターの需要が拡大する中で、省エネの要求が高まるサーバーCPU・GPUの需要が顕著です。従来のX86アーキテク

チャではなく、消費電力を削減できるArmアーキテクチャを基にする Google、AWS、Ampere、Marvelなどの新興プレイヤがファブレスの形態 で市場に進出しています。また、まだ出荷数にはほとんど表れていないも ののオープンアーキテクチャであるRISC-Vも徐々にエコシステムを拡大 しつつあり、特に中国企業を中心に活発に開発が進められています。これ らの動向により、データセンター向けの需要が拡大する中で、X86ベース のIntelのシェアがこれらGAFAMを含む新興プレイヤに徐々に奪われる 可能性があります。

　一方、製造側においては、既にファウンドリビジネスに参入している TSMC、Samsung、UMC、GlobalFoundries、SMICに加えて、製造技術を 保有するIntelもようやくファウンドリビジネス（IFS）に参入しました。 さらに、国内で次世代半導体の量産製造を目指すRapidusや、大手TSMC が対応しづらい小規模案件を狙うSkyWater Technology、アナログ半導体 などのニッチ市場に特化したDB HiTekなどのプレイヤも注目されていま す。

　後工程の方向性において、従来はFC-BGAが共通の技術として用いら れていましたが、今後はIntelのEMIB（Embedded Multi-die Interconnect Bridge）、 AMDのEFB（Elevated Fanout Bridge）、TSMCのシリコンインターポーザや COWOS（Chip on Wafer on Substrate）、そしてコストが比較的低いと見込まれ るオーガニックインターポーザのいずれが主流になるかは、複数の要因に よるものです。具体的には、IntelがEMIB技術をIFSの顧客にも展開する かどうか、EMIBやシリコンインターポーザよりも費用面で有利なオーガ ニックインターポーザを最初に採用する企業が存在するかが影響します。

　また、光通信技術が基板間、チップ間、チップ内へと浸透していく流れ になっています。現時点では2025年にAIやMachine Learningの用途が中 心とするチップ同士の情報伝達を光通信で行うCPO（Co-Packaged Optics：シ リコンフォトニクスを用いた光モジュールとDieを同一パッケージに実装する技術）が採

用され始める可能性が示唆されています。そこに、Intelは2023年中に
CPO用部品のサンプル出荷を始め、2024年中に製品レベルの品質まで引
き上げる予定を発表しました。他方、GlobalFoundriesは2022年に
NVIDIAやBroadcom等複数企業と協業し、フォトニックシステム、RFコ
ンポーネントおよびCMOSロジックを一つのチップに集約するシリコン
フォトニクスのソリューションを提供することを発表しました。基盤とな
る技術は各社が開発を進めているものの、明確なCPOの導入スケジュー
ルやロードマップを提言する企業がまだおらず、具体的な移行のタイミン
グはまだ読みにくい状況となっています。

半導体産業の変化に対する日系企業が考えるべきこと

　特に日系企業のシェアが高い半導体製造装置と半導体材料に焦点を当て
てみると、前工程・後工程の技術の変化により、以下のような市場の拡大
や市場の顕在化は確実性が高いことが考えられます。半導体装置メーカー
や材料メーカーが事業成長機会の因子として検討すべきポイントをいくつ
か挙げてみましょう。

　半導体装置メーカーの視点から考えると、まずは前工程の微細化におい
て、EUV露光工程やALE工程（Atomic Layer Etching）、ALD工程（Atomic
Layer Deposition）、高純度材料の分析・検査装置の必要性が高まるでしょう。
その他にも、後工程の微細化が進むにつれて、パッケージ基板の積層数が
増加し、g線・i線の露光装置、めっき装置など、パッケージ基板の製造に
必要な生産設備の需要が増加していくことでしょう。これらの需要の増加
に応じて、これらの装置の性能向上ニーズに対応するための研究開発や製
品展開を検討することが重要です。

　半導体の前工程材料メーカーの観点から見ると、EUV露光工程向けの
化学増幅型レジスト（Chemically Amplified Resists: CAR）、金属酸化物レジスト

（MOR）、ALE・ALD向けの高純度プリカーサー、GAAやCFET構造に向けたSiGeの高選択エッチング、配線材料のCo、Ru、Moに適したCMPスラリーや洗浄液等、多数の新規材料が必要とされ、需要が高まると見られます。

また、半導体の後工程材料メーカーの観点からは、パッケージ基板の材料であるABFやCCL、感光性材料の需要が拡大するだけでなく、パッケージ基板の2.1〜3Dの構造変化に伴い、これらの製品の性能向上（解像度、放熱性など）が必要とされるでしょう。さらに、パッケージ基板間の通信光化に向けて光導波路材料の開発ニーズが重要になってくることでしょう。

しかしながら、テクノロジーリーダーが不確かな状況下で、既存の顧客にのみリソースを集中させて継続することが全てではない可能性があります。そのため、半導体製造装置と半導体材料の企業が、将来の変化に対処するために考慮すべき論点は以下の通りです。

論点①　確実に拡大・台頭する市場への参入は、自社内での開発によって実現可能か、それとも他社との提携・買収を検討すべきか？

論点②　テクノロジーリーダーがまだ明確でない状況下で、効率的に既存の顧客との接点を維持しつつ、新規顧客との接点を築くためにはどのようなアプローチが適切か？

半導体装置の観点での論点①における仮説は、分野内で既に寡占化が進行しており、他社との提携が難しいため、主に自社内での開発を進めていくのが主な方針となると考えられます。特にEUV露光機といった大きな成長が期待される分野では、ASML社が供給を独占している状況にある一方、AMAT、Lam Research、TEL等の企業は独占禁止法の観点から、これ以上の業界統合が難しい状況にあるとされています。

一方で、半導体材料の分野では、多数のプレイヤが存在し、フラグメント化した構造が見られます。前工程も後工程も、微細化の難度が増すことに伴い、材料の開発には周辺の工程まで幅広い知識が求められます。自社

内での開発は可能ですが、時間がかかるものです。近年では、Merckによる Versum の買収、Entegris による CMP メーカーの CMC Materials の買収、富士フイルムによる高純度薬液メーカー KMG の買収、そして最近では JIC による JSR の買収など、多くの買収案件が行われてきました。将来的にも事業統合や再編が進むと予想される中で、グローバルな供給網の構築や製品ラインナップの拡充を通じて提案力を強化し、継続的な M&A を通じて事業領域を広げていかない限り、競争力を維持することが難しくなり、逆に他社に買収される可能性が高まると考えられます。

ただし、M&A のターゲットとなりうる企業の売却タイミングには不確定な要素が多く含まれるため、常に対象企業の情報収集を行い、即座に M&A プロセスを開始できる体制を整備することが、現時点で実行可能な

■ 図表 5-2　主要な半導体の製造装置・試験／検査装置のプレイヤシェア（2021 年時点）※

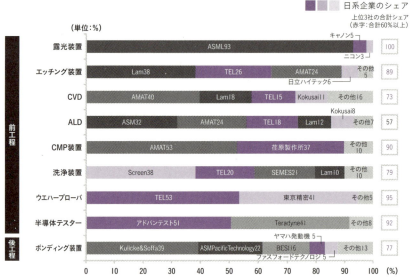

※ 露光装置にはi線、KrF、ArF、ArF液浸、EUVが含まれている。エッチング装置は絶縁膜エッチング、ゲートエッチング、メタルエッチングが含まれている。CVDは縦型CVDとプラズマCVDが含まれている。洗浄装置は枚葉式とウェットステーションが含まれている。半導体テスターはメモリテスタ、ロジックテスタ、ミックスドシグナルICテスタが含まれている。ボンディング装置はダイボンディング装置、ワイヤボンディング装置、フリップチップボンディング装置が含まれている

産業

■ 図表 5-3　主要な半導体材料のプレイヤシェア（2021年時点）

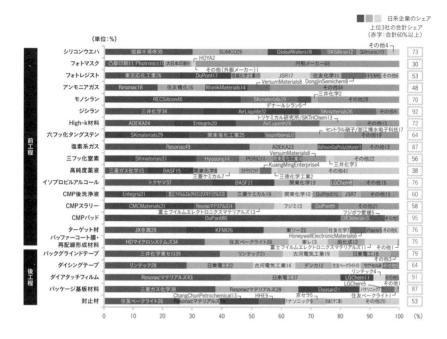

対策の一つと考えられます。

　論点②は営業戦略に関連する重要な点であり、新規顧客との関係を構築するためには、顧客が抱える課題を理解し、試作品のサンプルを提供するなどのアプローチが必要です。従来のドアノックや定期的な訪問も効果的ですが、営業の観点から見ると効率が悪い可能性もあります。

　一つのアプローチとして、半導体の先端技術が進んでいる特定の地域を特定し、顧客や同業他社との共同開発が可能な拠点を設立することが考えられます。この方法は、地域のテクノロジーエコシステムにアクセスし、ニーズに合わせたソリューションを提供する機会を創出することにつながります。共同開発により、顧客との関係を強化し、より効果的な営業戦略を展開することが可能となるでしょう。

必要な改革

　他社との提携やM&Aは大きなビジネスリスクを伴う可能性があります。共同開発を例に挙げると、参加する企業間での目標や期待値が一致しない場合に、意見の食い違いや対立が生じる可能性があります。その結果、プロジェクトの進行や成果の達成に影響を及ぼす可能性があります。また、企業間の情報共有や意思決定プロセスが不透明な場合、プロジェクトの進行に支障が生じる可能性があります。同様の懸念は買収の場合にも当てはまり、対象会社が買収後にどのような役割を果たすか、お互いの事業価値を向上させるための仮説が明確でない場合、プロセスの途中や買収後に事業継続が難しくなる可能性があります。

　提携やM&Aを成功させるためには、リスクを最小化するために徹底的な事前調査や計画が必要です。具体的には自社および提携先のケイパビリティや直面する課題を客観的に評価し、お互いが提携することにメリットを感じるようなストーリーを構築し、かつ慎重なデューデリジェンスやリスク管理策の検討を行うことが必要です。

　A.T. カーニーは半導体装置メーカー、半導体材料メーカー、PEファンド等日系のクライアント企業に対し、競合ベンチマークや市場調査を通じて、中長期的な事業戦略、R&D戦略、営業戦略、M&A戦略の策定を支援しています。上記の他社との提携・M&Aの検討プロセスにおいても、当社はM&Aプロセスの初期段階であるロングリスト・ショートリストの作成やPre- デューデリジェンス、ビジネスデューデリジェンス、買収後のPMI等、各プロセスステップにおいて必要な情報を整理し、有益な経営判断に結び付けるサポートを行っています。

最後に

　私は高い技術力を日系企業が持っていることにいつも感動しており、日本の大学に留学した理由もそれにありました。そのため、日系企業が持つ「技術力」を生かして、より日本の経済を拡大し、そしてグローバルに発展させるお手伝いをすることで貢献したい気持ちで、日々のコンサルティング業務に取り組んでいます。

　また、上記で述べていた半導体業界の変化は、この分野に参入したい、または事業を拡大したい企業にとっては20～30年に一度の大きな事業機会であると考えています。この変化点をきっかけに、日系企業間の連携を強化し、ビジネスや開発のスピードを加速化して、同業他社のグローバルプレイヤを超えるほどの成長を遂げることができる希望を抱いています。その成長の過程で、私たち、A.T. カーニー共にその貢献を果たせることを楽しみにしています。

[執筆者]

竹村 文伯（たけむら ふみのり）
A.T. カーニー　シニアパートナー
ノースウェスタン大学ケロッグ経営大学院卒（MBA）。松下電器産業、米系コンサルティング会社シリコンバレーオフィスを経て現職。日本、および、北米でICT・エレクトロニクス、重電・産業機械業界を中心に20年のコンサルティング経験を持つ。経営戦略、事業戦略、Go-To-Market、海外事業投資、新規事業、M&A等の支援に従事。

西川 覚也（にしかわ かくや）
A.T. カーニー　シニアパートナー
東京大学工学部（産業機械工学）卒。国内大手特許事務所を経て現職。電機、半導体、重工機械、素材、商社、PEを中心に15年のコンサルティング経験を持つ。事業戦略、R&D戦略、海外展開戦略、戦略提携・M&A、ターンアラウンド等の支援に従事。

ランシワッタカポン ドゥアンルディー（通称：ディディ）
A.T. カーニー　ハイテクプラクティス　マネージャー
タイ・チュラーロンコーン大学工学部卒業、東京大学大学院 機械工学研究科修了。東芝・水力発電技術部を経てA.T. カーニー入社。半導体、産業用機械、電力領域を中心にM&A、事業戦略等のコンサルティングに従事。

参考文献

・湯之上隆（微細加工研究所）「2050年までの世界半導体市場予測 〜人類の文明が進歩する限り成長は続く」、『EE Times Japan』、2021年01月14日
・湯之上隆（微細加工研究所）「10nmで苦戦するIntel、問題はCo配線とRuバリアメタルか」、『EE Times Japan』、2019年02月18日
・「世界半導体製造装置・試験/検査装置市場年鑑」、グローバルネット、2022年
・「半導体材料市場の現状と将来要望」、富士経済、2022年

産業

第 **6** 章

重機械・産業機械

カーボンニュートラル社会に向けた新規事業創造

カーボンニュートラル社会の実現に向けて取り巻く環境

カーボンニュートラル社会への移行を目的としたエネルギー政策の転換が世界的に広がっています。2016年に発効したパリ協定は、温室効果ガス（GHG: Greenhouse Gas）排出を削減し、脱炭素経済への移行を実現するための国際協定として「産業革命前からの地球の気温上昇を2℃より十分低く保ち1.5℃以下に抑える努力をする」こと、そのために、「21世紀の後半に世界の温室効果ガス排出を実質ゼロにすること」で合意しました。

欧州におけるネルギー転換や気候変動対策については、以前から環境意識が高い、北欧、ドイツ、英国が牽引してきました。脱石炭火力政策のような環境保護のみならず、ロシアに対するエネルギー依存度の低減や安全保障の改善も目的として含まれています。また、洋上風力発電、高圧直流送電（HVDC）、水素産業など新たな産業基盤の育成や他国に優位に立つた

めの技術規格の制定に加えて、炭素税などのルールメークを進めています。

　原油だけでなくシェール革命によって天然ガスの世界最大の産出国となった米国は、トランプ前政権時代は、自国産業の保護のためエネルギー転換に対して後ろ向きでした。しかし、バイデン政権になってからは、2050年カーボンニュートラルを掲げ、気候変動枠組条約のパリ協定への復帰を宣言しました。2022年に制定されたIRA法では、税控除や補助金の援助により、BEV、再エネ、水素、CCSなどの気候変動対策の分野で、国内外の革新的技術やビジネスを取り込むため、米国内での事業投資を後押ししています。

　世界最大のGHG排出国の中国では、米欧との覇権争いという目的からもエネルギー転換が急務です。習近平国家主席は2020年にCO_2排出量を2030年までに減少に転じさせ、2060年までにカーボンニュートラルを目指すことを言明しました。世界最大の化石燃料の輸入国として、脱炭素化には石炭火力の規制、風力と太陽光による再エネの導入、原子力発電の拡大が課題として挙がっています。また、「一帯一路」を掲げ、巨大な国内での市場を梃子に、エネルギー転換に関わる発電、蓄電池、BEV、重機械メーカーの育成に力を入れています。

　日本ではパリ協定を受け、菅総理大臣（当時）が2050年までにカーボンニュートラル、脱炭素社会の実現を宣言しました。地球温暖化対策計画の中で、2030年度のGHGの排出を13年度の水準から46%削減すると目標を設定しています。電気や熱を作るためのエネルギーを起源としたCO_2が占める割合が9割と高い日本では、エネルギー分野でのCO_2削減が必要となっています。GHG削減には、消費エネルギーを減らす「省エネ化」に加え、エネルギー源を化石燃料から再エネやバイオマス等に代替する「非化石化」や「低炭素化」の取り組みが必要となります。

　脱炭素化をするために発電・産業部門では、「自動化」「電化」「燃料転

産業

換」が取り組まれています。発電・産業部門のプロセスの「自動化」で作業プロセスが効率化され、電力消費量の「省エネ化」が進みます。また、再エネ由来の電気を用いた「電化」によって、燃料が「非化石化」されます。さらに、グリーン水素・バイオマスを燃料にすることで「燃料転換」を図り、燃料が「低炭素化」され、GHG排出量が抑制されます。

　カーボンニュートラル社会では、再エネ、水、CO_2、バイオマスから燃料や素材を製造するプロセスが中心となってきますが、この新たな潮流を捉えようと、グローバルの機器メーカー、プラントEPC、燃料・素材メーカー等が、新規事業の創出に取り組んでいます。

重機械・産業機械業界で起きている変化

海外で新しい燃料や素材のバリューチェーンが形成される

　化石燃料のバリューチェーンでは、図表6-1の通りプレイヤが資源開発、プラント機器メーカー、プラントEPC、石油元売り、総合化学メーカーと明確に分かれて事業を行っていました。脱炭素社会では「燃料転換」によって再エネ、CO_2、水、バイオマスが資源となりますが、市場黎明期ということもあり、バリューチェーンを形成するプレイヤは固定化しておらず、様々な企業が提携を通じて、事業化を進めている状況です。

　グリーン水素とCO_2からオレフィン、アルコール類、燃料を製造するプロセスや、バイオマスから新たな燃料や素材を製造するプロセスの確立とバリューチェーンの形成が始まっています。その中では、安価な原料の確保と、低コストで効率的な生産プロセスの構築が成功要件になります。

　日本では再エネの発電コストが高く、バイオマスの賦存量も多くないため、燃料や素材を製造するためには、海外でのバリューチェーンの構築が必要になります。どのような地域や国が原料入手や生産地の候補になるでしょうか。再エネの発電コストが安価で、CO_2排出源があり、製造した原

第6章

重機械・産業機械

81

■ 図表 6-1　脱炭素化社会におけるバリューチェーン

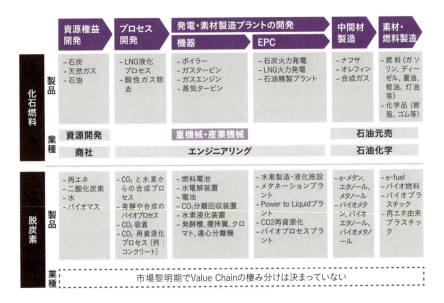

料や中間材を輸送するための港湾インフラが整い、日本からの距離が近い地域が候補になるでしょう。また、バイオマスが原料となる場合は、農業系（トウモロコシ、サトウキビ、バガス、パーム油等）、畜産系（家畜排せつ物等）、木質系（林地残材、製材廃材等）、食品由来（産業用食用油、食品加工廃棄物等）のバイオマスが入手できる国や地域を起点としたバリューチェーンの構築が求められます。

製品・ソリューションのレイヤーアップとマネタイズモデルが変化する

　これまでの重機械・産業機械メーカーは、機器売りが中心で、客先に納めた後の機器の運用状況を見える化し、顧客の利用に応じたサービスに繋げることをしてきませんでした。しかし、近年「電化」が進んだことによって、電気、熱、制御に関して機器から取得できるデータを面で捉えるよ

産業

うになりました。その結果、図表6-2のように製品の性能を保証し、効率的な運用指針を提供し、さらには機器制御を「自動化」するデジタルサービスを提供する事業モデルへの転換が進みます。

「電化」で先行するEV業界が好例です。Teslaは、車載カメラやセンサーから取得される情報に加え、Teslaアプリから得られる顧客情報を活用してサービスを提供しています。Enhanced Auto Pilotや自動車保険でマネタイズしています。また、顧客に対するサービスだけでなく、自社の製品改良やメンテナンスサービスのオペレーション改善にもデータを活用しています。さらに、Teslaは図表6-3の通り、"再エネ社会の実現を目指す企業"として自らをポジショニングしています。定置型蓄電システムを住宅やビル向けに提供しており、蓄電量や電力の需給に応じた、充放電制御や電力平準化を行うVPP事業を展開しています。

重機械や電機業界の中には、末端の機器レイヤー、PLCの制御レイヤ

■ 図表 6-2　電化の進展と企業の製品・サービスの変化

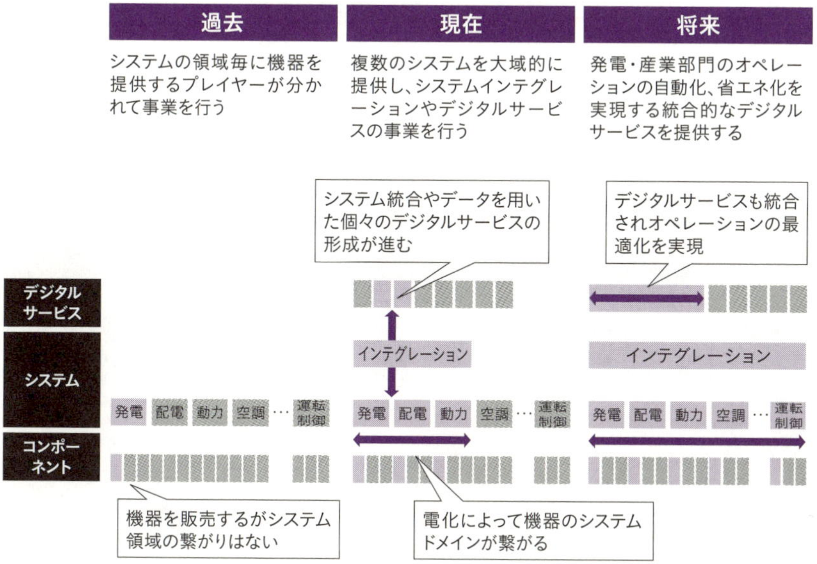

第6章 重機械・産業機械

83

一、SCADA/MES の実行レイヤー、デジタルツインなどのソフトウェアまで自社で手掛ける階層を広げ、事業モデルを進化させている企業があります。デジタル事業でリカーリング収益を得つつも、最終的に自社のハードウェア製品の購入に繋がるようにビジネスモデルを構築しています。

機械・電気化学・バイオテクノロジー領域との技術融合が進む

日本の重機械・産業機械メーカーがこれまで強みとしてきたのは、化石燃料を高温で燃焼させる内燃機関の開発に必要な材料、構造、流体、熱力学などの機械工学に関する知見でした。ガスタービン、ガスエンジン、ボイラー、圧縮機など摺り合わせ型の設計技術と、高精度な金属加工と組立技術に日本企業のノウハウのコアがあります。

カーボンニュートラル社会では、再エネから製造したグリーン水素を燃料や樹脂製品の原料として利用する社会に変化します。脱炭素化の要請に

■ 図表 6-3　Tesla の事業領域

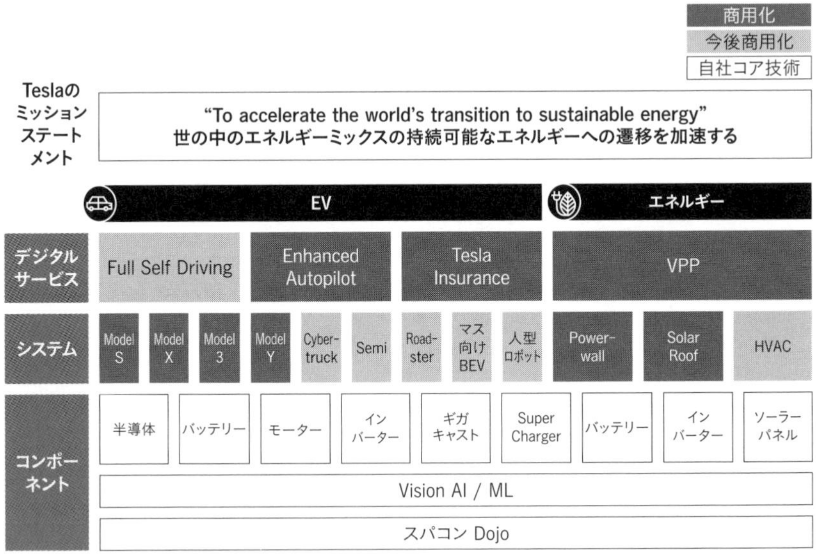

よって、重機械・産業機械メーカーに対して求められるビジネスモデルだけでなく、組織能力も変化しなければなりません。

　エネルギー源が従来の化石燃料から再エネ由来のグリーン水素や、アンモニア、バイオマスに転換します。また、空気中の二酸化炭素がCO_2分離回収装置で回収され、グリーン水素とCO_2から燃料や樹脂原料を合成したり、微生物による発酵や変換によってバイオマスから燃料や樹脂原料を生成する社会に変化します。これは技術的な観点でみると図表6-4にある通り、これまでの機械工学の技術領域だけでなく、化学あるいはバイオテクノロジーの領域との技術融合が進展することを意味します。生産プロセスコストを低減する電極や膜に関する材料技術、反応促進させる触媒技術、収率の高い微生物やプロセスの開発、目的に合ったプロセス機器を提供することが、競争優位性の構築に繋がります。またプロセス全体を俯瞰して最適なプロセスを構築するプラントEPCの組織能力も重要になるでしょう。

■ 図表6-4　技術領域の融合

脱炭素化の潮流を捉えて事業形成する企業

事業ポートフォリオの転換と脱炭素化新規事業の構築

　コングロマリット企業が、市場の閉塞感を打破するために、脱炭素化の潮流の中で新たな市場の変曲点を捉えて、新規事業を形成しています。既存事業の構造改革とのセットで事業ポートフォリオの転換を図りつつ、新規事業へ積極的に打って出ています。独の鉄鋼・重機械大手のメーカーThyssenkruppはまさにそのような変革の真っただ中にいる企業です。

　Thyssenkruppは、鉄鋼素材、マテリアルサービス（鉄、非鉄、プラスチックのトレーディング）、産業部品（商用車・鉱山機械向けの鍛造品等）、自動車部品（ステアリング、ダンパー、アクスル組立等）、海洋システム（潜水艦）の５つの主要事業から構成されています。中国における過剰生産に端を発する鉄冷えによって、全社的な構造改革を迫られました。鉄鋼部門のM&Aや売却を進める意向でしたが、タタとの統合は独禁法から白紙になり結局実現していません。足元は、鉄鋼部門の低炭素・直接還元プラントへの移行を目指しており、グリーンスチールの製造のために英BPと新たな戦略的提携を結び、事業変革を進めています。一方で、20年に稼ぎ頭のエレベーター部門を172億ユーロで米投資会社に売却し、負債削減のための資金を捻出しています。

　脱炭素化の要請が高まる中で、Thyssenkruppは、再エネで水を電気分解してグリーン水素を製造するアルカリ電気分解装置の事業を一つの成長の柱に位置付けています。既存事業の構造改革の取り組みとは別に、新たな新規事業としてイタリアの電極や電気化学業界のメーカーであるIndustrie De NoraとNuceraと呼ばれるJVを組成しています。Thyssenkruppは、これまで世界中で2,500件以上の化学プラントや複合施設の建設を手掛けてきており、化学プラントの設計、調達、建設、運転ま

での業界知見と、化学メーカーに対する顧客接点を持ってきました。その強みを活かして、業界内の脱炭素化を支援する水電解装置を提供する新規事業をJVで取り組んでいます。

水素発生装置には、アルカリ性水溶液を用いるAWE型、固体高分子膜を用いるPEM、固体酸化物型水電解SOECなどがありますが、Nuceraが手掛けるのは技術的に実証されているAWE型でモジュール化された水素製造装置です。グローバルの水素製造プラントから約600基の水電解装置を既に受注しており、10GW以上のアルカリ水電解装置を供給してきました。今後、スウェーデンの水素製鉄の新興企業H2グリーンスチールや、サウジアラビアの新産業都市NEOMに対してアルカリ水電解標準モジュールを提供する予定です。

Nuceraの売上は、2021年に3.2億ユーロで足元年率25%で成長しており、受注残は9億ユーロ積み上がっています。22年6月にNuceraはThyssenkruppからスピンオフされました。IPOを通じて調達した資金で生産能力を1GW/年から5倍に拡大する予定です。将来的には水素だけでなく、グリーンアンモニアや、回収したCO_2から合成ガスを生成することでP2G（Power-to-Gas）の包括的なソリューションを提供し、バリューチェーンの拡大を目論んでいます。

デジタルソリューションへのビジネスのレイヤーアップとビジネスモデル転換

グローバルには「電化」や「自動化」の潮流に早くから着目し、ハードウェアから、ソフトウェアの領域に製品・サービスのレイヤーアップを実現している企業があります。「電化」が進展し、工場内の設備の電力使用量が細かく測定されると、設備の負荷状況、電力消費量、稼働率が見える化されます。工場を運営する企業は、省エネ化や自動化により効率的なオペレーションに繋げようと努力をしています。また、発電量や蓄電量が見

える化されることで、電力需要や価格に合わせて電気の売買をする工場の
ニーズも顕在化してきています。

　このような「電力」や「自動化」のトレンドに合わせて、事業モデルを
変革に取り組む企業が仏Schneider Electricです。Schneider Electricは、
もともと低電圧受配電機器やHMI機器のハードウェア中心の製品ポート
フォリオを展開する企業でした。早くから「Industrial Automation」と
「Energy Management」の2つを事業戦略の柱として掲げています。産業・
ビル・データセンター領域において、ハードウェアの機器売りから電力ソ
リューション売りのビジネスモデルへの転換に成功しています。
「Industrial Automation」の領域では、配電機器、PLCプロセス制御を行
うSCADAやMESの領域にも染み出し、産業領域における制御システム
の自動化を支える産業用プラットフォームExostructureを提供していま
す。また、「Energy Management」では、空調、UPS、電源などの機器か
ら得られる消費電力や熱に関する情報を統合、膨大なデータを機械学習し
ています。産業、ビル、データセンターのエネルギー消費量の最適化だけ
でなく、アセットの保守管理や運転の最適化をSaaSサービスとして提供
しています。

　Schneider Electricはデジタルサービスを展開する組織能力を得るため
に、企業買収を繰り返しています。「Industrial Automation」の領域では
2010年以降にプロセス系業界のSCADA、HMI、MES、ERP、デジタルツ
イン企業を、「Energy Management」の領域では建物の電装設計に必要な
3D CADソフトウェアの企業を買収しました。工場やビルの省エネ化だけ
でなく、建物の設計段階から省エネ化を進めるためのデジタルツールを設
計事務所やエンジニアリング会社に提供し、自社の機器が設計で選定され
やすい仕組みを作っています。

　現在は受配電や制御機器などのハードウェアが収益の柱となっています
が、今後はソフトウェアやサービスなどのリカーリング型のビジネスによ

る収入が占める割合を売上全体の30％から45％に引き上げるという目標を掲げています。将来の環境変化を捉えて、非連続的に組織能力を補い、自社のプロフィットコアに繋がるように事業モデルを設計している好例です。

燃料・素材開発におけるテクノロジーイノベーションの活用

脱炭素化社会においては、グリーン水素やCO_2の熱化学変換や電気化学的変換だけでなく、バイオプロセスを用いた燃料や樹脂原料の製造が盛んになります。微生物発酵で、バイオマスからアルコール類やオレフィンを製造し、燃料やバイオプラスチックを製造するためのバイオプロセス技術を持つ企業が注目を集めています。化学メーカーやプロセス機器メーカーが提携し、プロセス開発や実証実験を進めるケースが増えています。

米Genomaticaは、植物由来の糖の発酵によって、バイオプラスチックの中間材となるモノマーを微生物発酵で製造するバイオエンジニアリング技術を有する企業です。バイオベースの生分解性プラスチックを製造する伊Novamontや、植物性ナイロンを生産する伊Aquafilに対してバイオプロセスをライセンスして収益化しています。Genomaticaのプロセスを用いて製造されたバイオプラスチックやバイオ繊維は、消費財やアパレル向けとして利用されています。

米Lanza TechはCO₂やCOを含む産業排ガスを転換するガス発酵技術や、非可食バイオマス原料からバイオ燃料を生産する技術を有しています。製鉄所の煙道からガスを集め、バイオリアクターの中で圧縮されたガスを微生物が食べることで発酵が進み、エタノールを生成しています。またゴムや樹脂製品の廃棄物をガス化と微生物発酵からイソプレンを作り、再びゴムや樹脂原料へ転換するプロセス技術も確立しています。

バイオプロセスは石油化学の製造プロセスと大きく異なります。ゲノム解析や編集を通じて目的生成物を作り出す微生物を設計し、ラボスケール

の実証実験で確立したプロセスを、スケールアップします。生産プロセスでは、温度、圧力、溶存酸素、CO_2濃度、pH、攪拌条件などプロセスパラメーターを管理し、工程で品質を作り込まなければなりません。安定した再現性のあるプロセスを確立することが企業独自のノウハウとなっています。

バイオプロセスの上流工程では、微生物を用いた発酵や変換プロセス、下流工程では分離、精製、蒸留工程が存在します。機器の仕様が、微生物の培養や目的生成物の収率に影響するため、機器メーカーは、生産プロセスオーナーと密に連携をしてプロセスに適した機器を開発する必要があります。

バイオプロセスの開発を担う人材には、機械や化学の知見だけでなく、発酵技術、微生物学、細胞培養、合成生物学、バイオインフォマティックスなどのバイオテクノロジーに明るい人材が必要になります。微生物を設計するためのゲノム解析・編集技術やバイオプロセス技術、プロセス機器設計、バイオプラントEPCの知見が日本企業にとってのミッシングピースになるでしょう。社内で一から組織能力を構築するために採用や育成するには時間もかかるため、海外のバイオテクノロジー企業との提携・買収を通じた人材や組織能力の獲得が必要になるのではないでしょうか。

日本の重機械・産業機械メーカーにとっての経営アジェンダ

プロアクティブに市場開拓し、事業形成ができる組織への昇華

日本の重機械・産業機械メーカーでは、これまで顧客の技術要求に合致した開発設計を行い、あらかじめ約束された市場に対して、製品を提供してきました。顧客の仕様がRFPとともにメーカーに舞い込んでくるため、自ら顧客ニーズを把握するためのプロアクティブなB2Bマーケティング活動をする必要がありませんでした。

しかし、日本では企業が脱炭素化を目指す中で対応方針が明確になっていない、あるいはファーストペンギン企業の動向の様子見というスタンスが実態としては多いように感じます。そのため、顧客からの脱炭素化ニーズを受け身で待っていても、市場が立ち上がらないという状況に陥っているのではないでしょうか。脱炭素化をコンプライアンスとして捉えるのではなく、事業変革の機会と捉え、いち早く市場の萌芽を見つけ、自らリスクを取って事業を創造できるかが重要になります。

最近は、マーケットインテリジェンス機能として、市場動向や将来のテクノロジーのトレンドの情報収集や分析を専門にする部署を持つ企業も増えてきています。しかし、綿密な調査に時間をかけたものの、企画・事業構想止まりで、実行計画の具体的なアクションへ繋がらずに終わるケースも散見されます。

今後、重機械・産業機械の企業の中で必要になるのは、新しい事業を形成するための自ら市場開拓と戦略的意思決定のサイクルを早く回しながらプロジェクトを進めるスピードと行動力です。製品・サービスのアーリーアダプターを捕まえるために、これまでフットプリントが無い海外の国や地域で、事業化ニーズと提携可能性を探り、PoCやパイロットを繰り返しながら事業化を推進できる人材を確保したり、行動に重きを置く組織文化やマインドセットを根付かせることが必要になるでしょう。

新たなバリューチェーンの形成とポジションの確立

エネルギー転換に必要となるグリーン水素やバイオマスは、日本国内では安価に入手できないため、燃料転換や脱炭素の事業を立ち上げる上で、原料確保や中間材製造の調達バリューチェーンを海外から形成することが必要になってきます。

資源輸入国の日本では、これまで資源開発は商社が自らのネットワークを活用して、金属・石油・天然ガスの権益に投資をし、調達を担ってきま

した。今後、再エネやバイオマスをベースに、燃料や素材を製造するように
なると、再エネ発電事業者、グリーン水素製造者、バイオマス原料の農
地、海外バイオプラントEPC、バイオファウンドリー、燃料や素材の製
造を担う事業者等とエコシステムを形成しなければなりません。

　自社のパーパスと照らし合わせた時に、重機械・産業機械メーカーとし
てバリューチェーンのどこまでの範囲を自社で手掛けるべきかの判断をす
る必要があります。事業化の投資判断や、エコシステム形成のためのパー
トナーリングの意思決定も経営アジェンダになると考えています。

機器売りを超えたビジネスモデルへの変革

　重機械・産業機械メーカーのビジネスモデルは、機器売りが中心です
が、今後は図表6-5の通りさらに顧客への付加価値を創出するビジネスモ
デルの高度化や多様化が進むのではないかと考えています。IoT化や電化
によって、顧客の運用条件が見える化されたことで、顧客が持つオペレー
ショナル・ファイナンシャルリスクを、機器メーカーが肩代わりすること
でリターンを得る事業モデルへの転換が進みました。例えばミッションク
リティカルな領域では、性能・稼働保証をメーカーがすることで機器のア
ップタイムに対するサービス収入が得られました。利用頻度や稼働時間の
ボラティリティーが高い装置への設備投資に対して、メーカーが装置をア
セットとして持つことで、顧客の利用の対価としてサブスクリプションや
従量課金フィーが得られました。

　脱炭素化の潮流の中ではさらに、バリューチェーンの拡大に伴い、重機
械・産業機械メーカーが、グリーン水素やCO_2の排出源を押さえて上流
を握る、あるいは下流で燃料や素材の生産プロセスの開発設計を担いプロ
セスオーナーになり、プロセスIPをライセンスアウトしたり、自ら燃料
や素材を生産する側に回る可能性もあります。この取り組みには、既存の
機器売りとは異なる事業モデルへの変革が必要となります。馴染みがない

産業

■ 図表 6-5　ビジネスモデルの変化

	既存のビジネスモデル	新たなビジネスモデル			
顧客コスト	– 機器の所有に対する初期投資	– 機器の利用に対するリカーリング費用	– 機器の非稼働による機会損失	– 燃料費 / 電気代	– 人件費
投資／費用	– CAPEX	– OPEX	– OPEX	– OPEX	– OPEX
顧客価値提供	– 機器をアセットとして提供	– 機器をサービスとして提供し、顧客の初期投資を抑制	– 機器の稼働率向上 – 信頼性の担保	– 機器の省エネ化による燃料費削減	– オペレーター・管理の人件費削減
製品／サービス	– 機器の販売	– 定額サブスクリプション – 従量課金	– パフォーマンス保証 – 故障予知サービス	– エネルギー最適化 – 運航ルート最適化	– マネージドサービス – メンテナンスサービス – アセット管理 – 遠隔監視 – 自動化・自律運転

事業モデルを展開することにはリスクが伴いますが、新たな事業機会が生まれる中で、価値獲得を図るために事業モデルを進化させることも、新規事業創出するうえでのポイントになると考えています。

執筆者

竹村 文伯（たけむら ふみのり）
A.T. カーニー　シニアパートナー
ノースウェスタン大学ケロッグ経営大学院卒（MBA）。松下電器産業、米系コンサルティング会社シリコンバレーオフィスを経て現職。日本および、北米でICT・エレクトロニクス、重電・産業機械業界を中心に20年のコンサルティング経験を持つ。経営戦略、事業戦略、Go-To-Market、海外事業投資、新規事業、M&A 等の支援に従事。

西川 覚也（にしかわ かくや）
A.T. カーニー　シニアパートナー
東京大学工学部産業機械工学科卒。国内大手特許事務所を経て現職。電機、半導体、重工機械、素材、商社、PE を中心に15年のコンサルティング経験を持つ。事業戦略、R&D戦略、海外展開戦略、戦略提携・M&A、ターンアラウンド等の支援に従事。

第6章　重機械・産業機械

深川 寛也 (ふかがわ ともや)
A.T. カーニー　プリンシパル
東京大学工学部 航空宇宙工学科卒業、同大学院 航空宇宙工学専攻修了。ノースウェスタン大学ケロッグ経営大学院卒（MBA）。三菱重工業株式会社を経て、A.T. カーニーに入社。製造業の成長戦略策定、テクノロジーマーケティング、M&A戦略のプロジェクトを中心に支援。

参考文献
・「地域共創・セクター横断型カーボンニュートラル技術開発・実証事業について」『環境省』2023年2月9日
・「パリ協定を踏まえた我が国の気候変動の取組」環境省
・「Tesla Insurance Using Real-Time Driving Behavior.」『*Tesla*』2023年
・「Autopilot and Full Self-Driving Capability.」『*Tesla*』2023年
・「テスラがVPPに本腰、中型"発電所"をほぼタダで構築」『日経クロステック』2023年3月17日
・「One of the largest green hydrogen projects in the world: thyssenkrupp signs contract to install over 2GW electrolysis plant for Air Products in NEOM.」『*Thyssenkrupp*』2021年12月13日
・「Accelerating by Jean-Pascal Tricoire.」『Schneider Electric』2021年
・「LanzaTech Presentation.」『*LanzaTech*』2017年
・「Geno and Aquafil begin pre-commercial production for plant-based nylon-6.」『*Genomatica*』2022年7月22日
・「Novamont opens world's first commercial plant for bio-production of a major intermediate chemical.」『*Genomatica*』2016年9月29日
・「1,4 BDO from renewable raw materials.」『*Novamont*』

産業

第 7 章

エネルギー

リスクマネジメント：
電力業界の新たな焦点

　かつて「日本の電力王」と言われた松永安左エ門は、「電力事業とはファイナンスである」と言ったそうですが、これを現代の電力の文脈に訳せば、「電力事業とはリスクマネジメントである」と言えるかもしれません。社会に生きる誰もが常に必要とし、完全に一定の品質を求められる特殊な財である電力は「究極のコモディティ」とも言われ、それゆえあらゆる側面において安定性・持続可能性が最重要となります。しかし、昨今の電力事業においては、リスクは多様化し、異なるリスク要素間のトレードオフも複雑化しています。

　本稿では、昨今の電力業界をとりまくトピックを入り口として、リスクの構造変化とリスクマネジメント、という観点から電力業界の未来像の一端を考察してみたいと思います。

３つのトピック〜"脱炭素""ロシア・ウクライナ問題""不祥事"〜

　今日の電力業界を賑わす話題は、大きくこの３つだ、と言っても、それほど大きな異論はないのではないでしょうか。

　"脱炭素"は言うまでもなく、エネルギー業界にとって最大の関心事、または懸案事項です。「おぼろげながら浮かんできた」2030年度に温室効果ガスと46％削減するNDCは業界関係者を困惑させました。しかしそれと前後して、世間の脱炭素への関心は急激に高まり、いまや新たなフェーズに移行した感があります。弊社エネルギープラクティスへのご相談で、全く脱炭素の文脈と関係ないものは稀になってきたと言ってもよいくらいで、大手電力会社、新電力、製造業、小売業などあらゆる方面からのご相談が増加しています。様々なポジションのプレイヤが脱炭素を新たな事業機会と捉え、一方でそのリスクへの対応方針に悩んでいます。

　次に、"ロシア・ウクライナ問題"。2022年2月に始まった戦争とその後のロシア・欧州の行動は、日本の電力・エネルギー業界にも多くの問題を顕在化させました。いわゆるカントリーリスクだけでなく、供給の安定性や資源価格リスク一般に関しても、電力業界はリスクマネジメントの脆弱性を露呈しました。大手電力はなんとか耐え忍びましたが、値上げに至るまでには政治にも翻弄され、その過程で大量の出血を伴いました。新電力業界は、一時期はほとんどの新電力が新規契約を停止し、実際に倒産や電力事業からの撤退に至る企業も多くありました。

　最後に、関西電力をはじめとする電力各社の"不祥事"を取り上げます。これは業界の信頼性を根底から揺るがす出来事となりました。経済産業省もこの問題に対して非常に厳しい目を向けており、今後の動向が注目されます。この問題は、電力各社にコーポレートガバナンスの再構築を求めることとなるに留まらず、大きな業界構造の変化をもたらす可能性もありま

す。

　各トピックが電力業界においてどのような意味を持つのかを理解するためには、各プレイヤあるいは電力システム全体が抱えるリスクを構造的に理解する必要があります。それぞれのトピックについてそこで問題となるリスクがどのようなものであり、それがどのようなイシューを生み、どのような構造変化をもたらしうるのか見ていきましょう。

　なお、本稿では紙幅の関係上、極めて話を単純化しています。さらに詳細な論点を理解したい読者におかれましては、本省末尾の参考文献をご参照ください。

トピック①～脱炭素～

　脱炭素の実現に向けては、再生可能エネルギー（再エネ）の拡大、原子力の再稼働と新設、石炭火力発電の撤退、そして水素やアンモニア火力の導入、CCS/CCU技術、エネルギー利用の効率化、DRの拡大など、数多くの候補となる手段が存在します。一方それぞれの手段を推し進めるうえではそれぞれにリスクが存在し、また互いに独立ではありません。

火力発電事業者の視点：脱炭素に係るリスク

　脱炭素の話題の中で、火力発電事業からの視点を最初に取り上げるのは意外に思われるかもしれません。しかし、現実の電力供給には、火力発電が果たす不可欠な役割があり、その役割をどうしていくのかが問題なのです。電力の特性上、変動する需要に対して常に一致する供給を同時に行う必要がありますが、太陽光発電や風力発電といった再エネは天候の影響を受けやすく、安定した供給が難しい。こうした中で、他の電源の供給を補完し、電力供給の安定性を保つ役割を果たすものが必要であり、この役割を担えるのは今のところ火力発電だけです。電力の脱炭素が難しいのは、

必然的に二酸化炭素を排出する火力発電がその実、電力システムの要だからです。

　今後、脱炭素が進んでいくとすれば、その中で火力発電事業者が抱える大きなリスクは、以下の３つがあります。

・再エネの拡大によって供給量を奪われていくという経済的なリスク
・必要な電源の容量を維持できないリスク
・必要な燃料が調達できなくなるリスク

　１点目は、電源間の競争から発生する、ある種自然なリスクですが、２点目と３点目は微妙な問題をはらんでいます。
　２点目は典型的には、もはや石炭火力発電の維持が割に合わない、と事業者が判断するような場合に発生する、電力システムにおける電源容量の不足リスクです。石炭価格の動向や社会的圧力の増加から、これは実際に起きつつあることです。これは、本来事業者が考えるべきリスクではないのですが、元来、（コストはさておき）安定供給には極めて強い責任感を持つ大手電力会社にとっては、考え方の難しいリスクになっていきます。
　３点目も構造は似ていますが、燃料調達サイドのリスクです。再エネが増加すると、全体としての火力発電に求められる供給量は低下する、つまり必要な燃料の量は減少します。一方で、再エネ出力が低下する時間においては、火力発電が電気を供給しなければなりません。つまり発電所の稼働率が落ちて、燃料需要のボラティリティが高まることになります。再エネの出力を見通すのは難しいため、燃料がいつ必要になるのかを見通すのも今後徐々に難しくなっていきます。LNGの場合、調達には２カ月程度は必要であるため、燃料運用が回らなくなっていく可能性があるのです。
　こうしたリスクについてどう対応していくのか、ということが火力発電

産業

事業者の、あるいは電力システムの制度設計上の課題になっていきます。リスク対応に係るコストは間接的に国民負担となっていくかもしれません（一部はそうなっています）。しかしそれも難しく、結局、火力発電事業者が負担せざるを得ない安定供給上のリスクが残るのであれば、そのリスク削減のため火力発電事業者の 燃料部門や発電部門は今後統合されていく可能性も出てくるかもしれません。脱炭素時代に火力発電の担うリスクの負担を巡って、今後こうした変化につながっていく可能性があります。

再エネ電源開発事業者の視点：市場の難化と方法論の多様化

　今後の日本の再エネ開発の主役は、太陽光発電と風力発電です。太陽光・風力発電が拡大していくという基本的な方向性については、今日ではどのような立場からも異論のないところだと思いますが、一方で経済性、あるいは外部不経済の大きさからその拡大速度には自ずと制約があります。固定価格買取制度（FIT）[1] が始まった2012年から急激に拡大し続けている太陽光・風力発電ですが、その成長率は近年やや鈍化しており、今後の成長軌道は必ずしも約束されたものではありません。[2]

　そんな中で、自前で再エネ電源を持とうと志向する事業者は、何らかの形で自社のアセットを活用したグリーン電源の開発を進めています。例えば、敷地内（あるいは近隣）に大きな電力需要地が存在する工場等の遊休地を活用した太陽光発電の敷設、あるいは遠隔地においても自己託送制度[3] を活用した再エネ自家発電源の開発、といったものです。ソニーが自社倉庫や牛舎の屋根を活用して始めたスキーム[4] が有名ですね。製造業をはじめ、多くの事業者がこうした再エネ調達スキームへのチャレンジを実行、

第7章 エネルギー

1　https://www.enecho.meti.go.jp/category/saving_and_new/saiene/kaitori/surcharge.html
2　https://www.meti.go.jp/shingikai/santeii/pdf/079_01_00.pdf
3　https://www.enecho.meti.go.jp/category/electricity_and_gas/electric/summary/regulations/zikotakusou/faq/faq.html
4　https://xtech.nikkei.com/atcl/nxt/column/18/01670/00007/

または計画しています。

　この流れの中で、再エネ開発を志向する事業者が考慮すべきリスクもまた多様化してきています。再エネ電力から長期安定的な収益を確保するために、誰にどのようなスキームで売り、どのように自家消費すべきか、蓄電池は入れるべきか。こうしたことを検討するにあたって、電力価格の変動リスク、天候リスク、インバランス[5]リスク、様々な制度的リスク、資産の劣化リスクなどを考慮する必要があり、さらにその背景として資源価格・為替リスク、地政学的リスクまで勘案しなくてはなりません。こうした新たなリスク構造の発生に応じて、そのリスクの一部を切り出して引き受ける保険的機能を持ったビジネスや、既存の需給調整機能組織の分離・外販を目指す事業者が出てくるなど、リスクマネジメントに関する様々なスタイルが出てきています。

グリーン電力小売／需要家の視点：確保競争の進展

　再エネから発電された電力（グリーン電力）を求める需要者側からの確保競争も激しさを増しています。大企業はGHG基準での排出量の開示を求められるようになり[6]、またAppleをはじめとした海外企業からのGHG排出量削減圧力により、製造業をはじめとする大企業は、将来に向けたグリーン電源の確保に本気で取り組むようになってきました。経産省もGXリーグ[7]を発足し、産業界からのグリーン化に向けた動きを加速させようとしています。グリーン電力を確保しようとする事業者、あるいは小売電気事業者やアグリゲーターは、FIT制度からFIP制度への移行[8]、義務市場等

5　https://www.emsc.meti.go.jp/info/public/pdf/20220117001b.pdf
6　https://www.pwc.com/jp/ja/knowledge/column/sustainability/tcfd-analysis05.html
7　https://www.meti.go.jp/policy/energy_environment/global_warming/GX-league/gx-league.html
8　https://www.enecho.meti.go.jp/category/saving_and_new/saiene/data/kaitori/2022_fit_fip_guidebook.pdf
9　https://www.meti.go.jp/shingikai/enecho/denryoku_gas/denryoku_gas/seido_kento/pdf/068_04_00.pdf

の市場の仕組みの変化[9]、新たなビジネススキームの拡大など様々な変化の中で、最適なソリューションを模索しています。FIP制度への移行は、小売電気事業者や大規模需要家にとってグリーン電力を直接的に、かつ長期的に調達する新たな手段となりますが、時間変動の激しい再エネ出力の調整をどのような形で管理していくのかが問題になります。

　このようなグリーン電力の買い手にとっても、リスク評価は難しくなっています。まず、グリーン電力を誰からどのようなスキームで買うべきか、どの程度の量をいつグリーン化していくべきか、といった経済的なリスクの評価として発電側と同様のリスク評価が必要になります。加えて、自社にとっての環境価値をどのように捉えるのか、あるいは環境対応を進めない場合の社会的リスクをどう捉えるのかなど、難しい価値判断の議論にも発展します。

　グリーン電力の売り手も買い手も、様々な観点からリスクを勘案し、マネージする組織ケイパビリティはますます必要となり、またそのために、アナリティクスの高度化、データマネジメントの高度化、DXの推進など、検討の基盤となる環境整備も各社しのぎを削って進めています。

トピック②〜ロシア・ウクライナ問題〜

　全世界的に進む脱炭素の流れに水を差す形になったロシア・ウクライナ問題ですが、日本のエネルギー業界にとってのロシア・ウクライナ問題は、燃料価格の急騰という形で顕在化しました。ドイツのようにロシア産エネルギーへの量的な依存度が高かったわけではないので、直接的な供給不安には至っていません。サハリン2も今のところ供給を続けています。しかし欧州のエネルギー危機は、市場を経由して、原油・LNG・石炭のすべての国際価格を沸騰させました。日本近海における主要なLNG価格指標であるJKMは過去最高価格を記録し、JKM価格を基礎に入札が行わ

れている電力卸売市場（JEPX）も非常な高値が続きました。

　通常、エネルギーが高騰すると、エネルギー会社は儲かります。国際的な原油の高騰局面にあっても、一般的には石油会社は買い手に価格を転嫁可能です。しかし、今回の燃料価格高騰においては、電力会社は大震災以来の大打撃を被りました。電力小売りが燃料費リスクを顧客に転嫁できない構造があったのです。

小売電気事業者の視点：燃調リスクの発現とその影響

　電力会社は通常、電力の小売契約において燃料費調整条項（いわゆる燃調）を設けます。これは、石油価格・LNG価格・石炭価格の輸入価格に連動して小売単価を調整するもので、つまり燃料の輸入価格の変動リスクを需要家に移転するものです。しかしながらこの条項は、電力自由化以前の規制料金時代に制度的に作られたもので、消費者保護の観点から変動の上限価格が設けられていました。今回資源価格の急騰の結果、電力各社のこの燃調単価が上限に達したため、需要家にコスト増を転嫁しきれない状態になり、結果として2022年3月期の大手電力9社の当期利益は合計およそ1兆円もの赤字となりました。また、多くの新電力が大手電力会社と同じ燃調条項を設けていたため、同様に燃調上限にヒットし、新規契約締結の停止や倒産に陥りました。

　こうした要因を背景として、大手電力7社は規制料金の大幅な値上げに踏み切りました[10]。値上げ、と言っても、例えば従来の価格から20％固定的に単価を引き上げる、というようなものではなく、大部分は燃調の算定式の変更、つまり需要家に転嫁するリスクの構造を変更するものでした（その結果短期的には値上げになるように設計されている）。今回の変更が電力業界のリスクマネジメントに及ぼす構造的な変化は、市場価格調整条項が設けら

10　中部電力・関西電力・九州電力を除く旧一般電気事業者

れたことでしょう。前述のように、従来の燃調式は、石油・LNG・石炭の3つの資源輸入価格に基づいて計算されるものでしたが、大手電力7社は、新たにJEPXのスポット価格に連動する条項を設けました。これにより、FIT買取分など市場価格に連動する電力調達はそのリスクが相殺されることとなります。規制料金と同じ燃調式を採用している新電力についても、その多くがJEPXからの調達を行っているため、多くの場合その変動リスクが緩和されることとなります。

　昨今の資源価格の急激な変化や、こうした燃調構造の変化は、各プレイヤがIndexationを厳密に管理していく機運を急速に高めています。ここで言うIndexationの管理とは、電力事業において電力販売・電力調達がそれぞれどの指標（Index）にどの程度連動していて、それをネットした場合にエンティティ全体でどのようなエクスポージャーになっているのかを把握していく、ということです。例えば、調達側は50％がJEPX、50％がLNG価格に連動し、販売側が20％JEPX、40％LNG、40％石炭に連動していたとすると、コスト側に30％分のJEPXと10％分のLNG、収益側に40％分の石炭のエクスポージャーが残ることとなります。このポジションを相殺するようなヘッジ手段を考えていくのか、このポジションを利用して投機的に収益を狙いにいくのか、は各社のリスク／トレーディングポリシーに因るところですが、いずれにしてもこのポジションこそが電力事業のフィナンシャルなリスクそのものであり、一般的に損益の多寡を決める最大のドライバーとなります。その意味で電力事業とは多分に金融的なものです。Indexのボラティリティが高まる昨今の情勢の中で安定的な事業運営を目指すためには、金融的なセンスと手段を身につけることが必須になってきているのです。

　Indexationの管理は、概念としては上述のように極めてシンプルながら、実務的には相応に複雑でボリュームのある計数管理となります。上述では例として単に"LNG価格"と書きましたが、LNG価格はさらに石油価

格その他の資源価格に連動している側面を持ち、またそれぞれの指標がいつの価格に連動しているのかも考える必要があります。こうした整理を通じて初めて、足元～将来の資源価格や市場価格の変動が自社の収益にどのような影響をもたらすのかを解像度高く見通せるようになります。

トピック③～不祥事～

関西電力をはじめとした電力会社の一連の不祥事の事実関係[11]については各種報道をご参照いただくとして、ここでは、今回の事案がもたらしうる電力業界の地殻変動について考えたいと思います。

不祥事の持つ意味合い

今回の不祥事では、送配電部門から小売部門への情報漏洩や小売事業者間のカルテルが明らかになったわけですが、これに対し経産省は極めて厳しい目を向けています。この背景には、電力自由化、送配電会社の成り立ちにおける経産省と電力各社の関係性があります。

送配電部門は事業者間競争が起こり得ないことから、多くの国において強い規制監視対象であり、何らかの形で発電・小売事業とは分離されています。日本でも、電気事業法の三段階改正の最終段階として、送配電部門の法的分離が行われました。これは、発電・小売事業と送配電事業が法的なエンティティとして分離されていることを求めるものですが、資本関係の完全な分離までは求めない、というものです（資本関係の分離は所有権分離と言います）。電気事業法の三段階改正に至る議論の中では、公平性の担保の観点から所有権分離を求める声も当然にありましたが、経産省は電気事業者側の立場に立ち、最終的に法的分離で議論をまとめました。法的分離で

---

11 https://www.meti.go.jp/shingikai/enecho/denryoku_gas/denryoku_gas/pdf/063_07_00.pdf

十分である根拠として強く掲げていたのが行為規制であり、今回の不祥事はこの行為規制を露骨に犯すものでした。

つまり今回、行為規制を犯した電力業界の不祥事は、これを盾に所有権分離の回避をとった経産省の顔に泥を塗る行為でもあったのです。

送配電会社のさらなる分離

当然の流れとして、経産省は関係各社に対して、業務改善命令、内部統制強化の指示、補助金の交付停止等の一通りの措置を行いました。これらは、差し当たりの再発防止策としてのガバナンスの強化やITシステムの分離を進めさせるものですが、今回の件は一通りの対策を終えて解決、という着地点では終わらないインパクトを持っています。

まず話の構造からして所有権分離は当然に惹起される議論です。これは経産省も未だ慎重であるようには見えますが、審議会の委員からは所有権分離への言及も複数なされました。今後もし、行為規制を犯すさらなる事案の表出や情報漏洩等が発生すれば、所有権分離を正面から議論することも回避できなくなってくるかもしれません。また、現在経産省が所有権分離の議論を俎上に乗せたがっていないのは、これが法技術的に極めて困難であるからと思われますが、所有権分離までいかなくとも、法的分離に加えたさらなる機能分離、つまりISOの導入に至る可能性はあります。米国ではまさにこの形がとられてきたのですが、ISOは別の文脈で進む市場設計の見直しや、後述する発販分離とも議論の方向性を一にするものでもあり、今後議論が合流していくことも考えられます。そうなれば日本の電力システムにとってはまさに地殻変動と言える局面になっていくでしょう。

発販分離

ところで、一連の不祥事への対応の中で、2023年4月28日に経済産業大臣から、「小売電気事業の健全な競争を実現するため対策の検討」につ

いての検討指示が発出されています。3項目からなるこの指示は、その第2項に次のようにあります。

> ・「内外無差別で安定的な電力取引を実現する仕組みの構築」
> 　（1）旧一般電気事業者の電源の内外無差別な卸取引を強化
> 　（2）（1）を通じた、短期から長期まで多様な期間・相手方との安定的な電力取引関係の構築

「旧一般電気事業者の電源の内外無差別な卸取引」とは、電力会社の発電部門（あるいは発電子会社）から小売部門（あるいは小売子会社）への電力の取引条件について、当該発電部門が第三者に卸売をする条件と等しくせよ、つまり自社グループの小売を優遇するな、という意味です。

　ここでは、微妙に論点のすり替えが行われています。この指示は、小売電気事業者の競争不正が明らかになったため、小売電気事業の健全な競争を実現するための対策が必要であり、その重要な要素の一つが内外無差別の卸取引である、という論理になっているわけですが、今回の不祥事はグループ内の卸取引とは直接関係がありません。指示内容に「強化」とあるように、「内外無差別」はこれまでも、「旧一般電気会社のコミットメント」という形式で、実質的に規制化されていました（これ自体、やや無理のある枠組みなのですが…）。そんな中で、やや作為的な論理を持ち出してこの項目を入れてきた経産省の意図はなんでしょうか。

　2023年5月のエネルギーフォーラムに、次のような記事が記載されました。

> 「顧客情報の不正閲覧など相次ぐ不祥事に揺れる関西電力は5月12日、電力小売事業の競争健全化に向け、発電事業との分離を検討していることを明らかにした。JERAを設立した東京電力、中部電力の両社に続

> いて、発電、小売り両事業の分社化が実現することになるのか。将来
> 的に他の大手電力会社に波及する可能性も否定できないことから、関
> 係者は関電の動向に大きな関心を寄せている」

　関西電力の発販分離の可能性に言及した記事ですが、この他にも、「もはや関西電力は発販分離をやらざるを得ないだろう」という業界関係者の声も聞こえてきています。送配電の所有権分離の議論を、本来全く別の議論である発販分離に挿げ替えたようにも見える流れですが、もしこの通りの流れで事が進むのだとすると、日本の主要電力3社の全てが送発販分離に至ることとなります。さらに、「内外無差別」が発販分離まで求める流れなのだとすると、他の電力会社も対応を迫られることになりかねません。そうなれば、日本の電力セクターはまた新たなステージを迎えることとなります。分離された事業者間での再編や、燃料調達部門の広域統合に向かって議論が具体化・加速していく可能性も現実的になっていくでしょう。こうした変化に併せて、卸売市場を通じた電力取引の重要性もさらに高まり、市場の効率性の追求を目指した電力システム自体の大規模な再設計にもつながっていくかもしれません。

執筆者

大島 翼（おおしま つばさ）
A.T. カーニー　シニアパートナー
東京大学農学部卒業後、A.T. カーニー入社。2014〜2015年、資源エネルギー庁出向。電気事業法第二弾改正の詳細設計等に関わる。
専門分野は電力業界におけるリスクマネジメント、トレーディング戦略、デジタル戦略等。

参考文献

・資源エネルギー庁「今後の火力政策について」2023年1月25日
　https://www.meti.go.jp/shingikai/enecho/denryoku_gas/denryoku_gas/pdf/058_05_03.pdf
・日本総合研究所「岐路にある再生可能エネルギー」2023年3月
・資源エネルギー庁「世界的なエネルギー価格の高騰とロシアのウクライナ侵略」2022年

https://www.enecho.meti.go.jp/about/whitepaper/2022/html/1-3-2.html
・東京電力「燃料費等調整制度とは」
https://www.tepco.co.jp/ep/corporate/adjust2/fuelcost.html
・資源エネルギー庁「大手電力における不祥事案に係る対応の検討状況について」2023年6月27日
https://www.meti.go.jp/shingikai/enecho/denryoku_gas/denryoku_gas/pdf/063_07_00.pdf

産業

第8章

ヘルスケア

医療のデジタル化が
もたらす将来シナリオ

日本の医療を取り巻く環境変化

　医療の世界においては、日々新たな薬剤や医療機器が登場し、そのイノベーションは留まるところを知りません。新たな治療法が患者それぞれの病態に適した形で提供されることにより、多くの疾患において治療成績は改善し続けています。例えば、2020年のがん死亡率（全がん種、75歳未満年齢調整済）は2005年に比べて24.7％減少しました（92.4→69.6；人口10万対）。

　一方で、薬剤治療の改善によっても、未だに治療成績や患者満足度が改善しない疾患も多く存在します。図表8-1に示すように、がんや生活習慣病といった疾患においては、治療に対する薬剤の貢献度や治療満足度ともに高い水準にある一方で、アルツハイマー病を代表とする中枢神経系の疾患等においては、薬剤の果たす役割は未だ限定的であることが分かります。薬剤のイノベーションだけでは解決できないアンメットニーズも多く

■ 図表 8-1　疾患ごとの治療満足度と薬剤貢献度

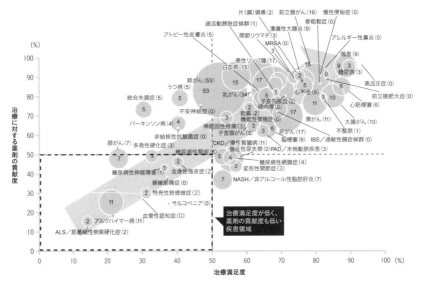

出所：医薬産業政策研究所、公益財団法人ヒューマンサイエンス振興財団

存在することが分かります。

　このような課題意識のもと、デジタル技術を活用した医療介入手段が浸透しつつあります。薬剤治療を補完する、あるいは置き換える手段として、従来 around/beyond the pill と呼称されていた「デジタルヘルス」の技術が、特に米国においては医療のインフラの一部を代替するほどの存在感を見せつつあります。デジタルヘルスがもたらす未来の医療とは、果たしてどのような世界になるのでしょうか。その将来像を理解するには、技術の進展だけでなく、政治・規制環境やマクロ経済、社会の変化も視野に入れる必要があります。A.T. カーニーでは、多くの識者インタビューや文献リサーチに基づき、将来の医療シナリオに大きな影響を与えうる21個の因子を特定しました（図表8-2）。

　これらの因子の中でも、発現の不確実性が高い因子と、発現した場合に

産業

■ 図表 8-2　将来の医療シナリオを定義する因子

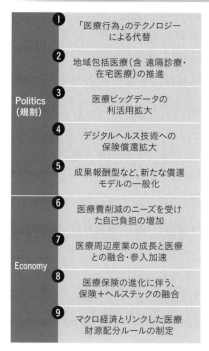

大きな影響を及ぼす因子に着目する必要があります。以降、そのような因子の例（ボラタイズ因子と呼称）をご紹介します。

ボラタイズ因子詳細

地域包括医療（含 遠隔診療・在宅医療）の推進（因子②）

　コロナ禍を期に、日本においても遠隔診療が実質上解禁されました。世界規模では、在宅医療の市場規模は50兆円以上とも言われ[12]、特に英国、中国、米国においては対面の診療行為を代替する手段として幅広く使われています（図表8-3）。

　一方で、日本における遠隔診療は、コロナ禍を期に実質上解禁されたものの、その利用率は極めて低い水準に留まります。背景には、遠隔診療を行う際の診療報酬面のインセンティブが限定的である点や、遠隔診療という新たなモデルに対する恐れや懐疑心が医療従事者・患者双方に存在する点が挙げられます。

　また、政府の掲げる地域包括モデルの実装も、現状の病診連携の延長線上に留まっています。患者を中心として、病院やかかりつけ医、薬局、看護・介護事業者、地域行政など多様なステークホルダーが連携するチーム医療・ケアの実現には至っておりません。電子カルテを中心とした医療データの電子化と相互アクセスが実現していない点や、チーム医療・ケア実現の前提に必要となるステークホルダーの意識や行動変容が困難な点がボトルネックとなっています。制度の進化だけでなく、技術と社会の変化が重なり合うことで、本来の地域包括や遠隔診療のモデルが成立するのではないでしょうか。

12　「在宅医療50兆円市場、未来つくる14のテクノロジー」『日本経済新聞』2022年12月2日付

産　業

■ 図表 8-3　コロナ禍前後の各国における遠隔診療の浸透度比較

普及度
低　　　　高

	Pre COVID	During COVID
英国	– '19年時点で、オンライン診療に対応する医療機関は全体の**約60%**[1] – '19年時点で、医師・看護師が年間で担当する患者のうちオンライン診療によるフォローは**約1%**[2]	– '20年12月時点で、医師・看護師が年間で担当する患者のうちオンライン診療によるフォローは**約50%**[2]
中国	– 最大のオンライン診療プラットフォーム「Ping An Good Doctor」への**登録者**が'19年末**3.2億人**	– 「Ping An Good Doctor」の'20年中盤での延べ利用者数は**11.1億人**に – '19年12月~'20年1月にかけて新規ユーザーが**900%**・オンライン相談が**800%増加**[3] – SFDAはCOVID後の遠隔診療による診断数が**約17倍**と報告
米国	– '20年3月時点で、オンライン診療を利用する医師は全体の**約2%**[5]	– '20年4月以降、オンライン診療を利用する医師は全体の**約61%**[5]
ドイツ	– '19年11月にオンライン診療の保険償還が開始	– '20年8月時点で、遠隔診療を利用する医療従事者の割合は、「日常的」が**19.6%**、「部分的」が**40.2%**[4]
フランス	– '20年3月時点で、全診療行為に占める遠隔診療件数は**0.1%**[6]	– '20年4月時点で、全診療行為に占める遠隔診療件数は**約28%**[6]
日本	– '19年9月時点で、オンライン診療に対応する医療機関は全体の**約1%**（1,306施設）[7]	– '20年7月末時点で、オンライン診療に対応する医療機関は全体の**15%**（1.6万施設）[8] – そのうち初診患者に対応しているのは全体の**6%**（0.7万施設）

出所：1) Beyond health 2) AMP 3) DezanShira&Associates 4) JDSUPRA 5) Pharmaceutical Executive 6) CLAIR Paris 7) 日本医事新報社 8) EMIRA

働き方改革や人生100年時代による「幸せ・生きがい」の追求（因子⑪）

　コロナ禍を経て、我々日本人の労働や健康に対する意識は大きく変容しました。リモートワークなどの新しい働き方が定着する一方で、職場での結びつきの希薄化がメンタルヘルスの問題を引き起こしているとの指摘もあります。

また、多くの日本人が、身体的には極めて健康になった社会の中で、日本人全体の幸福度は低い水準に留まっています（137カ国中47位）[13]。経済成長だけでは幸せを実感できない、極度に成熟した社会において、今後はより一層個人それぞれの「生きがい」の追求が求められることでしょう。結果として、社会全体の関心が身体的健康の維持から精神的・心理的健康・充足度の向上に大きくシフトするのではないでしょうか。

　個人それぞれが実感する自身の幸せや満足度を薬剤価値の算定に取り込もうという潮流も生まれている中で、人々の「幸せ」を可視化し、改善する手段としてのデジタル技術に注目が集まりつつあります。実際に認知行動療法や心理カウンセリングの分野において、多くのデジタルヘルスベンチャーが成功を収めています。

　例えば、心理カウンセラーのスキマ時間を活用し、オンラインで心理カウンセリングや認知行動療法を提供する米国のTalkspaceは、2022年（会計年度）に1.2億ドル（約175億円）の年間売上を達成しています[14]。消費者向けとして始まったサービスが健康保険組合などの法人向けへのシフトが進んでおり、2022年には4億回以上のオンライン心理カウンセリングが法人向けに提供されました。「幸せ・生きがい」のケアに対する需要の底堅さがうかがえます。

個別化医療の裾野の拡大（因子⑰）

　従来の個別化医療とは、主にはがん治療時における分子標的薬の投与時に使われてきた概念です。対象となるがんのドライバー遺伝子の変異を正しく把握し、遺伝子変異に対応した分子標的薬を投与することで治療効果を高めるアプローチです。一方で、治療効果には患者の遺伝子のみならず、既往歴やライフスタイル、さらには患者や家族の希望など多くの要素

13　持続可能な開発ソリューション・ネットワーク（SDSN）2023/3/20
14　Talkspace公表資料

が影響します。

　今後、がんのみならず様々な疾患を引き起こす因子の特定が進み、かつ患者や家族自身の希望に沿った治療へのニーズが高まる中で、疾患の治療はこれまで以上に「個別化」されていく可能性が高いです。問題は、個人情報保護の要請が高まる中で、如何にしてこのような個人の健康に関するデータが集約・解析されるか、です。オプトイン形式で患者それぞれがデータを開示する代わりに、保険料率の値引きが受けられるなどの仕組みが成立すれば、実現は十分可能な世界だとも言えます。いずれにせよ、現状の電子カルテを中心としたデータインフラ上には成立し難い世界だと言え、病院外の行動・アウトカムデータを捕捉する手段の登場に大きく依存する世界だと言えます。

医療データ＋αの統合と解析の一般化（因子㉑）

　近年、日本においても電子カルテの規格統一やカルテデータの利活用の議論が進んでいます。しかし、電子カルテデータは、患者が実際に病院に来院し診察を受けた際の記録であり、病院外での健康状態については、当然ながら収集されていません。

　一方で、例えばスマートフォンやスマートウォッチ等のデバイスには個人の行動履歴や、血圧や心拍数といったバイタルデータ、睡眠パターンのデータなどが蓄積され続けています。図表8-4に示すように、疾患のスクリーニングから予後のモニタリングにまで、生体分子や化学組成に着目したアプローチを超えて、認知機能や感情までもデータとして捉える流れが生まれつつあります。例えば、Apple社ではiPhoneやApple Watchを使って、パーキンソン病や軽度の認知症などの早期診断をする実験がなされています。

　このような、「非ヘルスケアデータのヘルスケア化」の流れの中では、従来あまり注目されてこなかった非構造データ（発話の音声データ、表情や視線

の映像データ等）を活用し、様々な疾患の早期診断が実現するでしょう。結果、ヘルスケアと紐付いていなかった日常接点の「ヘルスケアタッチポイント化」が進むでしょう。家や車といった空間、自動販売機やATMといった機器等、我々の生活を取り巻く環境全体がヘルスケアと紐付く可能性を秘めています。

　これらのボラタイズ因子がいつ、どのような形で発現するかを正確に言い当てることは難しいです。

　重要なのは、このような因子の発現を正確に予知することではなく、仮に発現した場合にどのような未来が到来するかのビジョンを持つことです。事前に将来到来しうる可能性の幅を意識することで、将来の環境変化に対しても先んじて策を打つことが可能になります。

　次に、前述の因子を含む幾つかの「ボラタイズ因子」が発現した場合に、どのような未来が到来するのかを想像してみましょう。

■ 図表 8-4　ヘルスケアで活用されるデータの広がり

産 業

日本の医療将来シナリオ
「2040年のボラタイズシナリオ」

第8章 ヘルスケア

社会・コミュニティの「幸せ」総量の最大化

　再生医療の商用化等、医薬品のイノベーションが加速する中、がん等の重篤な疾患の治療成績は改善を続け、日本人は今まで以上に多くの疾患と共存することができるようになっています。身体の健康が増進する一方で、生き方・働き方のさらなる多様化にも後押しされ、多くの日本人が自身の「生きがい」や幸せをより主体的に希求するようになります。スマートフォンやスマートグラス、インターネットにログ化された行動履歴等の多様なデータを基に、自身の精神状態を客観的に認識し、認知の歪みや行動のくせを補正してくれるようなサービスも一般化しています。特に勤労世代の日本人は、人生100年時代を生き抜くためにも、自身の心身の健康に対してより注意を向けているでしょう。また、そのようなサービス・インフラを提供する雇用主や自治体は、優秀な人材からも高く評価をされ、企業間あるいは都市間の競争においても、コミュニティに対するメンタルケアの提供が重要な要素として認識されるようになるでしょう。そして、コミュニティ内の幸せの総量が新たなソーシャル・キャピタルとして認識されるようになるでしょう（デジタル時代の功利主義の再興）。

加速するイノベーションと医療アクセスの乖離

　医薬品や医療機器のイノベーションは加速し続けています。希少疾患を含む多くの疾患に対して新しい治療選択肢が生まれる一方、そのコストは公的保険制度だけでは賄いきれない水準に達しています。日本人の多くが、新しいタイプの医療保険に加入し、がん以外の疾患に対しても、高額だが、よりよい治療選択肢へのアクセスを確保しようとしています。また、国の保険償還制度も進化を遂げ、投薬後の効果に応じて償還可否が決

117

まるような成果報酬型の支払制度や、患者の属性（年齢のみならず対象疾患の
リスクレベル）に応じて、自己負担比率を変動させるような新しい制度も段
階的に導入されています。加えて、公的保険制度を補完するための医療保
険は多様化し、拡大を続けています。保険会社は引き受けるリスクと支払
額のバランスを保つため、加入者の健康情報を（加入者同意のもと）積極的に
収集・解析し、加入者に対してとるべき行動のフィードバックを行いま
す。さらには、より広範な消費者ベースやチャネルを保有する異業種プレ
イヤ（通信キャリアやEC事業者等）が医療保険領域にも参入し、医療費の担い
手とその支払モデルの多様化が加速しています。

医療の「脱病院化」

　国の掲げる地域包括モデルが徐々に浸透し、地域のかかりつけ医、病
院、薬局、看護・介護事業者などが連携したチーム医療・ケアが一部地域
では実現しています。患者がかかりつけ医、病院へ来院する前には、遠隔
での一次問診やスクリーニングが行われ、AIのサポートも得ながら、本
当に来院が必要な患者のみを正しい治療チャネルへと誘導するプロセスが
実現しています。従業員や地域住民の健康管理を行う主体としての雇用主
や地域行政への期待値が高まり、健康診断や人間ドックは、より多くの疾
患スクリーニングや遺伝子検査等を含む包括的なものへと進化していま
す。メンタル面を含むセルフケア・セルフメディケーションの概念は社会
に幅広く浸透し、自身の心身の健康を維持・改善するために、日本人の多
くは今まで以上に多くの時間と金銭を「自己投資」するようになるでしょ
う。病院、かかりつけ医、薬局、看護・介護事業者など、地域医療に関わ
る主体の役割が、より明確に定義される中で、病院や薬局の統廃合が進
み、人口当たりの病床数・医療従事者数は2023年時点よりも減少してい
るものの、医療の質は担保されています。
「ボラタイズシナリオ」のような、デジタルと医療インフラがシームレス

に融合した世界は、一見絵空事のように感じられるかもしれません。一方で、米国においては既にこのような世界が一部現実化しており、その動向を正しく理解することで、日本における医療の未来シナリオの解像度を高めることが可能になるのではないでしょうか。

米国における医療のデジタル化と日本への示唆

皆保険制度の存在しない米国においては、医療費の高騰が日本よりも大きな社会問題となっています。実際に、米国における国民医療費の対GDP比は、コロナ禍中の2020年には19.7%まで上昇しています[15]。日本における同数値が8.0%であること[16]を踏まえると、米国における医療費負担の大きさが分かります。下げ止まることを知らない医療費の抑制と医療の質の担保を実現する手段として、医療のデジタル化が注目されています。特筆すべきは、医療のデジタル化が大手病院や保険者自身によって推進されている点でしょう。その中でも、特にユニークな取り組みを通じて医療費の抑制と医療の質の担保に成功した事例を紹介します。

事例：Kaiser Permanente

Kaiser Permanente（以降、Kaiserと表記）は1945年に設立され、30万人超の加入者を抱える大手保険組合です。加入者に対する医療費の償還だけでなく、自ら病院ネットワークを運営することで、病院運営主体としての顔も持つ多面的なヘルスケア組織です。

Kaiserは第二次世界大戦後の医療費増大に対応すべく、加入者に対して健康診断受診勧奨を積極的に行うなど、歴史的に医療費削減に対して高い

---

15 「2020年の米医療費は前年比9.7%増、新型コロナ対応で政府支出かさむ」『JETROビジネス短信』『米国保健福祉省 メディケア・メディケイドセンター（CMS）』, 2021年12月15日

16 厚生労働省「令和2（2020）年度 国民医療費の概況」2022年11月30日

■ 図表 8-5　Kaiser Permanente による病院オペレーションデジタル化の例 1/2

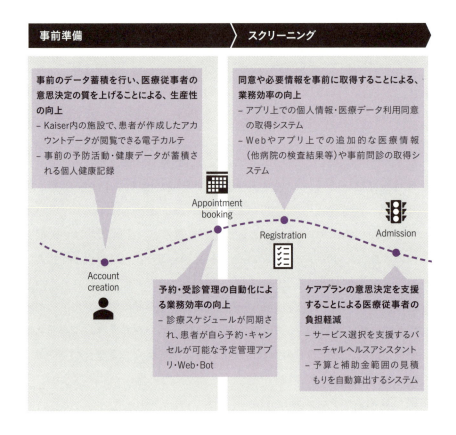

　感度を持ちます。その価値観は現在に至るまで引き継がれており、デジタル技術をバリューチェーン全体で活用しながら、効率性を徹底的に追求したヘルスケアエコシステムの構築を目指しています。

　その特徴の一つが、病院オペレーションのデジタル化を通じた、医療従事者や施設の稼働率最適化です。図表8-5に示すように、患者来院前から診断治療後に至るまで、患者の医療データを統合したシステムを運用し、遠隔診療や手術室の予約、さらには患者の退院後のモニタリングデータも同一のシステム上で管理されています。煩雑な医療業務・事務の冗長性を

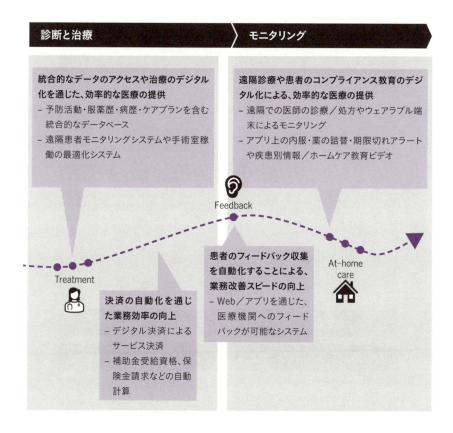

極力排除するとともに、患者と医療従事者、および医療従事者間のコミュニケーションロスを削減することで、バリューチェーン全体の効率性を高めています。

　Kaiserによる医療のデジタル化のもう一つの特徴は、予防行動に対するインセンティブを明確にし、患者の症状が悪化する前に安価な遠隔診療やかかりつけ医に誘導するクリニカルパスにあります。図表8-6に示すように、患者と医療従事者の双方が症状の重症化を予防するとインセンティブが得られる仕組みを通じて、自律的に予防行為がとられる環境を作り出し

■ 図表 8-6　Kaiser Permanente による病院オペレーションデジタル化の例 2/2

デジタルを活用した予防行為へのインセンティブづけ

患者自身の予防行為へのコミット

- Kaiserに加入した患者が、健診結果を確認し、適切な予防行為を行った際に医療費の割引が受けられるアプリを開発し、患者自身の予防へのコミットを醸成

医療従事者の予防へのコミット

- データから推測されるアウトカムと実際の患者アウトカムの差分により医療従事者の給与が変動する仕組みを通じて、医療従事者の予防へのコミットを醸成
- Kaiserと提携するかかりつけ医は、Kaiserの患者カルテや遠隔診療のシステムへアクセス可能で、負担なく予防行為のサポートが可能

より安価な治療チャネルを包摂したエコシステムの構築

遠隔救急ケアユニットの運営（TCC）

- ICU・救急搬送患者をケアする病院スタッフと集中治療専門医等のチームを　遠隔監視技術でつなぐ仮想支援システムを構築し、低コストケアを実現

心疾患ケアサービスとの連携

- 看護師と薬剤師が、心疾患専用の登録ソフトウェアを使用して、1万2,000人以上の急性冠動脈イベント患者を特定・追跡
- 関係医療機関と患者のケアのコーディネートを行い、ライフスタイル改善のための頻繁なフォローアップを実施

ました。このような取り組みを通じて、Kaiserは患者の入院日数を全米平均の約半分の水準にまで削減することに成功し（全米平均1.4日に対して0.7日）、極めて効率性の高いオペレーションを構築しています。

　Kaiserの例に見られるように、米国における医療デジタル化は、多くの場合保険者または病院ネットワークによって推進されてきました。一方で、日本においては同程度の規模とリーダーシップを持つ主体は存在しません。皆保険制度の前提として、保険組合が加入者の労働形態等により細分化されており、さらには病院も地域と機能により細分化されているためです。このような環境において、ボラタイズドシナリオで掲げたような医療のデジタル化を実現するためには、地域医療に関わるステークホルダー（行政、病院、かかりつけ医、薬局、製薬・医療機器メーカー等）が連携をしながら、新たなエコシステムの創生に向けた協働が必須だと言えます。しかし、このようなエコシステムの創生には幾つかの超えるべきハードルが存在します。

ハードル①コストベースからバリューベースへの転換

　ボラタイズドシナリオの世界においては、医薬品に限らず様々なヘルスケアソリューションが使われることで、従来の医療では実現が困難だった、社会的な価値が生み出されています。例えば認知症のリスクが早期に診断され、正しい介入手段がとられることで、家族のケアコストも含む多くの社会的支出が回避されるでしょう。新しいヘルスケアソリューションの評価とプライシングのためには、ソリューションの提供にかかるコストではなく、生み出される価値（バリュー）を正しく算定するアプローチが必要になります。2010年前後の英国においては、Value Based Assessmentという手法を用いて、薬剤がもたらす社会的価値の一部を薬価算定に反映させようという動きがありました。当時は社会的価値算定に必要なデータの不足等を理由に採用が見送られた制度ですが、今後同様のアプローチで

様々なヘルスケアソリューションが生み出す価値を算定することは、技術的には容易になるでしょう。制度上、過度に国庫負担を上げることなく、このような価値ベースの算定方式を導入するか、法規制面のイノベーション次第では、実現は難しくないはずです。

ハードル②社会の変化をドライブするリーダーシップとコミュニケーション

　ボラタイズドシナリオで掲げた世界を実現するためには、社会全体の意識と行動の変容が必須になります。特に、日本人一人ひとりがより主体的に自身の心身の健康に興味を持つことが「良し」とされるような社会通念を作り出すための、社会通念の醸成が必須になるでしょう。従来、医療の言説の多くは、例えば「食事管理をしないと生活習慣病になる」といったホラーストーリーとして語られてきました。しかし、人の意識と行動を大きく変えるためには、恐怖ではなく希望のストーリーが必要です。例えば、自身の心身の健康管理を行うと、人生100年時代においてどのような成長を体験できるのか、その過程で社会との関わりがどのように好転・進化するのかといったコミュニケーションが必要となるでしょう。結果、消費者コミュニケーションに長けたメディアや、教育の果たす役割も高まるでしょう。

ハードル③医療と日常をつなぐデータインフラ

　前章にて紹介した通り、ボラタイズドシナリオの世界においては、日常と医療がデータを介してつながっています。病院外での行動や、場合によっては意識や感情といったデータと医療データが接合されることで、これまでには見えてこなかった示唆が示される世界です。このようなデータインフラが、電子カルテを中心とした既存の医療データインフラ上に成立するとは考えづらいです。より広範な消費者データを保有しているGAFAに

代表されるネット企業や決済プラットフォーマー、通信キャリアといった日常世界において莫大なデータを持つプレイヤがどのようにして医療データにアクセスするのかがポイントになるでしょう。米国を中心にオンライン薬局事業を展開し、徐々にヘルスケア領域でのプレゼンスを高めているAmazonの動向は、まさにこの流れに沿ったものだと考えられます。

執筆者

後藤 良平（ごとう りょうへい）

A.T. カーニー　シニアパートナー、ヘルスケアプラクティスリーダー

東京大学経済学部卒業、ロンドンビジネススクール（MBA）修了。モニターグループ（東京、ロンドン）を経て、A.T. カーニー入社。

専門分野はライフサイエンス業界におけるイノベーション・R&D戦略、全社改革、デジタル戦略等。

厚生労働省・経済産業省「未来イノベーションWG」委員（2019〜）。

参考文献

- 医薬産業政策研究所 主任研究員 中尾 朗 「アンメット・メディカル・ニーズに対する医薬品の開発状況　−2022年の動向ー」『公益財団法人ヒューマンサイエンス振興財団』2022年11月 [17]
- 「在宅医療50兆円市場、未来つくる14のテクノロジー」『日本経済新聞』2022年12月2日付
- 「Sustainable Development Report 2023」『持続可能な開発ソリューション・ネットワーク（SDSN）』 2023年6月21日
- Talkspace プレスリリース等
- 増田 克善 「中国や欧米のオンライン診療、新型コロナでこう動いた」『日経BP, Beyond Health』2020年5月25日 [18]
- Dorcas Wong 「China's Healthcare Industry - Opportunities in Telemedicine and Digital Healthcare」『China Briefing』 2020年7月31日 [19]
- 「2020年の米医療費は前年比9.7％増、新型コロナ対応で政府支出かさむ」『JETRO ビジネス短信』『米国保健福祉省 メディケア・メディケイドセンター（CMS）』, 2021年12月15日 [20]
- 厚生労働省「令和2（2020）年度 国民医療費の概況」2022年11月30日
- Mark Gilligan, et al. 「Telehealth Use Surges Around the World Amid COVID-19（UPDATED）」『JDSUPRA』 2020年8月14日 [21]

17　https://www.jpma.or.jp/opir/news/061/09.html
18　https://project.nikkeibp.co.jp/behealth/atcl/feature/00003/052200108/?P=3
19　https://www.china-briefing.com/news/china-investment-outlook-telemedicine-digital-healthcare-industry/
20　https://www.jetro.go.jp/biznews/2021/12/54b7b24330b8a79e.html

・一般社団法人　自治体国際化協会パリ事務所「コロナウイルスを契機とした遠隔診療の大幅な規制緩和」『CLAIR Paris』　2020年6月5日[22]
・「NEWS 『オンライン診療料』の届出、診療所は1223施設に —— 厚労省が中医協に報告」『日本医事新報社』、2020年10月3日[23]
・原聖吾（株式会社MICIN 代表取締役CEO）、「オンライン診療から生まれる患者のビッグデータが未病の世界を作る」『EMIRA』　2020年12月4日[24]
・Kaiser Permanente プレスリリース等

21　https://www.jdsupra.com/legalnews/telehealth-use-surges-around-the-world-12351/
22　https://www.clairparis.org/ja/clair-paris-blog-jp/blog-2020-jp/1401-2020-06-05-07-51-08
23　https://www.jmedj.co.jp/journal/paper/detail.php?id=15552
24　https://emira-t.jp/ace/16746/

産業

第 9 章

不動産

まちに求められる運営の価値

　まちの価値の本質は個々の人々の暮らしを豊かにすることにあります。ライフスタイルや価値観は、急速に変化・多様化している中で、従来のスクラップ＆ビルドによる画一的なハードの整備によって暮らしの豊かさを追求するこれまでの方法は限界を迎えています。

　このように、個々人にフォーカスしたまちづくりの必要性が高まっている中で、私たちは、まちの「運営」がその重要性を増していると考えています。そして、デジタル技術の進化によって、これまでは困難だった運営の価値の可視化ができるようになってきており、まちづくりの事業者による本格的な投資が進んでこなかった運営の領域にも新しい変化が訪れています。

　本章では、こうした事業環境変化の中で、不動産デベロッパーや鉄道会社をはじめとするまちづくりの事業者が、選ばれるまちをつくるうえで直面する課題と今後の打ち手の方向性を考察します。

今、求められる運営とは

ブラウンフィールドでのスマートシティ化の限界

　運営には、都市レイヤー・エリアレイヤー・施設レイヤーの大きく3つが存在します。

　中でも、主に都市レイヤーにおいて、環境・エネルギー・モビリティ・防災・行政サービスなどの領域の運営を効率化・高度化しようとするのがスマートシティの考え方ですが、日本国内において、ビジネスとしての成功の絵姿は依然見えていません。スマートシティビジネスにおけるマネタイズの要諦は、共通のソリューションをより多くのユーザー／より広いエリアで提供する「規模の経済」にあります。このため、グローバルでは、中東に代表されるように国家レベルの大規模な資本投下によって、広大な

■ 図表9-1　運営の類型と具体例

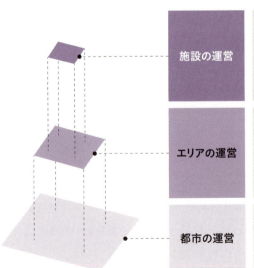

エリアにゼロからスマートシティを作り上げようとする取り組みが目立っています。

一方、日本のように成熟化している都市を前提として考えると、既存の都市ごとの違いを斟酌しつつ、複数の都市で連携した広域的なソリューションとして提供することが必要になります。しかし、改修しづらいインフラ、地域ごとに異なる課題意識、ステークホルダーの違いによる合意形成の困難さといった壁があり、結果として、特定の都市に閉じた小粒の取り組みに終始した「儲からないスマートシティ」が全国で推進されてしまっているのが現状です。スマートシティビジネスの進め方についての考察はまた別の機会にしますが、ブラウンフィールドにおけるスマートシティのビジネスモデル構築には、引き続き中長期的な試行錯誤が必要になるでしょう。

スマートシティでは捉えきれないまちの価値

こうしたスマートシティは、人々の暮らしを、より便利で、安全で、効率的なものにしているという意味で、まちの価値を高める重要な取り組みです。一方で、人、自然、文化、芸術、運動などとのリアルな体験を通じて感動や共感を得るという、感性的な側面での暮らしの豊かさは、スマートシティの概念では十分に捉えられてはいません。

■ 図表 9-2　まちの価値の類型

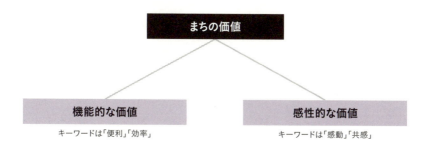

そして、私たちはこうした感性的なまちの価値にこそ、大きな向上余地があると考えています。チームラボボーダレスが訪日客にとってマストGoの目的地となったことや東京・丸の内エリアのブランドイメージに代表されるように、斬新なコンセプト、創意工夫に満ちた企画・演出、最先端のテクノロジー、働く人々のホスピタリティ、賑わいや居心地の向上に向けた活動などの運営の力は、個々の施設やエリアの競争力を生み、まちの価値を大きく左右しています。

　不動産デベロッパーや鉄道会社などのまちづくりの事業者は、これまで、ハードの整備を通じた価値提供に軸足を置いており、一部の例外を除いて、運営への本格的な投資には踏み込むことができていません。今後、運営の重要性が増していく中、まちづくりの事業者には、こうした運営力を高めることが自社のまちづくりの差別化に大きく貢献することを再認識し、運営領域における一層の投資を進めていくことが求められています。

なぜ運営が重要性を増しているか

人にフォーカスしたまちづくりの必要性の高まり

　技術の進化により、これまでの暮らしは急速に変化し、ライフスタイルや価値観は多様化しています。動画配信サービスやデリバリーサービスの普及は、時間・場所を選ばずに必要なモノ・コトを消費することを可能にしました。SNSの普及は世界中を個々人レベルでつなげ、新たな仕事や娯楽を生み、多様な価値観が広く社会に認知・受容されていく土壌にもなっています。こうした変化は、住・働・学・遊といった諸活動を、決まった時間・決まった場所で行う必然性を薄めており、個々人に最適化された暮らしとして選択できる幅が徐々に広がってきています。

　こうした状況では、画一的に場を整備する従来のまちづくりの方法は既に限界を迎えていると言えます。高度経済成長期以降、人々が求めたのは

■ 図表 9-3　人々のニーズと価値の源泉の変化

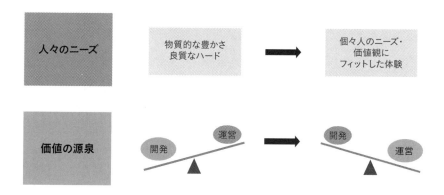

物質的な豊かさであり、まちづくりにおいても、良質なハードの整備、つまり場を作ることそれ自体が重要な価値として認識されていました。しかし、物質的な豊かさが徐々に充足されつつある現代において、建物のスペックの追求は、既に大半の人々にとっては大きな差にならないレベルに到達してきているでしょう。場の整備で差別化することは難しくなってきています。

これからは、個々のニーズ・価値観によりフィットした価値を提供する発想、人にフォーカスしたまちづくりが必要になっています。そして、細分化されたニーズにフィットし、急速なニーズの変化に柔軟に対応するためには、硬直的に整備されたハードだけでは足りず、運営の力で、ターゲット・時間・場所に応じた適切な価値を提供していく必要があります。

サステナビリティの重要性の高まり

近年、サステナビリティ意識の高まりをうけてストック型社会への移行が一層進んでいます。

日本におけるスクラップ＆ビルドの考え方は、元々、江戸時代に定着しました。人口が増加し世界有数の大都市となった江戸には、木造の家屋が

密集しており、火事や地震による災害も頻繁に発生していました。そして、災害の度に、損壊した建物を壊し作り直すようになりました。

このスクラップ＆ビルドの概念は、高度経済成長期以降さらに加速しましたが、バブル景気が終わり、経済成長が緩やかになるにつれ、徐々に見直されるようになりました。さらに、1997年に採択された京都議定書を契機に、環境負荷の軽減がまちづくりにおける重要テーマの一つとなり、今日まで、都市インフラの長寿命化に向けた社会的な要請は年々高まっています。こうしたトレンドの中、古い社宅や事務所ビルを改装した開発は徐々に増えてはいますが、既存建物の転用や再利用は依然としてレアケースです。

本来、サステナビリティとは、「将来世代のニーズの充足可能性を損なうことなく、現代世代のニーズを満たすこと」であり、単に建物を長く使えばよいというわけではありません。過去に建設された建物の多くは、多少の改修を施した程度では現代世代のニーズを適えられないものが多く、スクラップ＆ビルドの判断をせざるを得ない、というのが事業者の実情です。これからは、将来世代のニーズも見据えた可変性を備えた場の整備が必要になっています。ニーズに合わせて場の使い方を変えていけるよう、将来の運営の視点が開発の段階から求められています。

■ **図表9-4　ハードに求められるサステナビリティの考え方**

現在のニーズを満たしつつ、将来ニーズを充足できる可変性を持ったハードが必要

自律分散型の都市に向けた気運の高まり

近年の災害の激甚化やコロナ禍を受け、人々が広い範囲を移動し、特定の場所に密集することの防災上の脆弱性が明らかになりました。こうした状況を受け、職・住・遊・憩といった人々の諸活動を支える都市機能が特定の地域に集中することなくバランス良く分散し、これらの機能を備えたまちの単位が相互につながっている自律分散型の都市の必要性が叫ばれるようになっています。

こうした自律分散型の都市では、場そのものによる差別化の余地は小さくなり、運営の重要性が一層高まると言えるでしょう。自律分散型都市のコンセプトは、生活に必要な様々な機能を、自律した個々の地域に備える思想です。そこに整備される場は、従来の都心の大規模再開発のような広域からの大規模集客を狙った重厚長大な場ではなく、自律した一つの地域の中の需要量に見合った中小程度のサイズになります。そのため、場そのものが、強い競争力を持つことはなくなります。代わりに、自律した個々

■ 図表9-5　自律分散型の都市の差別化の源泉

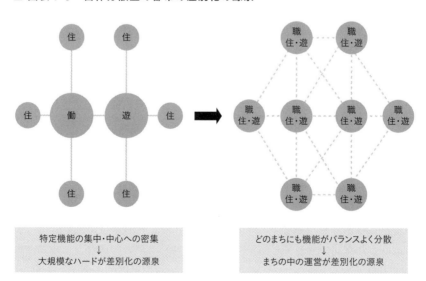

の地域やその中の施設における運営の巧拙が地域間の競争力の源泉として一層重要になってくると考えています。

課題と方向性

まちの運営に関するこうしたトレンドの中で、まちづくりの事業者が直面している課題としては、(1)運営の価値を測る指標設計、(2)運営の捉え方、(3)開発と運営が分断されたマネジメント、の3点があります。

(1) 運営の価値を測る適切な指標設計ができていない

運営が不動産単体やエリア全体に効果を及ぼすことを実感している事業者は多く存在すると思われるものの、その効果の具体的な範囲や大きさを明確化できているケースは少ないと言わざるを得ません。

不動産デベロッパーや鉄道会社の所有する個々の施設において、運営は、不動産事業を成り立たせるための補完的な位置付けになっているのが実態です。不動産収支の成立を前提として運営の事業計画が組まれており、自社の運営の実力値を適正に評価する仕組みがないため、運営力向上に向けたPDCAの取り組みが進まない状況に陥っています。また、エリアの運営においても、その効果の及ぶ範囲を明確に把握できていないため、多くの事業者は、積極的な人員配置や資本投下の判断をすることができていません。エリアマネジメントの活動による間接的な効果を含めて、事業者の収益にどれだけの効果を持つかを定量化できているケースはおそらく皆無でしょう。感覚的にはその重要性を認識しつつも、定量的な費用対効果が分からない取り組みに多額の投資・人員投下はできない、というのが事業者の本音になっています。

こうした課題に対しては、科学的なアプローチが必要になります。今後の取り組みの方向性としては、自社における運営の価値の範囲の定義と、

それを示す指標の設計、データの収集・測定方法の構築を進めていくことが必要です。デジタル技術の進化を背景に、様々なデータの収集・分析が可能になってきている現代では、こうした運営の価値を測定することは不可能ではなくなってきています。

　例えば、オフィス賃料を構成する主な要素である立地や建物スペック、知名度といった様々な情報から、賃料に特に強い相関を持つ因子を特定し、それぞれの因子がオフィス賃料に対してどの程度の影響度を持っているかを分析することで、自社の個々のビルのブランド・知名度が賃料水準にどの程度貢献しているかを把握することが可能になっています。また、こうした分析を活用することで、開発物件の一部に文化施設や商業施設を設置することによる施設全体の賃料水準に及ぼすインパクトを試算することも可能でしょう。

　しかし、まとまったデータセットが無い初期段階でできる分析は限定的

■ 図表 9-6　オフィス賃料を構成する要素と影響度の分析イメージ

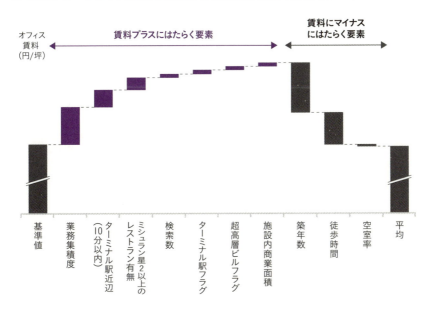

であるため、事業者としては、まずは取れるデータの範囲で簡易的な効果測定の仕組みを構築することになります。並行して、必要なデータを収集する仕組みを構築していく必要もあります。こうしたデータが中長期的に蓄積していくと、効果測定の仕組みも徐々に高度化され、運営の効果を全体的に可視化していくことが可能になっていきます。相応に長い期間を要すると想像されますが、それ故に、致命的な差になりかねないため、早期の着手が肝要です。

（2）取り組める運営の範囲にはまだ広がりがある

不動産会社や鉄道事業者のまちづくりへの関与の形態は、多くの場合、施設の開発と保有が中心になっており、取り組む運営の幅を広げていく必要があります。

一つには、施設の中でのコンテンツ提供まで踏み込むことが考えられます。ホテルや高齢者向け住宅等の一部のアセットタイプでは、開発だけで

■ 図表9-7　運営領域で求められる今後の取り組みの方向性

	現状の取り組み状況	今後の取り組みの方向性
サービス提供	・ホテルなど一部施設の運営への参入は進むが、多くの施設では、開発・保有に留まる	・人々の目的地となる施設、まちのブランド・知名度向上に寄与する施設の運営 ・施設内のコンテンツを自ら提供し差別化（例：劇場における演劇など）
ハード開発	・スクラップ＆ビルドを基本とした過去からの非連続な作り替え	・施設のリノベーション・コンバージョンを基本とした連続的で緩やかなまちの更新
エリアマネジメント	・ROI不明で本格的な投資に踏み切れない勘・経験・度胸に基づいた様子見の取り組み	・施設・エリアの賃料の向上等の波及効果まで踏まえた指標設計と効果測定に基づいた本格的な投資実行

なく運営まで自社グループで取り組む事業者も複数存在しますが、その他のアセットタイプでは運営への取り組みは依然限定的です。自社の施設の競争力を高めるには、施設の中のコンテンツ提供に取り組んで差別化することが求められますが、この際重要になるのは、優先度の高い運営が何かを見極めて取り組むことです。前述の通り、施設やエリアのブランド・知名度を高めることにより賃料水準の底上げが期待できますが、その寄与度はコンテンツの種類や質によって差があります。他のまちで代替可能なコンテンツを提供しても自社の施設やエリアの競争力にはつながりません。また、例えば、美術館などの文化施設の運営で言えば、その企画内容やPR手法、キュレーションなどの運営の巧拙もブランド・知名度への寄与度に差を生む要素になります。人々の目的地となるか、施設やエリアのブランド・知名度を形成するものか、という観点で優先度が高いコンテンツを見極め、その領域での運営力を磨くことが望まれます。

　また、リノベーションやコンバージョンも広い意味ではまちの運営の一つの形と言えます。従来の再開発のようにスクラップ＆ビルドでエリアのすべてを作り替えるのではなく、エリア全体で段階的にリノベーションやコンバージョンを行うことでまちの価値を高めることは可能です。ソウルの「乙支路」は、もともと印刷所や照明器具・工具の専門店などが集積した韓国の高度経済成長期に発展を遂げた街の一つでしたが、ソウル市の都市開発によって、従来の専門店の上階を、カフェやショップに転用するといった取り組みが進み、現在はソウルでも有数の注目エリアとして若者が集まるまちに変化しています。こうした再生型の開発に、個々の案件としてではなくエリア全体で戦略的な視点で取り組むことで、自社の施設やエリアの競争力を高めていくといった方向性も考えられます。

　この観点からは、将来の用途変更や複数用途での利用といった運営時のニーズから逆算し、可変性を持ったハードをあらかじめ整備することも同様に重要です。ニューヨークのアートセンター「The Shed」は、建物の

外殻がレールに乗せられており、隣にある広場にスライドすることで床面積を約2倍、3,000名を収容できる広さまで拡大できる設計になっています。また、テヘランに建つ「シャリハ・ハウス」には「ターニングボックス」と呼ばれる回転可能なスペースがあり、このスペースを回転することで、季節に合わせて外部との接続性を調節することが可能です。こういった施設は、特定の用途に固定化した施設には提供できない差別化された価値を持ち、人々に選ばれるハードとして、事業者のブランドや利益に貢献しています。

　さらに、まちの価値を高めるためのルール作りも、その後のまちの価値に大きな影響を及ぼす取り組みの一つと言えるでしょう。好例としては、丸の内仲通りにおける取り組みが挙げられます。丸の内では民間事業者によって構成されたまちづくり協議会と行政、鉄道会社が連携する「大手町・丸の内・有楽町地区まちづくり懇談会」を1996年に設立しています。ここで、約10年をかけてまちづくりガイドラインをまとめ、丸の内仲通りを賑わいの軸とする方針を宣言しています。以降、この方針にあわせ、車道の幅員の縮小や道路利用におけるルール変更を徐々に進め、車道内で椅子やテーブルを設置したフードカートの出店も可能な歩行者天国や、店外客席の常設が可能となりました。丸の内エリアの賃料水準が、同等の交通利便性や建物のスペックに比べてより高い水準にあることを踏まえると、こうした独自のルールづくりは、他のまちには無い特別な体験を通じてエリアのブランドを形成することで、ハード面での要素では説明できない価値として事業者利益に貢献していると言えます。

　このように、まちづくりの事業者が取り組むことができるまちの運営にはまだまだ広がりがあります。施設のブランド・知名度を高めるコンテンツの提供、まちの再生や可変性を備えた開発、ルールメイキングといった活動が中長期的に大きな事業者利益につながることを再認識して、運営として自社が取り組むことができることにどのような広がりがあるかを見つ

め直すことが望まれています。

（3）開発と運営が分断されたマネジメント

　開発と運営は対の概念として語られることが多いですが、両者は密接に
関連しています。運営の価値は、単にそのサービスの対価として得られる
収益には限られず、不動産単体の価値やエリア全体のブランドイメージの
向上にも貢献しています。にもかかわらず、開発と運営を推進する事業体
を分け、運営事業単体でのブレイクイーブンを求めるようなマネジメント
を敷いている事業者は依然として少なくなく、開発と運営の効果的な連携
が実現できていないように思えます。

　顧客の声を製品開発に活かすために、「製販一体」や「ワンストップ」
という言葉で自社の取り組みを語る企業は業界問わず多く存在していま
す。不動産デベロッパーにおいても、開発と運営（あるいは販売）を同じ組
織の中で行ってきたことで、顧客の細かい声を反映した高い競争力を備え
た住宅やオフィス等のブランドを生むことに成功したケースも少なくあり
ません。しかし、ホテルや文化商業施設等のよりオペレーショナルなアセ
ットについては、開発と運営を異なるビジネス単位として管理している事
業者が多く、実質的な連携が機能していないケースも散見されます。開発
と運営で会社が分けられ、多くの場合、運営の価値は、サービスの提供に
よる収益に限定して業績評価がされています。前述のように施設やエリア
に及ぼす効果を無視した運営単体の価値の評価では、「儲からない事業」
になるのは当然の結果でしょう。

　また、人材の給与水準や管理者のスパンオブコントロールといった組織
管理上の事情で会社が分けられるケースもあります。この場合、役員を兼
任（多くは開発を担う会社からの兼務出向）させて、開発と運営を一体でマネジ
メントさせようとするケースが多いですが、トップを兼任させるだけの形
式的な一体的マネジメントでは、開発と運営の実質的な連携は期待できま

■ 図表9-8　開発と運営の望ましい連携の姿

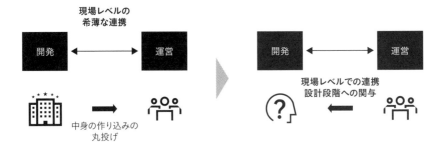

せん。結果として、多くのハードが、運営を意識しない汎用的な設計になっており、中身の作り込みは運営側に丸投げされてしまっているのが実態です。

　今後の取り組みの方向性としては、"施設ホルダー兼オペレーター"として運営に関与し、蓄積した運営ナレッジを反映したより競争力のある開発を実現することを目標に、そのために必要な人材配置やマネジメント体制の再構築に取り組むことが求められています。

　例えば大規模イノベーションセンターの運営事業者の世界的パイオニアであるCICの日本拠点「CIC Tokyo」には、利用者の交流するカフェやイベントスペース、リラックスしやすい休憩スペース、自然と立ち話が生まれる路地スペースがありますが、これらは全て運営に直接携わって得た知見をもとに設計されています。"どういう空間であれば利用者の満足度が高く、どういう動線であれば新しい交流が生まれるか"といった知見が日々の運営の中で培われており、この知見を持つ運営のスペシャリストが設計段階から関与しています。こうして生まれるハードは、世の中に数多存在する「それっぽい場」ではなく、利用者のニーズに真にフィットした「本物の場」として強い競争力を持ち、世界的パイオニアというプレゼンスの確立に貢献しています。このように、自ら運営することで培った知見が、運営それ自体だけでなく、ハードの差別化の手段にもつながっている

のです。

　運営と連携した開発と可変性のある開発という概念は相反しうる概念ですが、この2つを高いレベルで両立することが、まちの差別化には不可欠です。特定の用途に特化せず、中身をいかようにも変更できるような施設を作ることは将来の事業リスクの低減という観点では一つの正しい選択ですが、何の特徴も持たない「ただのハコ」には施設としての競争力は期待できません。選ばれるハードにするには、質の高い運営を促すような仕掛けをハードの設計段階からしっかりと盛り込みつつ、一方でその他のニーズの充足性も踏まえた可変性を組み込んでおく発想を持つ必要があります。そして、このためには、前述のように、場に対する利用者のニーズの違いやパターンを熟知した運営のスペシャリストの関与が必要であり、運営に自ら関与して知見を蓄積していくことは非常に重要になります。

　こうした開発と運営の連携を実現するには、従来の人材配置の考え方や事業・組織の括り方の見直しが必要でしょう。運営のスペシャリストの育成や、運営人材の開発段階からの関与には、社内のエース級人材や影響力の大きい人材を積極的に運営部門に配置していく取り組みが必要です。そのために、"開発は花形"という従来の組織イメージ・パワーバランスを組織風土レベルから改革する取り組みも必要になるかもしれません。また、開発と運営が一つの事業体、あるいは実質的に一つと言えるような密な連携が担保された体制を構築することも求められます。現場レベルでの発見が開発に活かされるような交流が日常的に図られる姿が理想であり、所属や処遇面からの心理的な近さ、空間的な意味での物理的な近さがある組織の括り方を考えなければなりません。

`執筆者`

向山 勇一（むこうやま ゆういち）

A.T. カーニー　シニアパートナー

早稲田大学法学部卒業。日本IBM株式会社を経て、A.T. カーニーに参画。2019年から2021年

までADKホールディングス　改革推進室長を兼務。都市開発、まちづくり領域を中心に再開発コンセプト策定、スマートシティ構想の立案・実現支援等のコンサルティングを手掛ける。

上田 泰丈（うえだ やすとも）
A.T. カーニー　マネージャー
東京大学工学部卒。野村不動産株式会社を経て、A.T. カーニーに参画。まちづくり・都市開発領域を中心に、再開発コンセプト策定支援、新規事業企画立案、業務ITプロセス改善、コスト最適化、ビジネスデューデリジェンス等のコンサルティングを手掛ける。

参考文献

・出口敦・三浦詩乃・中野卓編著　中村文彦・野原卓・宋俊煥・村山顕人・泉山塁威・趙世晨・窪田亜矢・長聡子・志摩憲寿・小﨑美希・廣瀬健・吉田宗人『ストリート・デザイン・マネジメント』、学芸出版社、2019年

産業

第10章

観光

最大の外貨獲得産業への進化

日本の観光立国は成功するか？

観光立国とは

　観光立国とは、国内に観光資源を整備して国内外からの旅行者を誘致し、観光によってもたらされる経済効果を国の経済を支える基盤にすることを目指すものです。また、自然景観や歴史的遺産、グルメやレジャー施設など、あらゆる観光資源を活用しその土地に合った方法で旅行者の誘致を行うことで、地方の活性化も期待されます。

政府のこれまでの動き

　昨今、新型コロナの影響もあり、ニュース等で観光が話題として取り上げられることが多いですが、「観光」を国家的な課題と認識することとなる観光立国宣言は20年前の2003年まで遡ります。政府はその後、2007年

観光立国推進基本法の制定、2008年に観光行政を担う「観光庁」を国土交通省の外局として設置、2016年に「明日の日本を支える観光ビジョン」を策定しました。策定後は、菅官房長官（当時）が主催する観光戦略実行推進会議が司令塔となり、着々と観光立国を目指した取り組みが行われてきました。

日本の観光業の動き

　政府の取り組みに加え、東京オリンピック2020開催のPRも後押しし、2019年には訪日外国人旅行者数で約3,200万人を達成しました。しかし、2020年新型コロナウィルスの出現により、観光業は最大級の被害を受け、訪日外国人旅行者数は0人近くまで落ち込み、多くの観光関連企業が休廃業を迫られ、観光に従事する労働者の多くが他産業へ転職せざるを得ませんでした。2022年からコロナによる行動規制が緩和され始め、明るい兆しも出てきている中、世界経済フォーラム「旅行・観光開発指数」（2021年版）で日本がランキング首位となる快挙を達成しました。観光立国としての取り組みを後押しするニュースでした。

　元来、日本は自然・食・文化などの観光資源が豊富にあり、観光地としてのポテンシャルが高いことで知られています。一方で高度成長期の「団体・格安・一泊二日」の事業モデルから抜け出せていない事業者も多く、またDX化の遅れに見られるように生産性に大きな課題を抱える業界でもあります。

本章の目的

　本章では、観光立国として観光業が国内最大の外貨獲得産業となることを目指すにあたり、観光業界が抱える課題と今後の発展の方向性について考察します。

産業

世界経済フォーラムランキング首位、および2030年に国内最大の外貨獲得産業に

世界経済フォーラムの2021年版の旅行・観光開発指数の調査で、日本が初めて首位

　世界経済フォーラム2021年版の旅行・観光開発指数の調査において、観光大国である米国、スペイン、フランスを抑えて日本が初めて首位を獲得しました。スペイン、フランスは、観光客数が増えることによる影響で、目的地の分散化やオーバーツーリズムの問題にいかに対処できているかを示す指標で低い評価でした。一方日本は、環境の持続性など一部改善の余地がありますが、交通インフラや文化資源、安全、衛生などの分野で高評価を獲得しており、総合力で他国を上回る評価を得ました。

第10章　観光

■ 図表10-1　「旅行・観光開発指数」TOP5カ国の評価比較

	ビジネス環境	安心・安全	健康・衛生	人的資源・労働市場	ICT環境整備	旅行・観光の優先順位付け	国際的なオープン度	価格競争力	航空輸送インフラ	地上・港湾インフラ	観光サービスインフラ	自然資源	文化資源	非レジャー資源	環境サステナビリティ	社会経済的なレジリエンスと条件	旅行・観光需要に対する圧力と影響	総合
日本	5.0	6.1	6.1	4.8	5.8	4.3	4.7	4.2	5.6	6.3	4.5	4.9	6.4	6.2	4.3	5.7	4.3	**5.25**
アメリカ	5.4	5.4	5.3	5.8	6.1	4.3	5.1	4.2	5.8	4.7	5.7	6.2	5.1	6.4	4.1	4.5	4.9	**5.20**
スペイン	4.2	6.0	5.8	4.7	5.9	4.6	5.8	4.4	5.3	5.1	6.1	5.1	6.5	4.9	4.3	5.3	3.8	**5.16**
フランス	4.7	5.6	6.2	4.9	5.9	3.9	5.7	4.0	5.1	5.6	5.4	5.4	5.9	5.1	4.7	5.7	3.4	**5.13**
ドイツ	4.6	5.6	6.5	5.7	5.9	4.1	4.2	5.0	5.4	5.4	4.9	3.4	5.9	5.2	4.7	5.9	3.9	**5.06**

出所：世界経済フォーラム「Travel & Tourism Development Index2021」を基にA.T. カーニー作成

政府は2030年に15兆円の外貨獲得産業への成長を目指す

　政府は2016年「明日の日本を支える観光ビジョン」において、「観光産業を革新し、国際競争力を高め、我が国の基幹産業に」と掲げ、2030年には訪日外国人旅行消費額15兆円の実現を目指しています。これが実現すると、観光業がわが国最大の外貨獲得産業となります（コロナ前、2019年で最大の輸出産業が自動車業界の12兆円）。

　コロナを経た2023年3月策定の「第4次観光立国推進基本計画」において、コロナによる観光業への打撃が大きかったものの、「観光はコロナ禍を経ても成長戦略の柱、地域活性化の切り札であり、国際相互理解・国際平和にも重要な役割」と位置付けられました。インバウンドの定量目標としては、コロナ前の目標であった2030年訪日外国人旅行者数6,000万人、訪日外国人旅行消費額15兆円、訪日外国人一人当たり旅行支出額25万円

■ 図表10-2　訪日外国人旅行消費額と製品別輸出額の比較（2019年）

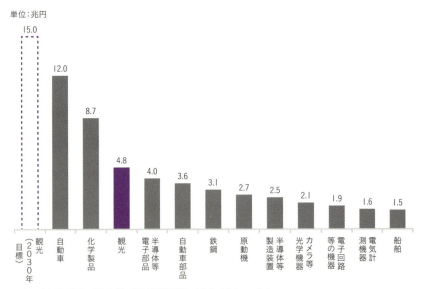

出所：財務省「貿易統計」、観光庁「訪日外国人消費動向調査」を参考にA.T.カーニー作成

産　業

■ 図表 10-3　政府の主な目標値

	2019年実績	2025年目標	2030年目標
訪日外国人旅行者数	3,188万人	3,188万人	6,000万人
訪日外国人旅行消費額	4.8兆円	5兆円	15兆円
訪日外国人一人当たり旅行支出額	15.9万円	20万円	25万円

出所：観光庁「訪日外国人の消費動向」、観光庁「第4次観光立国推進計画」、観光庁「明日の日本を支える観光ビジョン」を参考にA.T. カーニー作成

第10章　観光

を変更せずに、2025年時点での達成目標として、訪日外国人の旅行者数3,188万人（2019年同数）、旅行消費額5兆円、一人当たり旅行支出額20万円を掲げています。

　コロナ前のインバウンド観光の状況を見ると、旅行者数は継続的に伸長する一方、一人当たり旅行支出額は15万円強で停滞していました。高付加価値旅行者（着地消費100万円以上の旅行者）の獲得シェアの低さに加え、一部の観光地への集中による地域住民との摩擦も生じ、インバウンド誘客の量だけでなく質の向上が課題となっていました。

　そのためコロナ後の第4次基本計画では「質」の向上、すなわち、一人当たり旅行支出額の向上をより強く打ち出したことが特徴です。また、持続可能な観光、すなわち地球環境や地域の文化に配慮し、かつ地域の経済活性化を通じて地域社会の持続可能性を高めることも目標に据えています。

■ 図表10-4　訪日外国人旅行消費額の推移

政府が掲げる3つの戦略テーマ「持続可能な観光地域づくり」「インバウンド回復」「国内交流拡大」

　政府は観光の質の向上、観光産業の収益力・生産性の向上、交流人口・関係人口の拡大を図るために、大阪・関西万博開催の2025年に向け、3つの戦略テーマ「持続可能な観光地域づくり」「インバウンド回復」「国内交流拡大」を打ち出しました。3つの戦略テーマにおける具体施策は以下の通りです。

持続可能な観光地域づくり

　観光産業の収益力を向上させることで、観光地・観光産業の再生と高付加価値化を図ることを掲げています。地域への経済効果の高い宿泊施設や観光施設の改修の支援に加え、観光DXを強力に推進し、観光産業の生産性向上と観光地経営の高度化による「稼げる地域・稼げる産業」の実現を

■ 図表10-5　持続可能な観光地域づくりの概念図

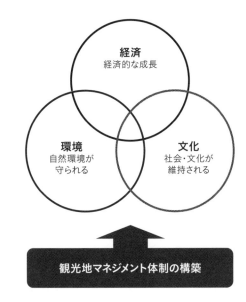

目指し、従業員の待遇改善への取り組みを挙げています。

　また、地球環境に配慮した旅行の推進に加え、自然や文化等の地域資源の保全と観光とが両立し、地域住民にも配慮した観光地域づくりを推進することを掲げています。そのために、適切な観光地マネジメント体制が構築され、一過性の補助金に頼らない持続的な観光戦略の策定と実施を掲げています。

インバウンド回復

　インバウンド回復に向けた取り組みとして、ビザの戦略的緩和やCIQ体制の整備、地方直行便・クルーズ等の受け入れ促進、キャッシュレス化や多様な食習慣への対応などインバウンド受け入れ環境の整備を掲げています。コンテンツ整備としては、文化財や国立公園の活用や、食、アート等、地域における自然や文化への理解増進と消費額拡大が期待できる分野

の取り組みを挙げています。

　また、高付加価値旅行者の地方誘客、高付加価値なコンテンツの充実、地方直行便の増便や大都市から地方への周遊円滑化等の取り組み、デジタルマーケティングを活用したきめ細かい訪日プロモーション、大阪・関西万博等の大型イベント、国際相互交流の促進を掲げています。

国内交流拡大

　地域の魅力的なコンテンツの充実、休暇取得の促進等により、国民の観光旅行の実施率向上や滞在長期化等、国内旅行需要の喚起を掲げています。また休暇取得の分散化など、旅行需要の平準化や地域の関係人口拡大にもつながる形での交流需要の拡大を図ることを挙げています。

　さらに、国内の新たな交流市場開拓の取り組みは、テレワークを活用したワーケーションや第2のふるさとづくり、高齢者等の旅行需要の喚起につながるユニバーサルツーリズム等の推進を掲げています。

2030年政府目標を実現するうえでの最大の課題は生産性の低さ

　観光業界の課題として、特にコロナ後の深刻な「人手不足」が語られていますが、その背景には業界の生産性が低いことに起因する従業員の低賃金という課題があります。生産性、特に労働生産性が低く、従業員の給与が低く抑えられているため、業界としての魅力に乏しく人材が集まらないという悪循環に陥っています。そのため、これまでの規格型商品の大量生産と大量販売を軸とする労働集約型ビジネスモデルからの転換が必要であり、生産性向上のための「産業としての抜本的な効率性の向上」（コスト削減）と「顧客単価の大幅向上」（高付加価値化）の両輪を推進していくことが求められています。

産業としての抜本的な効率性の向上

宿泊業の一人当たりGDPは全産業平均の6割

　観光セクターの代表格である宿泊業の一人当たりGDPは510万円。これは全産業平均730万円の6割の水準です。その結果、宿泊業の平均年収も、全産業平均を大きく下回っています。持続可能な観光地域づくりを実現するためには、生産性を向上させ、待遇改善につなげることで、働き手にとって魅力ある業界にすることが必要です。

大幅な生産性改善に向けた徹底した省力化・省人化

　観光業界のDX化は、他業界と比較して非常に遅れているため、まずは初歩的な旅行者の利便性向上と省人化の観点から優先して取り組むことが

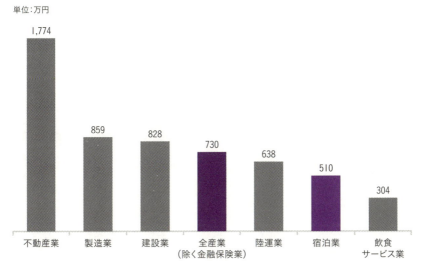

■ 図表10-6　業種別労働生産性（従業員一人当付加価値）の比較（2018年）

出所：財務総合政策研究所「法人企業統計調査」を参考にA.T. カーニー作成

■ 図表 10-7　業種別平均給与の比較（2021年）

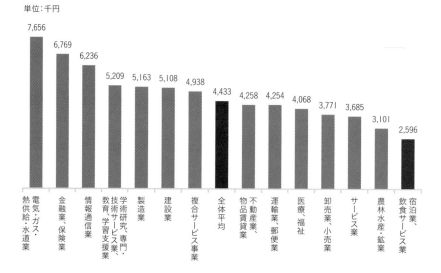

出所：国税庁「民間給与実態統計調査（令和3年分）」を参考にA.T. カーニー作成

重要です。例えば、ホームページの整備・更新やSNSの継続的運用を怠っている例も散見されます。

　また、美術館やアミューズメントパークなど観光関連施設の入館チケットが電子化されていないケースも多く、観光客属性や購買データを把握することによる消費拡大・リピーター促進等の適切なマーケティング戦略の実行ができていません。休日の遊び予約サイトを運営するアソビュー社の試算によると、美術館等での電子チケット導入によるコスト削減効果は、チケット購入窓口を1つ削減することで年間500万〜2,000万円と言われています。

　観光地経営においてもDXは大きな武器となります。例えば、地域OTAと観光アプリの構築・連携を通じて、観光客の宿泊・体験に係る予約情報や購買データをCRM（顧客関係管理システム）で一元管理する仕組みを構築することができれば、適切なPDCAを回すことが可能となり、生産性の向

産 業

上に寄与すると考えられます。

顧客単価の大幅向上

大量生産・大量販売による商品・サービスの低価格化からの脱却

　持続可能な地域づくりのためには、旅行会社が組成する団体旅行や宴会といった規格型商品の低価格大量販売ビジネスモデル、低賃金労働者による労働集約型のビジネスモデルから脱却することが必要です。これからは、多様化する旅行者の関心やニーズに対応する質の高い商品・サービスを提供し、薄利多売ではなく適正利潤を確保する観光業に進化することが求められます。

富裕層の誘引（着地消費額100万円超）

　狙うべきターゲットは2つの層です。都心部でのショッピングやグルメで消費意欲も旺盛であり、リピーターは地方部にも訪問する中国・アジアの新富裕層と、遠方からの訪日のため長期滞在の傾向があり、地方の自然体験やユニークな文化体験に対するニーズが強い欧米勢です。

　しかし、特に地方部では目の肥えた旅行者が泊まりたくなるような上質な宿泊施設が少なく、その結果、富裕層が地方部を訪問しても顧客満足度が上がらず、消費額も頭打ちになるという大きな機会損失を生んでいます。

地方部の上質な宿泊施設の整備

　上質な宿泊施設は、観光消費額25万〜100万円のアッパーミドル層の単価を上げるためにも重要です。東京・京都・大阪など大都市では高級ホテルの開業ラッシュが続くものの、地方における上質な宿泊施設は決定的に不足しています。例えば不動産会社や鉄道事業者の多くが、外資系ブランドを冠する50室以上の高級ホテルの開発に積極的に取り組んでいます。

第10章
観光

一方で、10〜20室程度のブティックホテルは、開発・運営ともに採算に乗せるハードルが高いとされて、取り組みは消極的です。高単価で小規模な宿泊施設を上手に運営できる事業者、および彼らと協業する新たな開発事業者や投資家層を発掘・育成することが必要です。

観光事業者に求められるスキルと新規プレイヤ参入

観光事業者に求められる３つのスキル

「抜本的な効率性の向上」と「顧客単価の大幅向上」の両輪を推進するために、これからの観光事業者にとって、以下の３つのスキルがいよいよ重要となります。

経営力：労働集約型ビジネスモデルから脱却し、高付加価値化を実現するために、効率向上・単価向上を同時に推進する総合的な経営力の強化が求められます。

デジタル：生産性の向上や適切なマーケティング戦略立案のために、DXによる業務改革およびデジタルマーケティングの強化が求められます。

デザイン・クリエイティブ：富裕層をはじめ旅慣れた旅行者を惹きつけるセンスの良い宿泊施設の設計、あるいはユニークな観光コンテンツの発掘と体験価値の磨き上げをリードできる、デザインやクリエイティブのスキルがいよいよ重要となります。

これからの観光開発の旗振り役として期待されるプレイヤ

観光は地域の様々な産業へ波及効果があり、雇用創出力も大きい産業です。観光を切り口として地域の稼ぐ力を引き出し、地域の文化やまちづくりに貢献する「観光地域づくり」を包括的にリードする旗振り役が重要で

す。

　それを担うべく全国で270のDMOが設立されているものの、活動がコンテンツ開発やプロモーションに留まるケースが多く、観光地としての全体戦略の立案・推進や、経済効果の大きい宿泊施設の整備を含めて観光地域づくりを包括的にリードできているDMOは、残念ながら少ないのが実態です。そこで、今後の観光開発で旗振り役として期待されるのは、以下のようなプレイヤです。

地場企業による観光地域づくり

　エリアを代表する地元の優良企業や、地域に強くコミットする事業者が、DMOの制度ができる前から長期にわたり地域づくりを牽引しているケースがあります。福武財団・ベネッセホールディングスによる直島・豊島・犬島での現代アート・建築を軸とした地域振興や、常石グループによるguntûやベラビスタスパ＆マリーナ尾道など、尾道を起点とした瀬戸内

■ 図表10-8　地場企業による取り組み事例

直島：無限門

guntû：客室

直島：南瓜

guntû：テラス

SHIROIYA HOTEL
白井屋ホテル：
内部空間

出所：写真は全て著者による撮影

での取り組みが代表的な事例です。

　また最近では、眼鏡ブランドのJINSが創業の地・前橋市で地域のコミュニティハブとして「JINS PARK前橋」を開業し、また社長の田中仁氏の個人財団を通じて廃業した老舗旅館「白井屋」をアートホテルとして再生した「白井屋ホテル」などの事例もあります。このように地域に強くコミットし、長期目線で地域づくりに取り組む事業者や起業家がさらに増えることが期待されます。

不動産会社・鉄道事業者による、交通を軸とした観光資源開発や観光ルート開発

　地方空港のコンセッションにより運営を委託された企業が中心となって、地域の観光資源開発やテーマ性を持った観光ルートの開発に取り組むケースも考えられます。例えば、魅力的な自然や文化資源のある地域で上質な宿泊施設を整備することでデスティネーション（目的地）を作り、国内広域・海外からの観光客の誘致と地域内の消費額向上が狙えます。また、食、アート、工芸、建築等の特定のテーマで観光ルート開発を行うことで、これまで点で存在していた観光資源が、線・面でつながり、特定の関心を持つ顧客群（スペシャル・インタレスト・グループ）を広域から集客することも可能となります。

　地域の鉄道事業者が観光資源開発により注力するケースも増えるでしょう。鉄道沿線の定住人口減少に伴い、交流人口の拡大が従来以上に重要な経営課題となるからです。例えば、京王電鉄は都心からも気軽に行ける山として、年間300万人以上が訪れる高尾山の整備に取り組んでいます。具体的には、高尾山口駅の駅舎リニューアル、温泉施設の整備、高尾の魅力を発信するTAKAO 599 MUSEUMのオープンなどです。

　また、鉄道そのものを観光コンテンツ化する観光鉄道という動きもあります。JR九州によるクルーズトレイン「ななつ星in九州」は、沿線の観

光資源を活用しつつ、移動の体験を高付加価値なコンテンツに磨き上げることで、ななつ星の乗車自体を旅の目的化するという意欲的な試みです。

外資系企業による観光資源開発

ボリュームゾーンと富裕層向け市場の両方で、旺盛な投資意欲を持つ外資系企業が増えています。特に近年、コロナによる金余りと円安効果により動きが活発化しているように見えます。ボリュームゾーンの動きでは、2022年に大江戸温泉物語を米ローンスター・ファンドが、またハウステンボスを香港系ファンドPAGが買収しています。これらのプレイヤの投資活性化により、不良債権として塩漬けになっていた観光コンテンツの再活性化も期待されます。

富裕層向け市場でも、バブル期に国内事業者が開発した地方のリゾート地に外資系企業が参入し、観光地の再活性化に大きく寄与しているケースもあります。特に近年では香港やシンガポールなどのアジア系の不動産ファンドの動きが活発化しています。例えば、世界的なリゾート地となったニセコは、バブル期に日系企業によるリゾート開発が行われたものの、バブル崩壊後は豪州、米国資本の手を経て、現在は香港、シンガポール、マレーシアなどのアジアの財閥グループ等により高級ホテルやコンドミニアムなどの開発が続いています。

外資系企業の進出に対するアレルギーが強い地域もまだ少なくありませんが、海外の優良顧客を誘客できるプレイヤであれば、投資不足で停滞している観光地域を再活性化する牽引者にもなり得ます。

観光開発の資金提供者としての地方銀行

地方における観光資源開発、特に大型の資金調達を必要とする宿泊施設を開発する事業者が、資金調達に苦労するケースが多いです。これらの案件の投融資に関して、地方銀行がより積極的な役割を果たすことが期待さ

れています。そのためには、観光事業で求められる新たな価値観への理解、新規開発に対する目利き力、そして長期目線で地域の発展をリードする情熱が地方銀行により強く求められると言えます。

おわりに

　観光立国は、日本の経済・社会・文化へ極めて大きなインパクトを持つ取り組みです。観光立国を実現するうえで、我が国には、文化や自然などの観光資源、全国で整備された交通インフラ、健康的で豊かな食、安心、清潔といった強みが既に揃っています。観光は日本最大の外貨獲得産業に成長するポテンシャルを持ち、地方部への経済効果も絶大です。伝統文化や古い町並みの保全のためにも、観光収入の獲得は不可欠です。そして、観光を通じて日本のファンを増やしていくことが、世界における日本の地位を高め、日本への投資を促進することにもつながります。観光の持つこのようなポテンシャルを、日本再成長のエンジンとしてフル活用できることを切に願っています。

産 業

第 10 章 観光

執筆者

梅澤 高明（うめざわ たかあき）

A.T. カーニー日本法人会長　シニアパートナー／CIC Japan 会長

東京大学法学部卒、MIT 経営学修士。A.T. カーニーでは日米で25年にわたり、戦略・イノベーション・都市開発・組織関連のコンサルティングを実施。同社のグローバル取締役、日本代表などを歴任。

CIC（米国発、スタートアップ向け大型シェアオフィス・ラボ運営のパイオニア）では、CIC Tokyo の立ち上げ・成長を牽引。国内最大規模のイノベーションセンターに成長。

観光庁「上質なインバウンド観光サービス創出に向けた観光戦略検討委員会」および「地方における高付加価値なインバウンド観光地づくり検討委員会」座長、同「サステナブルな観光コンテンツ強化事業」委員、内閣府「知的財産戦略本部」本部員などを歴任。観光庁・文化庁の調査事業において、全国で約20件の観光コンテンツ開発を指導。テーマは文化観光、夜間観光、アドベンチャーツーリズムおよびサステナブルツーリズム。

上杉 昌史（うえすぎ まさし）

A.T. カーニー　アソシエイト

東京大学大学院 建築学専攻修了。日建設計、政府系金融機関への出向を経て、A.T. カーニー入社。主に都市開発・まちづくり・不動産・文化政策等の領域を中心にコンサルティングを手掛ける。

参考文献

・観光庁、『第4次観光立国推進基本計画』、2023年
・世界経済フォーラム、『旅行・観光開発指数』、2021年
・観光庁、『上質なインバウンド観光サービス創出に向けて』、2021年
・観光庁、『観光を取り巻く現状及び課題等について』、2021年
・観光庁、『明日の日本を支える観光ビジョン』、2016年
・箱谷真司、『観光立国・日本 - ポストコロナ時代の戦略』、光文社、2022年
・藻谷浩介・山田桂一郎、『観光立国の正体』、新潮社、2016年
・デービッド・アトキンソン、『新・観光立国論』、東洋経済新報社、2015年
・GLOBIS 知見録、『観光産業・インバウンド完全復活へ！見えてきた課題と戦略～加藤史子×東良和×山田早輝子×山野智久×梅澤高明』、2023年
・GLOBIS 知見録、『観光国家・日本の復権に向けた新たな戦略と課題～梅澤高明×加藤史子×他力野淳×重松大輔』、2022年

第11章

FMCG

進化に向けた原点回帰

変わる競争のコンテクスト

　消費財メーカーは、これまで、生活者が必要とする製品を、広く生活者が手に取れるお手頃な価格で提供し、その対価として得た利益で、さらにより良い製品を創り、人々の生活水準を向上する循環を回してきました。この循環における企業間の競争は、マーケティングやオペレーションにおけるエクセレンス追求の競争だったと言えます。この競争に勝った企業が、強いブランドを保有でき、強いブランドを保有する企業が、スケールメリットを享受でき、さらに強くなるというメカニズムが働いていました。そのため、メジャーな消費財メーカーやブランドの銘柄は固定的となります。新しいブランドの投入というチャレンジも数多ありましたが、その成功確率は決して高くなく、日々投入される新商品は、多くが棚には残れない世界です。定番化が難しく、業界ではヒット確率は"千三つ"（0.3%）

■ 図表 11-1　消費財メーカーの従来の競争モデル

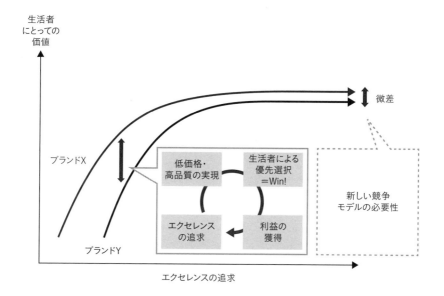

とも言われます。そのため、先行して強いブランドをつくれた企業群は、改善幅は小さくとも、確率が高いエクセレンスの追求に経営資源を優先的に振り分けるという慣性が働きやすくなります。

　このようなメカニズムは、消費財メーカーの経営を安定化させ、産業を成長させることに貢献してきました。しかし、その安定は崩れ、いま消費財メーカーはその産業史で、最も舵取りが難しい局面を迎えています。これまでの成長モデルであったエクセレンスの追求は、競合に「負けない」ための必要条件になりました。メジャーな消費財メーカーの銘柄が固定されているというのは、いずれの企業もこれまでの長い歴史の中でノウハウを蓄積し、既に十分にエクセレントな水準に到達したということでもあります。そうなると、エクセレンスをいくら追求しても、その効用は逓減し、買い手である消費者からすると"微差"しかつくれなくなっています。「圧勝する」ための十分条件として新たな戦い方の模索が始まっています。

消費財メーカーに新たな戦い方の必要性を突き付けているのは、もとを
たどれば、消費財メーカーが向き合っている生活者でしょう。生活者の要
求水準は、消費財メーカーがそれに応えるほどに上昇してきています。歴
史的には、消費財メーカーは、「品質」と「価格」というトレードオフの
解消を生活者から突き付けられていました。これに対して、これまではエ
クセレンス追求によるスケールメリット（規模の効果）で解消してきました
が、今では、さらなる「コスパの向上」に加えて、「健康への配慮」から
「社会・環境への配慮」まで、これまで以上に多くのものを消費財ブラン
ドに求めるようになっています。消費者の価値観はシフトしてきていると
言われますが、消費財メーカーの視点では、新しい価値観がアドオンされ
ていると捉える方が正確です。背景には、Z世代をはじめとする新世代の
台頭など、消費世代におけるボリュームゾーンのシフトがあり、この流れ
は不可逆的です。

　消費財メーカーにプレッシャーを与えているのは、生活者だけではあり
ません。消費財メーカーにとっての直接の取引先である小売企業からも強
いプレッシャーを受けています。もともと利益率の高くない伝統的小売
は、Amazonに代表されるEC小売にプロフィットプールを奪われ、その
補填を従来の消費財メーカーのプロフィットプールに求めています。上位
集中が進む小売による強気な取引条件の提示だけでなく、バリューチェー
ンを上流に拡張するPB（プライベートブランド）も拡大しています。さらに、
原料費の高騰をはじめとする様々なコスト上昇が、消費財メーカーのプロ
フィットプールを削り、窮地に追い込まれています。2020年代以前では、
消費財メーカーの利益向上のレバーとして理論上は存在していたものの、
事実上の禁じ手であった「値上げ」をせざるを得ない状況に追い込まれて
います。

　高まり続ける消費者の要求、力を増す小売企業、様々なコストの高騰と
いう厳しい現実に直面しながら、消費財メーカーは、新しい勝ち方を習得

する進化の必要性に迫られています。

進化を妨げる無意識のバイアス

　競争のコンテクストが変化すれば、当然、勝ち方も変わってきます。大きく捉えれば、これまで国内の消費財メーカーが得意としてきた、現場におけるエクセレンス追求というモデル自体がコモディティ化していると言えます。国内の消費財メーカーの経営者も、同じ危機感を持たれている方が多いように感じます。ただ、進化の必要性までは経営層の間で共通認識になっていますが、その方向性を定め、変革に踏み切れている伝統的企業は多くないのが実態です。これは、大企業ほど、歴史が長く、過去の成功体験に基づく無意識のバイアスが経営判断においても働きやすいためという側面もあると推察します。新たな競争優位構築のための変革の萌芽が見えても、共通の成功体験を持つ経営層だけでは舵を切る決断に至らないという状況です。優秀な経営リーダーは、その可能性に気づき、外部人材を経営の要となるポジションに積極的に登用するなど動き始めています。

　こういった社外視点の必要性の高まりも背景に、ここ10年で消費財メーカーによる戦略コンサルティングファームの起用が一般的になってきたと実感します。取り組むプロジェクトテーマも10年前と比べると、大きく様変わりしています。かつては、エクセレンス追求型のプロジェクトが大半を占めていましたが、近年は、より中長期視点での進化の方向性を探索し、変革や新しい価値創造を実現するためのプロジェクトが増えてきています。

進化の方向性 ── その可能性と限界

　では、この逆風下における消費財メーカーの進化の方向性としては、ど

のようなものがあり得るのでしょうか。我々が先進的な国内の消費財メーカーと取り組んできた、プロジェクトテーマから示唆を得ることを試みました。近年のプロジェクトテーマを棚卸ししてみると、そこには多種多様な進化の方向性が確認されました。これは、一口に消費財メーカーと言っても、食品・飲料・日用品・化粧品などの商品カテゴリの違いや、生活者のカテゴリへの関与度の違いがあることにより、消費財メーカーという単位での共通解は無いということを示唆しています。当然、戦略には企業固有の目的や組織能力による固有性が求められます。この点を確認した上で、あえて単純化した対比構造で語るならば、以下のような進化の方向性が考えられます。

「方向性①：既存価値の磨き込みから新価値の創造へ」——新世代の台頭、人生100年時代、インバウンドの回復などの潮流を狙った成長セグメントの取り込みや、健康・環境対応・社会価値・精神的価値など生活者の

■ 図表 11-2　A.T. カーニー東京オフィスの消費財メーカーとのプロジェクト例（抜粋）

全社戦略 ポートフォリオ	— 「パーパス／MVVの再設定」 — 「グループ全体の中長期経営計画の策定」 — 「ポートフォリオの経済価値・社会価値の評価」　など
事業・ブランド 戦略	— 「海外展開を見越した国内のM&A領域探索・機会探索」 — 「M&AによるASEANでの成長機会探索」 — 「利益成長と社会貢献を両立する新規事業構想」　など
4P	— 「プライシング戦略」 — 「新ブランド開発」 — 「マーケティングROIの向上」　など
組織能力	— 「グループ本社機能の強化」 — 「経営人財育成プログラム」 — 「組織風土改革」　など

産業

価値観の変化に響きあう価値創造

「方向性②：不特定多数との浅いつながりから特定多数との深いつながり
へ」──多様化する価値観、力を増す生活者との関係性の深化

　これらの大きな方向性の下層には選択の幅が広がる構造にありますが、
紙面に限りもあるため、以降の節では、それぞれの方向性につき部分を取
り上げ、その可能性と限界について考察しています。また、いずれの方向
性にも共通して進化のための組織能力強化というテーマが横たわります
が、これもそれぞれの方向性に含めています。

方向性①：既存価値の磨き込みから新価値の創造へ

　エクセレンス追求の競争においては、各社がつくれる差は逓減しました
が、デジタル技術やライフサイエンスの急激な進化によって、消費財メー
カーも改めて本質的な差異性をつくれる競争の時代を迎えています。

　これまで、消費財の世界では、モノの属性価値や機能価値が一定成熟す
ると、情緒価値を高める方向で差別化が図られてきました。例えば、飲料
や食品のブランドでは、味や食感といった製品属性に基づく価値が十分に
高まると、情緒価値をインサイトとして切り出し訴求することで、他ブラ
ンドとの差別化を図るというのはひとつの常套手段であり、この場合の打
ち手は、生活者とのコミュニケーションに帰着することが一般的でした。
しかし、これからの時代は、先述の技術進化により、モノそのもので飛躍
的な差をつくれる環境が整ってきています。実際、消費財メーカーのクラ
イアントと取り組むブランドマーケティングのプロジェクトにおいても、
検討の結論は新しいモノとしての強みの開発へと幅が広がってきていま
す。従来は、クライアント企業や対象ブランドが保有する強みを前提に、
それをどのように特定し、その強みを求める生活者に認知・理解していた
だくためにどうするか？という論点設定が中心でした。そのため、プロジ
ェクトにおいても、ブランドのユーザーとノンユーザーの購買行動や認知

第11章

FMCG

の差異分析を通じて、そのブランド固有の強みを特定し、コンセプト化し、既存の強みを起点にマーケティング戦略を構築するというアプローチをとってきました。しかし、いまでは、同じマーケティングのプロジェクトにおいても、新たな強みをこれからどう創っていくか？という論点設定に変化してきています。真面目にユーザーの要求を聞き続けるだけでは、強みは見えてきません。縮小市場においては、その答えが従来の強みを真っ向から否定する、すなわち、これまで強みとして捉えていたことが、弱みであったという結論となることもあります。

　その新たな強みを構築する候補領域のひとつとして「健康」に注目が集まっています。健康志向の高まりは世界的な潮流であり、国内の消費財メーカーのほとんどが何らかの形で「健康」領域での強みを構築する旨を自社の中長期戦略で宣言しています。

　この実現のために先進企業が取り組んでいるのは、エビデンスの構築です。10年前であれば、消費財の領域でエビデンスというワードがでてくることは稀でしたが、消費者の健康に対するリテラシーも高まる中で、効果に対してエビデンスが求められる流れは当然でしょう。ただし、エビデンスが全てかというと、それだけでは不足します。エビデンスがいくらしっかりしていても、実際に使用して効果実感を得られないと、消費者による継続は期待できません。他方で多くの商品におけるエビデンスは、一定期間の継続利用を前提としているため、その効果を消費者が実感するためには継続していただく必要があるというジレンマがあります。このジレンマを解消する、すなわち継続に至るまでの"効果実感"を認知していただくためには、消費者とのコミュニケーションが切り口になり得ますが、未だその成功モデルは模索中です。

「健康」の強化はひとつの進化の方向性として可能性はあるものの、過度な偏重やコミットメントには留意する必要があります。本来、健康は、消費財メーカーが全て包括的に価値を提供することが困難な「食事」「睡眠」

「運動」「生活習慣」といった領域の総合で実現されるものであり、過度に高い期待値の設定は、組織を疲弊させ、消費者との約束（ブランドプロミス）を裏切ることにもなりかねません。消費財メーカーである限り実現できる「健康」価値には、限界があることを受け入れた上で、適切な期待値を設定する必要があると考えます。例えば、「健康」価値は、消費者にとっての免罪符として付加する程度に留め、新しい別の価値を思い切り高めるというのも正しい選択だと思われます。

「健康」と並んで注目を集めているキーワードは「環境」対応でしょう。小手先の"エコ"対応は、既に差別性を失っていますが、消費者の受容性の高まりと、製造技術の進展によって、もう一段先の環境対応に機会が生じています。清涼飲料ではECに限らずラベルレスボトルを採用するブランドが増えていますが、これは10年前の常識ではあり得なかった変化です。ペットボトル飲料にとって、パッケージのラベルはお客さまとのコミュニケーションの重要な接点であり、店頭におけるそのブランドの顔であるという前提がありました。しかし、いざ無くしてしまえば、生活者からも捨てる際のラベルを剥がす手間がなくて良いと評価され、環境負荷も低いということで、採用するブランドが増えてきています。

　こういった従来の暗黙の前提を覆す新しい環境対応は、プロダクトの価値を高めるだけではなく、市場のゲームチェンジを起こす可能性も秘めています。化粧品における固形シャンプー、衣料用洗剤における濃縮洗剤、飲料におけるエキス・粉末などの製造技術の進化によって生じた新しいプロダクト形態は、環境負荷の軽減と、生活者にとっての差別性を両立させ得ます。しかし、市場地位が高いメーカーほど、従来の製造設備資産が足枷となり、新しいカテゴリでの競争に出遅れ、従来形態での下位メーカーに逆転されるということも起こり得ます。

方向性②：不特定多数との浅いつながりから特定多数との深いつながりへ

　新しい価値の創造をしていこうとすると、生活者のエデュケーションが必要になり、そのためには生活者とのつながりを強化していく必要が高まってきます。従来、生活者との関係性の深化は、小売やメディアを経由してしかつながれない消費財メーカーにとっては課題感が強い領域でした。消費財メーカーは、小売から提供されるPOSデータや、メディア企業から提供される情報をもとに生活者のブランドに対する反応を分析し、消費者を理解する取り組みをしてきました。しかし、テクノロジーの進化により生活者のオンライン化が常態化したことで、消費財メーカーが、デジタルを通じて生活者と直接つながれる機会は大きく拡大しました。

　2000年代から、消費財メーカーによるデジタルへの挑戦は続いています。しかし、残念ながら10年を超える挑戦の歴史を経ても、未だ成功モデルは確立していません。例えば、実店舗での購入が主である飲料や食品（国内のEC化率は2021年時点で4%に留まる）では、デジタル広告は従来のマス広告を超える明確な効果を出せませんでした。グローバル消費財メジャーは、2010年代後半に、それまでデジタルチャネルに振り分けてきた広告宣伝費を削減しました。これは、マスブランドは「送客先となる自前売場を持たない」「販売単価が低い⇒利益が小さくデジタルメディアへの支出を回収しづらい」「消費者の関与度が低い⇒デジタルの特性である深い情報伝達を活かしづらい」「マス層が顧客⇒デジタルの特性であるターゲティングを活かしづらい」という特性があり、少なくとも当時のデジタルメディアの広告費水準では、消費財ブランドはデジタルマーケティングと親和性が低く、ROIが成立しにくい構造にあったためと考えられます。

　それ以降も数多くの枠をずらしたデジタルへの挑戦は続けられています。2010年代後半から、グローバル消費財メジャーがD2CブランドのM&Aを積極化し、国内の消費財メーカーにおいても新規事業として設立

するなどの動きが見られました。しかし、ごく一部の成功事例を除いて、これまでのマスブランドに対してD2Cブランドはいずれもサブスケールに留まっています。消費財メーカーが得意としてきた大規模生産やマスマーケティングにおけるエクセレンスが活きにくく、シナジーは発揮しにくい構造のため、スケールさせるのは難しいものと捉えるのが正しい認識でしょう。よって、D2Cモデルにチャレンジするのであれば、新商品・新カテゴリのテストベッドとしての活用や、利益率の高いブランドポートフォリオの構築など、これまでのスケールの追求とは異なる適切な期待値の設定が必要でしょう。マスの消滅、コミュニティの多様化、最終的には個人個人というように、消費財メーカーが向き合う単位はより狭くなるということが言われますが、不特定対数を相手にしてきた消費財メーカーが、どのような単位でコミュニティとの関係を深めていくかというのは、未だ答えが出ていない論点です。

原点回帰

　ここまで、国内の"消費財メーカー"の進化の方向性の可能性と限界について考察してきました。消費財メーカーの経営者には、本稿で言及していないものも含め、日々多くの新しい解決系のコンセプトが提案されています。しかし、ここまで見てきたように、消費財メーカーの場合、今回取り上げた方向性も含め、コンセプトを自社に適応できるかどうかは、それぞれ異なります。冒頭に述べたように、一口に消費財メーカーと言っても、食品・飲料・日用品・化粧品などの商品カテゴリの違いや、そのカテゴリに対する生活者の関与度の違い、企業ごとの組織能力の違いがあり、"消費財メーカー"という単位での共通解はありません。世の中では、"消費財メーカー"という括りでトレンドや、新しい方向性が占われることが一般的ではありますが、各企業が、それぞれにとって最適な解を見つけて

いく必要性が相対的に高い業界と言えるでしょう。

　そして、その方向性の見極めは、各企業の経営リーダーに求められます。間違った方向に舵を切れば、経営の期待と現場で実現可能なことの間に、どう頑張っても埋められない溝が生まれ、組織は疲弊し、結果的に事業競争力が低下することにもつながり得ます。2010年代後半に「DX」の大号令がかかり、多くの人的資源がそのプロジェクトに投入されましたが、目に見える成果を生めなかったという企業は少なくないでしょう。消費財メーカーの経営者には、日々目まぐるしく変わる技術トレンドに対してアンテナを張り、それらの新しい技術の本質を理解し、それらが自社の経営課題の解決にフィットするかどうかを見極めることを繰り返すというタフな仕事が求められます。

　これらの判断を正しくしていくためには、逆説的ではありますが、進化のための原点回帰——自社の原点、つまり提供価値をはっきりさせることが有効です。自社を客観視することで見出される提供価値を判断軸に据え、新しいコンセプトを取捨選択していくことで、組織を正しい方向に牽

■ 図表11-3　消費財メーカーのこれからの成長モデル

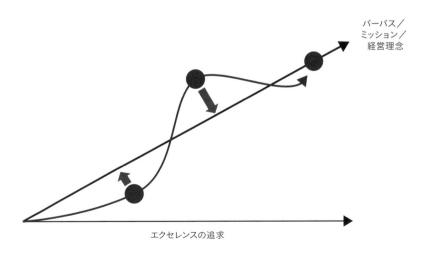

引していけるのではないでしょうか。そのためには、生活者と対話し、自社の提供価値に対するニーズの規模や性質に変化がないか確認し続け、変化を捉えれば、しなやかに自社の提供価値を更新していくことも求められます。

　残念ながら、国内の消費財メーカーにおいて、世界規模で生活者に価値を届けられているブランドは多くありません。しかし、日本という世界的に見ても高い水準の要求を突き付けてくる生活者に寄り添い、勝ち残ってきた企業には、本質的によいモノを創り、世界中の人々の生活をより豊かにできるポテンシャルがあるはずです。消費財業界の厳しい事業環境はこれからも続くことが予想されますが、新しい競争モデルの模索が始まった今こそ、国内の消費財メーカーにとってはその可能性を解き放つ好機ではないでしょうか。

第11章
FMCG

[執筆者]

酒井 亮（さかい りょう）
A.T. カーニー　消費財・小売プラクティス パートナー
早稲田大学理工学部卒。東京大学大学院新領域創成科学研究科修了。モニターグループを経て、A.T. カーニーに入社。消費財・小売をはじめ、生活者接点を持つ幅広い業種の企業に対して、経営から実行機能まで、幅広いプロジェクトを推進。

井上 真（いのうえ まこと）
A.T. カーニー　消費財・小売プラクティス シニアパートナー
東京大学文学部卒業。ワシントン大学（ミズーリ州）MBA修了。
三井物産、化学品メーカー、米系戦略コンサルティングファームを経て、A.T. カーニー入社。消費財・小売、化学、総合商社を中心に、全社戦略、事業戦略、グローバル成長戦略、営業・マーケティング改革、組織診断・設計、チェンジ・マネジメント等のコンサルティングに従事。

岡野 卓郎（おかの たくろう）
A.T. カーニー　消費財・小売プラクティス パートナー
慶應義塾大学総合政策学部卒。15年以上のコンサルティング経験を持ち、戦略コンサルティングファームを経てA.T. カーニー入社。
消費財・小売業界を中心に支援し、レベニューマネジメント（取引条件、販促費最適化）、カテゴリーおよびチャネル戦略や、店頭実行にも知見を持つ。また、グローバルイニシアティブおよ

びクロスボーダープロジェクトの経験も豊富。

小林 洋平 （こばやし しょうへい）
A.T. カーニー　消費財・小売プラクティス シニアパートナー
東京大学 法学部卒。新卒でA.T. カーニー入社。消費財・小売企業において、各層の経営戦略（全社中計・事業戦略・ブランド戦略・営業戦略・新規事業開発）から組織・プロセス・オペレーション改革（全社プロセス再設計・マーケティング組織改革・広告宣伝／消費者コミュニケーション機能改革・調達改革）まで、多数のプロジェクトを推進。

後藤 治 （ごとう おさむ）
A.T. カーニー　消費財・小売プラクティス シニアパートナー
消費財・小売産業を中心に、戦略・組織の設計から実行まで広範な領域テーマに活動している。
専門領域は、「成長戦略、マーケティング、ブランドマネジメント」「組織設計・変革」「オペレーション改革」。

関灘 茂 （せきなだ しげる）
A.T. カーニー　消費財・小売プラクティス シニアパートナー
兵庫県神戸市出身。 神戸大学経営学部卒業。 INSEAD（欧州経営大学院）MAP修了。
A.T. カーニー入社後は、消費財・小売・メディア・サービス・金融・不動産分野を中心に30社以上のクライアント企業と共に、新規事業創造、既存事業変革（デジタル・トランスフォーメーション）、マーケティング・イノベーション、組織文化・行動改革、M&A・PMIなどを経営テーマに100以上のプロジェクトを推進。

参考文献
・経済産業省、令和3年度デジタル取引環境整備事業（電子商取引に関する市場調査）

産業

第 **12** 章

アパレル・ラグジュアリー

2030年の勝ち残りに向け
必要な経営アジェンダ

第 12 章 アパレル・ラグジュアリー

足元～中期的に重要な事業環境変化

アパレル・ラグジュアリー業界を取り巻く事業環境変化として中期的にインパクトが大きいものは、大きく、生活者の行動変容、気候変動問題、大手によるシェア拡大と中堅企業の淘汰の3つがあります。

コロナ禍、インフレなどマクロ環境変化に伴う生活者の行動変容

コロナ禍以降の貨幣供給量の拡大、およびインフレの影響により、保有資産が増加した富裕層はインフレの影響を受けずむしろ消費意欲を拡大している一方、インフレの影響が大きい低～中所得者層では消費意欲が減退しています。例えば米国では、2022年所得が下位5分の1の世帯にとってのインフレ率は、上位5分の1の層にとっての率より2割高かったとの指摘がされています。企業業績を見ても、LVMHやエルメスなどのラグジ

173

ュアリー企業は好調を維持している一方、低・中価格帯では企業によって明暗が分かれています。特に、二極化が進む中で中価格帯に位置する消費財メーカーは、アパレルに限らず苦戦する企業が増えています。一般的な生活者は、インフレと先の見通せない経済情勢、そして後述するサステナビリティ意識の高まりも伴い、アパレルなど不要不急の消費財に対する支出を抑え始めています。

このような生活者の変化は統計にも表れ始めています。2022年から2023年にかけ米国では、アパレル・靴市場の規模が実質ベースで約53.6兆円から約53.2兆円に減少しました（出所：ユーロモニター）。名目ベースの数値ですと一見伸びているのですが、インフレの影響を除いた実質ベースでは、コロナの影響で減少した2020年を除けば、リーマンショック以降初めての減少となっています。

また、同じくユーロモニターによる2023年から2027年までの市場成長率予測を実質ベースで見ると、ほとんどの国でアパレル市場は低成長となっています。日本、フランス、イタリアのような一部の先進国では、市場のマイナス成長も予測されており、アパレルに対する消費意欲の減退は顕著です。

なお、新品が売れない一方、中古衣料品市場は好調です。グローバルの中古衣料品市場は、2022年から2027年にかけ年間17％の成長が見込まれており、2次流通市場に参入するアパレル企業が後を絶ちません。中古衣料品の購入は、サステナブルな消費行動として欧米を中心に根付いてきており今後も拡大するでしょう。新品を買わずに中古品を購入することに代表されるように、コロナ禍やインフレを経て、生活者のアパレルに対する消費行動は大きく変わり始めています。他方、資産が拡大した富裕層を主な顧客層としているラグジュアリーは好調です。LVMH モエ・ヘネシー・ルイ・ヴィトン、ケリング、エルメスの3社は、インフレで多くのアパレル・消費財メーカーが苦しんだ2022年度に、売上高、当期純利益双方で2

桁成長を達成しました。2022年は中国でまだゼロコロナ政策の影響がありましたので、中国の回復が期待される2023年以降はさらなる成長が予想されます。

このように昨今のマクロ環境変化は、二極化の流れを促進し、マスの消費低迷とラグジュアリー消費の堅調という相反するトレンドを生み出しました。

気候変動問題の悪化と環境規制の検討・実施

近年、IPCC（気候変動に関する政府間パネル）の報告書では、毎年気候変動問題に対する警鐘が強まる一方です。2015年に定められた温暖化対策の国際的枠組みであるパリ協定では、産業革命前と比べて世界の気温上昇を1.5℃以内に抑えるのを努力目標としました。

しかし、2021年のIPCCの報告書によると、2021〜2040年には同水準に達してしまうとの指摘。5年前の想定より、気温上昇のスピードが10年以上早まっています。実際、2021年ドイツで発生した大洪水、2022年にはパキスタンの国土の3分の1が水没、2023年にはカナダやハワイで大規模な山火事が発生し甚大な被害をもたらすなど、気候変動を起因とする甚大な災害が毎年起こるようになっています。

これを受け世界では官民あわせて脱炭素に向けた取り組みが加速化しており、グローバルではアパレル・ラグジュアリー業界も同様です。2019年国連と連携団体が、「持続可能なファッションのための国連アライアンス」という組織を立ち上げました。その中でCO_2排出量に関し、全産業のうち8%はアパレル業界が占めているというリポートが公表されました。これは自動車産業によるCO_2排出とほぼ同じであり、気候変動に対して相対的に大きなインパクトがあります。

アパレル企業の場合、CO_2のうち9割以上がScope3のものづくりの工程から生まれています。従って、大量に製品を生産しているファストファ

第12章──アパレル・ラグジュアリー

ッションやグローバルSPAは今後脱炭素に向けて難しい舵取りを迫られるでしょう。

　実際グローバルでは欧州を中心に安価な衣服の大量生産を規制するための様々な枠組みや制度が検討されています。製品情報のトレーサビリティを義務付けるデジタルプロダクトパスポートや、環境負荷情報の記載を求めるエコラベルが、今後数年内に制度化されることを踏まえると、企業は対応を加速する必要があるでしょう。

大手によるシェア拡大と中堅企業の淘汰

　過去を振り返ると、アパレルに限らず多くの消費財において、上位企業によるシェアの拡大が起こっています。多くの消費財で市場の成長が緩やかとなる中で、DXなど勝ち残りに向けて必要な投資は増え続けています。また大手企業によるM&Aや合従連衡も起こり、結果として上位企業のシェアは拡大傾向にあります。市場がフラグメントなアパレル業界もご多分に漏れず、2017年から2022年にかけ、上位10社による市場シェアは2ポイント上昇し12%となりました。ラグジュアリーにおいても、LVMHグループによるティファニーの買収や、コーチを擁するタペストリーによるカプリ・ホールディングスの買収など、M&Aによる規模拡大のニュースが巷をにぎわせています。

　このように消費財で広く見られる上位企業のシェア拡大ですが、今後はアパレルのように環境負荷の高い消費財業界ほど、その速度が速まるのではないかと見ています。理由は大きく3つあります。

　第一に、環境負荷を下げるグリーントランスフォーメーションに必要なコストが大きいことです。カーボンニュートラルをはじめとするサステナビリティ対応を成し遂げるためには、多くの人的リソースとマネーを投じなくてはなりません。例えば、自社の環境負荷を製品単位で可視化し、CO_2排出量や水使用量などのKPI毎に削減計画を立て、アクションプラン

に落とし込み実行していくためには大変な労力がかかります。実際グローバルSPAの大手では、それらを担う組織に数十人単位の人員を割いています。また、グリーントランスフォーメーションに必要なスタートアップ・技術への投資や、販売後のリセール・リペアプログラムへの立ち上げなど、多くのマネーも必要となります。現実問題として、このような投資を行える企業は一部に限られます。一方で、(気候変動問題の悪化状況にもよりますが)中長期的に環境対応の取り組みを企業に求める強制力が社会的に増していくことは確実です。この流れについていけない中堅企業は必然的に淘汰されていくでしょう。市場には、勝ち残った一部の大企業と、上場企業が受けるような厳しい制約を受けない規模の中小アパレルが残るという構図になると思われます。

　第二に、市場成長が止まる中で、企業間競争の激化が進むからです。マクロで見るとアパレル市場全体の成長は、グローバルで見ても実質ベースではほぼ見込めない状況です。当然、伸びない市場の中では、企業の成長は限られたパイの奪い合いにより達成されることになりレッドオーシャン化が進みます。必然的にM&Aや企業の合従連衡も進むでしょう。このような中で、中小企業であればニッチ戦略をとることで生き残るオプションもとれますが、一定の規模がある中堅企業ほど競争激化の影響を受けやすいという構図となります。

　そして最後に、インフルエンサーやD2Cの増加による「多極化」の進展です。今後アパレル業界では二極化と多極化が同時進行します。すなわち、市場成長力のあるラグジュアリーとマスでは、M&Aや勝ち組グローバルSPAの成長により大手のシェアが高まる一方、中価格帯を中心にデジタルを効果的に活用した個人や中小企業のニッチなアパレルビジネスが増加するという現象です。

　既に、多くのアパレルD2Cが市場で台頭していることは読者の皆様もよくご存じでしょう。最近ではP2C (Person to Consumer) と呼ばれる個人を

起点としたアパレルビジネスも増えています。特にライブコマースが根付いている中国では、著名なインフルエンサーがP2Cで数百億円のアパレル事業を展開するようなケースも出てきています。日本でも芸能人やインフルエンサーが個人でアパレルビジネスを展開することをよく耳にします。これら個人や中小のアパレル事業にサステナビリティの規制をかけることは当面難しく、社会のデジタル化が進む中でD2CやP2Cは今後も増えることが予測されます。そして、このようなビジネスが増えていく影響を一番受けやすいのが、低〜中価格帯で一定規模のアパレルビジネスを営む中堅企業となります。以上のような要因が重なることで、中長期の時間軸で見ると、アパレル・ラグジュアリー業界においては大手によるシェア拡大と中堅企業の淘汰が進んでいくでしょう。

勝ち残りに向け必要な経営アジェンダ

さて、このように大きな事業環境変化が予測される中で、アパレル・ラグジュアリー企業にとって中期的に重要となる経営アジェンダは何でしょうか。幾つかありますが、本稿では国内アパレル企業の取り組みが特に遅れている経営アジェンダとして、「カーボンニュートラルに向けたサプライチェーン改革」と「循環型・再生型ビジネスモデルの導入」の2つを取り上げます。

カーボンニュートラルに向けたサプライチェーン改革

気候変動問題を改めてご説明する必要もなく、脱炭素・カーボンニュートラルの実現は人類共通の社会課題です。企業は、気候関連財務情報開示タスクフォース（TCFD）の要請に基づき、CO_2の排出量をGHGプロトコルに則り算出し開示すると同時に削減に向けた対応策を開示しなくてはなりません。日本でも2022年から東証プライム上場企業に対しTCFD対応

産 業

■ 図表 12-1　Inditex グループの温室効果ガス排出量の開示

Scope 1, 2 and 3 GHG emissions (tnCO$_2$eq)　　　　　　　　　　　　　　　　（年）

GHG emissions	2022	2021	2020	2019	2018	2022-2018 change
Scope1	11,232	14,575	11,859	15,804	19,172	-41%
Scope2 market-based	0	47,770	98,676	293981	419,448	-100%
Scope2 location-based	451,430	541,492	363,717	589,547	651,266	-31%
Scope3	17,223,485	17,097,801	13,341,462	17,988,897	18,325,553	-6%
Kg CO$_2$eq per m^2 (market-based scope1+2)	2	8	14	39	58	-97%
g CO$_2$eq per € (market-based scope1+2)	0	2	5	11	17	-98%
g CO$_2$eq per € (market-based scope1+2+3)	531	619	659	647	718	-26%

が課されるようになり、一部の上場アパレル企業でCO$_2$排出量の開示が始まっています。

　グローバルでは、もっと以前から開示が始まっており、情報開示の透明性もかなり高まっています。たとえば、上記の表はZARAを擁するInditexにおける開示状況です。

　これを見るとScope1/2/3毎に排出量が見える化され、過去5年間の排出量および削減状況が分かるようになっています。興味深いこととしては、Scope3の排出量が2018年から2022年にかけ6％削減できている一方、売上は261億ユーロから326億ユーロへと25％増加していることです。当然売上の伸長に伴い、製品の販売量も伸びています。このように売上成長しながら、Scope3を6％も削減したというのは大変な企業努力がうかがえます。

　原材料の変更、サプライヤーおよび調達先の見直し、物流網の最適化な

第12章　アパレル・ラグジュアリー

179

ど、複数のプロジェクトを並行して走らせCO_2排出・削減量をモニタリングしながらサプライチェーン全体を変革していかないと到底成し得ません。カーボンニュートラルに向けCO_2削減を実行していくためには、科学的・定量的なアプローチおよびプロジェクトマネジメントが必要なのです。

　ところが日本では、多くのアパレル企業が排出量の算出ができていない、あるいは排出源単位データベースを用いて簡易的に算出・開示に漕ぎつけたという段階の企業がほとんどです。素材差、産地、工程も加味して排出量をモニタリングし削減していくことの難しさを理解している企業は少なく、そもそも科学的・定量的なアプローチを苦手としているアパレル企業が多いのが実情です。特に、SBT認証（Science Based Targets：SBTiによって運営される国際認証制度で、パリ協定と整合性のある『温室効果ガス削減目標』を定めている企業に与えられる認証）を取得している企業の場合、これから温室効果ガスの排出を毎年2.5〜4.2%削減していくことが求められています。

　アパレルの場合、売上が天候の影響を受けやすいので、今年の冬は寒くて重衣料の売上が伸びたというような話がよくあります。一見嬉しい話ですが、重衣料がたくさん売れるとCO_2排出量も増加するので、年度が終わり排出量を計算したら前年より増えてしまったなんてことが簡単に起きてしまいます。

　これを防ぐには可能な限りタイムリーに、例えば四半期単位で排出量をモニタリングすること、MDや生産管理にCO_2排出量の積算機能を持たせ、現場で排出量と削減量をコントロールするなどの体制を構築することが必要です。しかしながら、日本企業の多くは、サステナビリティ推進室が年1回排出源データベースを活用して集計する程度で精一杯のリソースしか割けておらず、あるべき姿と現実の乖離が大きい状況です。

　なお、サステナビリティレポートは、現状は年1回アニュアルレポートと共に開示されるのが一般的です。ただし、今後の気候変動問題の進捗に

よっては、Scope1/2/3の排出量についてはよりタイムリーな把握と開示が求められる可能性があります。会計では企業業績の四半期開示が当たり前になったように、特に上場企業についてはスピードと中身が求められる可能性があると考えていた方がよいでしょう。

現在、国際会計基準（IFRS）財団のもと国際サステナビリティ基準審議会（ISSB）が、国際的に統一されたサステナビリティ基準の開発を進めています。その中で欧州では先んじてCSRD（Corporate Sustainability Reporting Directive、企業サステナビリティ報告指令）という、第三者認証が必要なサステナビリティレポートの義務化を検討しており、2024年から段階的に導入される予定です。

気候変動リスクをはじめとするサステナビリティ情報の開示については、今よりももっと厳格にタイムリーな内容が求められていくと考え、必要となるサプライチェーン改革を進めた方がよいでしょう。

循環型・再生型のビジネスモデルの設計・導入

スウェーデンの環境学者のヨハン・ロックストロームは、プラネタリーバウンダリーという考え方を提唱しています。日本語では地球の環境限界、環境容量と訳されますが、人間が地球上で持続的に生存していくためには超えてはならない地球環境の境界（バウンダリー）があるという概念です。プラネタリーバウンダリーは、具体的には気候変動や窒素・リンの循環など9つの項目に分かれています。ヨハン・ロックストロームによれば人類は既に3つの領域において境界を越えており、危険な水準にいると指摘しています。

このような状況下、環境負荷の高いアパレルにおいて、新しい事業として取り入れたいモデルが循環型や再生型のビジネスとなります。バージン素材を使ったものづくりでは、どのような素材を用いようとどうしても一定の環境負荷がかかります。そこで、いまあるものを循環させることで新

しいものを作り出す、また事業そのものが環境の再生につながるようなビジネスモデルを設計することが、中長期的には重要な経営アジェンダとなります。

　例えば、ランニングシューズで有名なOnが満を持して2021年に投入したCyclon（サイクロン）というランニングシューズのサブスクリプションサービスがあります。このサービスは、ランナーがシューズを所有しないことで廃棄をさせないという循環型のビジネスモデルを構築しています。ユーザーはサイクロンに登録すると、Cloudneo（クラウドネオ）というサブスクサービスでしか履けないシューズを受け取ります。ユーザーはクラウドネオを履きつぶしたら返却して新しいクラウドネオを入手します。毎日走るランナーは平均的に半年程度でシューズを履きつぶすことから、半年毎の交換を想定して料金体系が設計されています。Onでは返却された古いシューズをリサイクルして、サイクロンのサーキュラーループに戻します。これを繰り返すことで、バージン素材の使用と廃棄物を減らすことができるという循環型システムです。通常スニーカーは数十のパーツから構成されており、100％リサイクルするのは困難です。一方、Onのクラウドネオは、部品点数が約10と少なく抑えられており、全てリサイクル可能なサステナブル素材が使われています。アッパー部分には、トウゴマから抽出されたヒマシ油で作られたバイオ素材を使用。100％素材をリサイクルすることで、文字通りサーキュラーループを作り上げています。Onはサイクロンの目的を、循環型システムを構築して環境負荷を減らすこととしており、ユーザーには製品の返却・リサイクルを徹底してお願いしています。仮に、ユーザーが新しい製品をリクエスト後、以前の製品を返却しないと、サステナビリティ料金として100ドルまたは100スイスフラン（またはその他の通貨換算額）を請求するほどの徹底ぶりです。このサイクロンですが、リリース以降急成長しており2022年は前年比300％を超える売上成長となりました。優れた機能性およびデザイン性を兼ね備えたシュー

産業

ズと、循環型システムを実現するためのサブスクモデルが相まって魅力的なストーリーとなり、世界中でユーザーを惹きつけています。サイクロンは、特定製品に特化をしてリサイクル可能な製品設計を行い、ビジネスモデルとして回収・リサイクルを含めた垂直統合型のサーキュラーモデルを設計すれば、グローバルで収益性を兼ね備えた循環型システムが構築できることを示した好事例でしょう。ユーザーも、サイクロンのサーキュラーループに入ることによるバージン素材利用と廃棄の削減という意義を理解して、シューズを保有から利用に切り替えています。

　また、再生型のビジネスモデルとしては、リジェネラティブ農業（環境再生型農業）で作られたコットンの活用がグローバルで進んでいます。リジェネラティブ農業は、農地の土壌の健全性を保つだけではなく、土壌を改善しながら自然環境の回復につなげることを目指します。一般的に、土壌は健全であればあるほど多くの温室効果ガスを吸収するため、リジェネラティブ農業は気候変動対策の一つとして有効なアプローチと考えられています。地球上の陸地の約46％を占める農耕地のCO_2吸収力が上がれば、効果的な温暖化対策になるというわけです。例えば、2023年ステラマッカートニーがリジェネラティブコットンを100％使用したTシャツを発売。ステラマッカートニーは、現在のファッション業界においてリジェネラティブ農業は不可欠だとし、調達元であるトルコのソクタス社のリジェネラティブ農場拡大に取り組んでいます。

　また、アディダスでは、海洋プラスチック廃棄物を原料とした素材でスニーカーやスポーツウェアを作る取り組みを長年グローバルで行っています。既に世界の海洋に投棄されたプラスチック廃棄物を1,400トン以上回収し、それをリサイクルすることで数百億円の事業に育てました。この事業では、プラスチックゴミからスニーカーへのリサイクルが回っているだけでなく、売上が伸びるほど海の再生につながるという再生型のビジネスモデルを実現しています。

衣料品ではありませんが、同じ繊維製品であるタイルカーペットのトップシェア企業の東リ株式会社は、タイルカーペットで完全循環型リサイクルシステムを作り出しています。タイルカーペットとは、一辺が40〜50センチの正方形のカーペットを床に敷き詰めるタイプのカーペットで、オフィスやホテルなどの利用で一般的なほか、最近では家庭用も増えてきています。

東リでは、使用済みタイルカーペット廃材を回収して、全てをタイルカーペットにリサイクルする自社完結の循環型システムを2022年5月から始動しています。カーペットの上層（繊維部分）と下層（塩ビ樹脂バッキング部分）を分離することなく、混合・溶融し再利用可能なリサイクルチップに加工する技術を開発しており、コストもバージン素材を使う場合と比べ、ほぼ同等にまで削減できています。東リによれば、現状売上の約10％をリサイクルカーペットが占めるまでに成長しており、今後のさらなる成長・発展が期待できます。なお、タイルカーペットは業界全体で環境対応が進んでおり、政府によるグリーン購入法の調達基準に、リサイクル材の25％以上の使用を明記していることに加え、LCAベースでCO_2排出量の定量的な環境情報の開示をすることが基準として追加されています。

このように環境負荷が高いとされる繊維・アパレル業界でも、特定カテゴリーに絞った垂直統合型モデルをデザインすることで、環境負荷の低い循環型モデルや再生型モデルを実現することが可能です。

Circular Fashion Index（循環性指標）から見た アパレル企業の循環度とは

A.T.カーニーでは、2020年よりCFX（Circular Fashion Index）というアパレル企業の循環性に対する取り組みを評価する指標を発表しています。指標では、図表12-2に示すように1次流通と2次流通での取り組みを7つの側面から評価しています。具体的には、「①低環境負荷素材を使用した衣料

産業

■ 図表12-2　Circular Fashion Index（CFX）の 評価項目

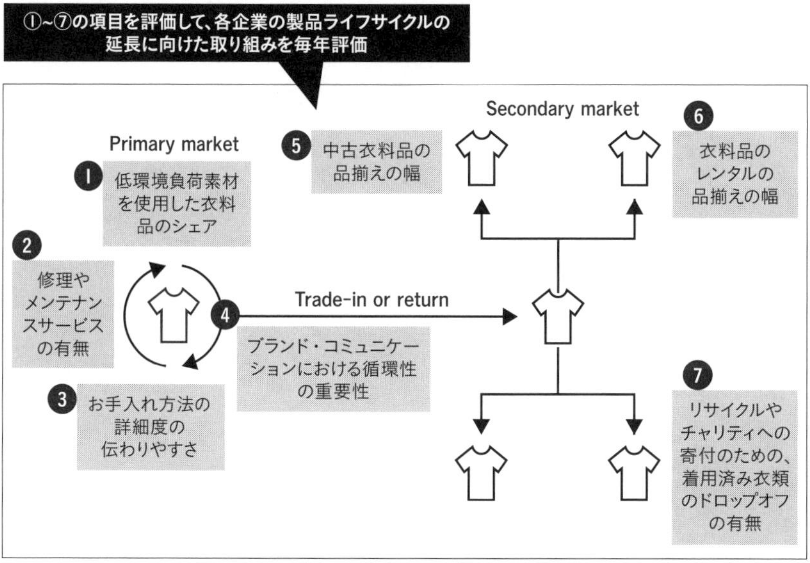

①~⑦の項目を評価して、各企業の製品ライフサイクルの
延長に向けた取り組みを毎年評価

Secondary market

Primary market

5 中古衣料品の
品揃えの幅

6 衣料品の
レンタルの
品揃えの幅

1 低環境負荷素材
を使用した衣料
品のシェア

2 修理や
メンテナン
スサービス
の有無

4 Trade-in or return
ブランド・コミュニケー
ションにおける循環性
の重要性

3 お手入れ方法の
詳細度の
伝わりやすさ

7 リサイクルや
チャリティへの
寄付のための、
着用済み衣類
のドロップオフ
の有無

品のシェア」「②修理やメンテナンスサービスの有無」「③お手入れ方法の
詳細度の伝わりやすさ」「④ブランド・コミュニケーションにおける循環
性の重要性」「⑤中古衣料品の品揃えの幅」「⑥衣料品のレンタルの品揃え
の幅」「⑦リサイクルやチャリティへの寄付のための、着用済み衣類のド
ロップオフの有無」の7項目で各10点満点評価をしています。

　最新の2023年の調査では、20カ国で200のグローバルブランドを、ラ
グジュアリー、アフォーダブル・ラグジュアリー、マスマーケット、ファ
ストファッション、スポーツ＆アウトドア、アンダーウエア＆ランジェリ
ーの6つの部門別にスコアリングを行いました。上位3社は、1位が3年連
続で「パタゴニア」（スコア8.65）、2位が「リーバイス」（スコア8.30）、3位が
「ザ・ノース・フェイス」（スコア7.90）となりました。前回からスコアを伸
ばした「パタゴニア」は、7つの項目全てで高いスコアを獲得しており、
前年との差分ではリジェネラティブ素材の割合が高まったことでさらにス

第12章　アパレル・ラグジュアリー

185

■ **図表 12-3　2023 年の CFX スコアランキングトップ 10**

Rank 2023	Rank 2022	Brand name
1	1	Patagonia
2	2	Levi's
3	3	The North Face
4	5	OVS
5	6	Gucci
6	–	Madewell
7	8	Coach
8	4	Esprit
9	9	Lululemon Athletica
10	10	Lindex

コアを伸ばしています。「リーバイス」は、WEBサイトにリサイクルデニムの専門コーナーを設け、サプライヤーマップとカーボンフットプリントを公開する新たな取り組みでスコアを伸ばしました。

　また、ラグジュアリーではグッチが最高順位となり全体の5位に位置しています。 グッチは、Gucci Equilibrium という人と地球のために積極的な変化を生み出そうとする取り組みに力を入れています。このプログラムを通じた製品の寿命と循環性に関するコミュニケーションなどの様々なサステナビリティに関わる取り組みが評価されました。

　一方、全体を見るとCFXの200社の平均スコアは、10点満点中のわずか2.97に留まっています。第1回目の調査では平均値が1.6だったことを踏まえれば、わずかながら改善していますが十分とは言えません。また、部門別に見るとスポーツ／アウトドアがトップで、マスアパレルがそれに続き、最下位はファストファッションです。また、国別ではフランスがト

ップでスコア3.43（28ブランドの平均）、2位が米国でスコア3.32（57ブランドの平均）という結果となりました。

　A.T.カーニーとしては、CFXによる企業のモニタリングと平均スコアの上昇を通じて、業界全体がサステナブルな循環型モデルに移行していくことを望んでいます。また、筆者としては日本企業に対するCFXのカバレッジが増え、循環度でトップ10入りする日本企業が出てくることを期待しています。

[執筆者]

福田 稔（ふくだ みのる）
A.T.カーニー　消費財・小売プラクティス シニアパートナー
慶應義塾大学商学部卒、IESEビジネススクール経営学修士（MBA）、ノースウェスタン大学ケロッグビジネススクール MBA exchange program 修了。
電通国際情報サービス、欧州系戦略コンサルティングファームを経てA.T.カーニー入社。主に、アパレル・繊維、ラグジュアリー、化粧品、小売、飲料、ネットサービスなどのライフスタイル領域を中心に、戦略策定、ブランドマネジメント、グリーントランスフォーメーション、DXなどのコンサルティングに従事。上記領域においてプライベートエクイティやスタートアップへの支援経験も豊富。
経済産業省 産業構造審議会 繊維産業小委員会委員、繊維製品における資源循環システム検討会委員、これからのファッションを考える研究会〜ファッション未来研究会〜副座長など、アパレル・繊維、ライフスタイル産業に関わる多くの政策支援にも従事する。
主要メディアへの寄稿、各種セミナーやイベントでの講演などの活動を通じ、ライフスタイル産業の革新に向けた多くの発信をしている。

[参考文献]

・Inditex Annual Report 2022 / Statement on Non-Financial Information
　Euromonitor

第 13 章

小売

小売企業が勝ち残るための
4つの視点

小売業界が置かれている状況

　小売業界が置かれている状況は、日々目まぐるしく変化しています。例えば、円安、原油高、光熱費の高騰等を背景とした、原材料費・仕入れ値の高騰や、人手不足に加え、燃料費の高騰を背景とした物流費の上昇は、各社の利益率を圧迫しています。

　また、スーパー等の一部業態が享受したコロナ特需がひと段落し、ドラッグストアを除き、主要小売業態の店舗数は成長が鈍化〜横ばい傾向で推移しており、全業界に通底する人口減少・少子高齢化のマクロトレンドに鑑みても、国内でのリアル店舗の出店による売上成長は限界を迎えつつあります。

　加えて、サステナビリティの観点では、欧米でのサステナビリティ規制強化を背景に、国内でも法規改正が進みつつあり、2023年1月には、金融

■ 図表 13-1　小売企業が勝ち残るための 4 つの視点

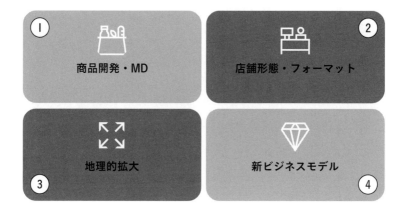

庁が企業へ「サステナビリティに関する考え方及び取組」の開示を求め、開示府令を改正するなどの変化があり、他業界と同様に、小売業界でも廃棄ロス削減／物流量の圧縮等、利益成長・社会責任双方の観点からサステナビリティの重要性が高まりつつあります。

本章では、このような状況下で、小売企業が勝ち残っていくためのヒントとして、「①商品開発・MD」「②店舗形態・フォーマット」「③地理的拡大」「④新ビジネスモデル」の4つの視点で、これまでの小売企業の試行錯誤と、その背景にあるメカニズムを考察するとともに、これからの進化の方向性についての見立てを提示したいと思います。

商品開発・MDの最先端・試行錯誤とその背景にあるメカニズム

これまでの小売企業における商品開発・MDによる差別化の歴史を振り返ると、その出発点は、商品の仕入れによる差別化でした。ここでは、他店では手に入らない商品をいかに仕入れるかが差別化のポイントでした。

その後、CVS/SM/DGSをはじめとするコモディティを扱う小売におけ

るNB品のMDは同質化し、次第に各社がPB品の強化へとシフトしていきました。

そして、PB品も、各社の競争の中で、「NB品比で低品質だが安価品」という位置付けから、「NB品と同品質だが安価品」という位置付けへと進化し、次第に「NB品メーカーと協業開発したオリジナル品（ダブルチョップ品）」「NB品並み～それ以上の品質・価格を目指したプレミアムPB品」等へと派生し進化を遂げてきました。

今後、PB品という観点では、特にCVS/SM/DGSの領域において、惣菜カテゴリの商品開発・MD力が差別化要素として、ますます重要になっていくものと見立てます。その理由は、大きく2つあります。

第一の理由は、惣菜は売上構成比が高く、目的買い商品になりやすいカテゴリの中でも、まだ品質差による差別化余地が残されたカテゴリである点です。

CVS/SM/DGSにおける主要カテゴリに目を向けると、日配品・惣菜を除く、ドライ・チルドの飲料・食品領域は大手NB品メーカーのプレゼンスが高く、各社が商品開発に投資してきた結果、味や他の知覚品質要素におけるメーカー・商品間での差は小さくなっています。

また、衣料用洗剤に代表されるような日雑・トイレタリー領域においても、内資・外資のFMCGメーカーのNB品のプレゼンスが高く、日々RN品・新商品が次々に投下され、小売企業にとっては知覚品質差をつくりづらいカテゴリでしょう。他方で、惣菜カテゴリは、相対的にはNB品メーカーのプレゼンスが低く、原材料・レシピ・調理／加工技術等で、品質差をつくり差別化しやすいカテゴリです。

第二の理由は、今後も一定リアル店舗が残り続けることが想定される小売業態において、惣菜はリアル店舗での購買行動が残り続ける蓋然性が高

産　業

く、今後もリアル店舗への来店促進の起点となり得るカテゴリであるという点です。

現状の小売企業のリアル・ECチャネルのバランスに目を向けると、取り扱う商材の国内EC化率は、足元で高まっているものの、その水準は、生活雑貨・家具で28%、衣類で22%に対し、食品・飲料・酒類で4%となっており、低位に留まっています。

消費のリードタイム／購買頻度／ブランド・商品へのスティッキネス等の観点で、衣類や、日雑・トイレタリー、ドライ食品・飲料（菓子類、ペットボトル飲料 等）が、まとめ買い・オンライン購買が進みやすいのに対し、消費のリードタイムが短いため都度買いされることが多く、多くの消費者がシーン・気分に合わせた買い回りニーズを持つ惣菜は、リアル店舗での購買が適しており、今後ECが拡大しても、リアル店舗での購買行動が一定程度残り続けるでしょう。

こうした中、将来的に惣菜カテゴリで差別性を築くためには、高品質・高コスト効率な垂直統合型サプライチェーンモデルの構築がポイントになっていくでしょう。

実際、サプライチェーンを垂直統合し、高品質／低コスト／短リードタイムで、生鮮品・惣菜を提供するために、グローバルのトップの小売企業は、例えば植物工場への投資を進めています。

ウォルマートは2022年に米・カリフォルニア州を中心に植物工場を展開する垂直農業スタートアップのPlenty社に4億ドルを出資し、生産された野菜の調達・販売の合意を実現し、一部店舗での販売を開始しています。

また、米国・SM大手のクローガーも、店頭での葉物野菜の栽培技術を手掛けるインファーム社と2019年に提携し、一部店舗での導入を進め、加えて垂直農業を手掛ける80エーカー・ファームスと提携し2021年時点

では同社から仕入れた商品を316店舗で展開しています

　他方で、国内小売企業においては、先述のグローバルのトップ小売企業に比べれば、サプライチェーンの垂直統合はまだ進んでいません。周辺業種からは、丸紅・三井物産をはじめとする総合商社が魚の養殖事業の領域において買収・出資を進めていますが、小売と連携し大胆なサプライチェーン統合を進めるような取り組みにはまだ至っていません。

　従来のPB品開発・MDに留まらず、惣菜カテゴリにおいて、投資のROIを確保しながらサプライチェーンを統合できれば、小売企業にとっての差別化の切り口となるでしょう。

店舗形態・フォーマットの最先端・試行錯誤とその背景にあるメカニズム

　小売業態の店舗形態はもともと、いわゆるパパママストアと呼ばれるような個人商店に始まり、その後百貨店・SM・DGSなどの業態の大手チェーンが生まれ、フォーマットも進化してきました。

　商圏サイズに合わせた地方での店舗の大型化／都市部での小型化が進み、また出店立地や併設施設に合わせたフォーマット・MDが開発されてきました。

　加えて、客数・売上のシナジーにより坪効率を上げるべく、ビックカメラ×ユニクロや、蔦屋書店×スターバックスなど、複数業態の共同出店という形態も生まれました。

　さらには、従来の売り方ではなく、事前注文・決済し店舗で商品を受け取るようなリアル店舗の使い方・売り方も生まれています。

　では、今後はどのような店舗形態・フォーマットが残っていくのでしょうか。業態・立地・地域等によって様々なシナリオが考えられますが、一部の大都市圏を除き、日本の多くの地域で人口減が進むことを見据える

産　業

と、各業態が店販を向上するために取り扱いカテゴリを拡大していき、業態間でも取り扱い商品の同質化が進んでいくのではないでしょうか。また、規制緩和・改変により、これまで以上に各業態が取り扱える商材の差が縮まり、差別性が失われていく未来も予想されます。例えば、処方薬であれば、オンライン診療・服薬指導／医薬品販売等についての規制が緩和された結果、ファミリーマートのファミマシーのように、処方薬をコンビニで受け取れるサービスも生まれています。

　こうして、商圏人口が減りゆく中、業態間の取り扱いカテゴリの同質化が進むと、結果として他業態・他店より来店動機となりやすい商品・サービスを提供し、高い坪効率を実現可能な業態・店舗が残っていくのではないでしょうか。

　そして、そのような継続集客・高坪効率を実現できるのは、先述の通り、一定リアル店舗での購買が残り続け、品質に差別化の余地がある惣菜で優位性を築いたCVS・一部のSMと、CVSが出店困難な水準の人口密度でも出店可能なDGS等の業態・チェーンとなるでしょう。

　また、別の視点で、"複数業態の共同出店"の発想として、美容室・理容室／クリニック・歯科／郵便局等は、人口が減ったとしても、対面サービスが必要な業態であるため、一定施設が残り続けるものと見込まれ、こうした業態と併設出店・共同出店を図ることで、トラフィックを確保するような店舗モデルも考えらえます。

　「取り扱いカテゴリの優位性にほとんど差がなくなる中で、カテゴリは最大限広げつつ、独自の惣菜のような来店動機となる商品でトラフィックを確保する」ような形態であれ、「対面サービスが残る他業態との連携・併設・共同出店」であれ、高い坪効率を実現・維持できる店舗形態・フォーマットが生き残ることは間違いないでしょう。

第13章

小売

193

地理的拡大の最先端・試行錯誤とその背景にあるメカニズム

　これまでの日本発小売の海外進出は苦戦・苦労の連続であったと言えるでしょう。今でこそ海外進出の成功例として語られるファーストリテイリングでさえ、2000年初頭に英国への出店〜その後の撤退を経験しており、良品計画の中国進出や、ドン・キホーテのアジア展開のような一部の成功例は存在しますが、ほとんどの日本発小売企業は、売上の大宗が国内市場となっており、グローバル展開に成功しているとは言い難い状況です。

　グローバルの小売企業に目を向けると、ヒト・モノ・カネが往来しやすく、各国間の商習慣が比較的近い欧州においては、例えばドイツ出自のディスカウンター系スーパーのリドルのように、欧州横断での展開に成功している例も存在します。

　他方、地域を越境しての地理的拡大には、グローバルトップの小売企業であっても苦戦しています。例えば、ウォルマート、カルフール、テスコはいずれも日本市場に参入しましたが、その後撤退しています。結果、地理的拡大に成功しているのは、先に挙げたリドルのような、安さが普遍的な価値として受け入れられる市場において、スケールメリットを活かす形で拡大したディスカウンターSMや、グローバルで普遍的な利便性ニーズを充たすCVS程度ではないでしょうか。

　これに対し、DGS・HC・百貨店・雑貨小売等は、いずれもローカル市場での仕入れ〜販売が主となっている業態であり、グローバル展開の難度は高いのが実態です。

　したがって、今後の小売企業の地理的拡大は、オーガニックな拡大ではなく、M&Aを駆使したインオーガニックな成長が基本線となっていくでしょう。そして、M&A後のバリューアップの起点となり得るのは、模倣

産業

困難な商品力・品質か、スケールに裏打ちされたコスト競争力ではないでしょうか。

商品力・品質の観点で、バリューアップに成功しつつある例といえば、セブン‐イレブンによる米ガソリンスタンド併設型CVSの大手スピードウェイの買収がその一例と言えるでしょう。セブン‐イレブンは、スピードウェイ買収後、PMIを進め、物流・調達費等のコスト面でのシナジー創出に加え、特に食品領域での商品開発・MD力を活かし、スピードウェイの食品カテゴリ強化によるバリューアップにも取り組んでいます

結果として、買収当初、3年での発現を見込んでいたシナジーを、1年7カ月で実現し、2023年度時点で8億ドル規模のシナジーを見込んでいます。

他方、コスト競争力を高め、自前での出店に加え、M&Aにも積極的に取り組んでいるのが、先述のリドルと並ぶドイツ出自の大手ディスカウンターSMで、近年米国で店舗網を拡大しているアルディです。

アルディは、商品だけでなく、店舗の内装・売り場づくり・オペレーションもローコストを徹底し、近年米国で100店〜/年を超えるペースで出店を続け、自前での地理的拡大を続けつつ、足元では、ウィン・ディキシー、ハーヴィース（計400店舗）を買収し、店舗網を拡大し、さらにコスト競争力を高めています。

どちらも国内小売が志向しうる方向性ではありますが、品質・コストパフォーマンスに対する評価が相対的に厳しい消費者を抱える日本発の多くの国内小売にとっては、相対的に商品力・品質起点でのバリューアップの方がフィットするのではないでしょうか。

小売企業にとっての新ビジネスモデルの最先端・試行錯誤とその背景にあるメカニズム

そもそも小売業は、B2C領域の業界の中でも利益率の低い業界です。従

って、これまで小売企業が開拓してきた事業領域は、小売で培ったアセットの活用を通じて、高い利益率を実現できる領域であり、その一つが金融事業です。SM・GMS・百貨店・CVS等の様々な小売業態が、リアル店舗での個客接点を起点に、個人向けバンキングやクレジットカード等を展開してきました。これからの小売企業が狙い得る新しい事業領域・ビジネスモデルとしては、様々な方向性が想定し得るものの、その一つは、保険や個人向け金融商品等の拡販による「個人向け金融事業」の開拓でしょう。

　また、リアル店舗での個客接点を活用した新たな事業領域として近年注目されているのは、金融事業と同様に、小売比で高マージンを確保しやすい「リテールメディア事業」です。広義のリテールメディア市場の隆盛は、サードパーティーCookie規制の厳格化等を背景に、Facebook・Googleと同様に大規模な消費者のトラフィックでありながら自社サイトへの訪問データ＝ファーストパーティーデータを有していたAmazonをはじめとするECプラットフォームが広告出稿の場として注目を集めたことがきっかけでした。その後、リアル店舗小売出自のウォルマートも自社ECサイトを起点にリテールメディア事業を拡大し、2022年時点で約27億ドル・同社の売上全体の5％にまで成長しています。

　さらに今後の成長余地として見込まれているのは、ECサイトをはじめとするデジタル接点以上のトラフィックを見込めるリアル店舗の顧客への広告展開です。
　実際、前述のウォルマートは、5,000店でのテレビ売り場のスクリーンを活用した広告展開や、サイネージやレジのスクリーンでの広告展開を進めています。
　こうしたグローバルでのリテールメディア市場の拡大／トップ小売企業の取り組みを受け、国内大手小売も、リテールメディアの事業化に向けた

取り組みを加速しています。

　例えば、イオン・マツキヨは、グーグルと連携し、自社内の購買データの整備〜独自のリテールメディア事業の立ち上げを進めています。

　また、ファミリーマートは、早期（2019年）より、当該領域への投資を進め、2019〜22年の3年で、500億円を投じ、データ基盤整備〜サイネージ設置などを進めており、2023年内に1万店へのサイネージ設置を予定しています。

　加えて、セブン-イレブンも、2022年に商品戦略本部傘下にリテールメディア推進部を設け、リテールテック事業を手掛けるLMIグループと協業し、関東圏の店舗でのデジタルサイネージの実証実験等を進めています。

　ただし、先行する米国に比べると未だ国内のリテールメディア市場は黎明期であり、また大手小売が持つ顧客トラフィックの規模にも差があるため、日本でも投資を正当化するだけの十分なROIを見込めるビジネスモデルをどのように構築するかが、各社にとっての論点となると見立てます。

　また、別の視点として、人口減が進む地方部において、特に地場に根差した中堅小売等が開拓し得る領域の一つが「生活周辺サービス」です。

　人口減により、様々な施設・サービスが衰退・撤退を余儀なくされるような地域において、小売店舗が生活周辺のサービスを一括提供することで、マネタイズ〜リアル店舗のロイヤリティ向上の余地が見込み得ます。

　その成功例と言えるのが、三重県のスーパーサンシです。同社は、地元地域に多く存在する高齢者のニーズに応えるために、1983年から電話での注文・宅配サービスを展開していました。

　そしてさらなる高齢化が進む地域で顧客を維持するために、生活周辺の困りごとに対応するサポートの提供を開始し、部屋の清掃、庭の草刈り、

害虫駆除、パソコンサポート等多岐にわたるサービスを提供し、案件毎に料金を課金するスキームでマネタイズしています。

こうした生活周辺サービスはスケールメリットが利きづらく、地場に根差した企業の方が提供しやすいため、中堅小売がより開拓を志向しやすい事業領域と言えるでしょう。

これら、「個人向け金融事業」「リテールメディア事業」「生活周辺サービス」は、あくまで事業領域の例ですが、リアル店舗での顧客接点を活用しているという点では共通しています。

おわりに

ここまで「①商品開発・MD」「②店舗形態・フォーマット」「③地理的拡大」「④新ビジネスモデル」の4つの視点を紹介してきましたが、これらはあくまでオプションです。例えば、「①商品開発・MD」の視点で、徹底的に惣菜の開発力・それを支えるサプライチェーンを磨き込み、坪効率を高め、国内で生き残る「②店舗形態・フォーマット」の確立を目指す方向もあれば、積極的なM&Aで「③地理的拡大」にフォーカスする方向もあり、小売業に次ぐ／代わる「④新ビジネスモデル」の創出に注力する方向性もあります。これらの視点をどう組み合わせるか・選ぶかが、小売企業にとっての戦略であり、その策定には、それぞれの企業のビジョン・置かれている現状・目指す姿を踏まえた深い考察・検討が求められるのです。

産業

執筆者

中川 健太（なかがわ けんた）
A.T. カーニー　消費財・小売プラクティス マネージャー
ブラウン大学 応用数学・経済学部卒。新卒でA.T.カーニー入社。消費財領域における全社戦略／事業戦略／マーケティング戦略の立案支援、小売領域におけるマーケティング戦略立案／バリューアップ／プライシング戦略立案～実行支援等に従事。

小林 洋平（こばやし しょうへい）
A.T. カーニー　消費財・小売プラクティス シニアパートナー
東京大学 法学部卒。新卒でA.T. カーニー入社。消費財・小売企業において、各層の経営戦略（全社中計・事業戦略・ブランド戦略・営業戦略・新規事業開発）から組織・プロセス・オペレーション改革（全社プロセス再設計・マーケティング組織改革・広告宣伝／消費者コミュニケーション機能改革・調達改革）まで、多数のプロジェクトを推進。

関灘 茂（せきなだ しげる）
A.T. カーニー　消費財・小売プラクティス シニアパートナー
神戸大学経営学部卒業。INSEAD（欧州経営大学院）MAP修了。
A.T. カーニー入社後は、消費財・小売・メディア・サービス・金融・不動産分野を中心に30社以上のクライアント企業と共に、新規事業創造、既存事業変革（デジタル・トランスフォーメーション）、マーケティング・イノベーション、組織文化・行動改革、M&A・PMIなどを経営テーマに100以上のプロジェクトを推進。

参考文献

・「大手商社が「サーモン養殖」に本腰を入れる理由」『東洋経済オンライン』、2020年10月3日 https://toyokeizai.net/articles/-/378460?page=3
・「ターゲット、今後数年で4000億円超の大規模投資へ、クローガーは垂直農法の野菜販売を強化」『ダイヤモンド・チェーンストア』、2021年4月22日 https://diamond-rm.net/overseas/81454/
・「Walmart and Plenty Partner To Lead the Future of Fresh Produce」、2022年1月25日 https://corporate.walmart.com/news/2022/01/25/walmart-and-plenty-partner-to-lead-the-future-of-fresh-produce
・「米コンビニ巨額買収の真の狙い「セブン」のモデルは世界で磨く」『日経ビジネス』、2022年2月7日 https://business.nikkei.com/atcl/gen/19/00096/020400049/
・「アルディ、米国で約150店舗を新規出店、店舗数で第3位に」『ダイヤモンド・チェーンストア』、2022年2月14日 https://diamond-rm.net/overseas/105939/
・「処方薬を店舗にて無料で受け取れるサービスを東京都内約2,400店で展開～ファミマシーと「とどくすり薬局」の取り組み～」、2022年5月25日 https://www.family.co.jp/company/news_releases/2022/20220525_01.html
・「ウォルマートもコンビニも…米小売業界が植物工場への投資を加速させる理由」『ダイヤモンド・チェーンストア』、2022年5月16日 https://diamond-rm.net/overseas/177303/?

第13章

小売

ectoken=eb203131f02b415fe76ae59a616ce09d&sccode=5ce6fa269773ece2dbfb4a
6a66439120

- 「イオンやマツキヨを支援 グーグル流、リテールメディア開発法」『日経クロストレンド』、2022年11月22日 https://xtrend.nikkei.com/atcl/contents/18/00729/00007/
- 「セブン-イレブン・ジャパンが挑戦する、リテールメディア参入と新たな小売業の形」『MarkeZine』、2023年5月24日 https://markezine.jp/article/detail/42162
- 「薄利の小売業界で高収益に湧くリテールメディア〜急拡大する市場と店舗内外へと多様化するチャネル〜」『wisdom』、2023年5月25日 https://wisdom.nec.com/ja/series/orita/2023052601/index.html
- 「米国市場で拡大する2大ハードディスカウンター、アルディとリドルの明暗」『ダイヤモンド・チェーンストア』、2023年6月12日 https://diamond-rm.net/overseas/american_economy/458982/
- 「セブン-イレブンが挑戦する「リテールメディア」実証実験で見えはじめた"究極の強み"」『ITmediaビジネスオンライン』、2023年6月13日 https://www.itmedia.co.jp/business/articles/2306/13/news017.html
- 「ファミマのリテールメディア全戦略 売り上げアップに「3つの効果」」『日経クロストレンド』、2023年7月13日 https://xtrend.nikkei.com/atcl/contents/casestudy/00012/01244/「ALDI to Acquire Winn-Dixie and Harveys Supermarket to Continue Growth in the Southeast」、2023年8月16日
- https://corporate.aldi.us/fileadmin/fm-dam/newsroom/Press_Releases/ALDI_to_Acquire_WinnDixie_and_Harveys_Supermarket_to_Continue_Growth_in_the_Southeast.pdf
- 「セブン＆アイHLDGS コーポレートアウトライン2022」https://www.7andi.com/ir/file/library/co/pdf/2023_02.pdf

産業

第14章

銀行

未曾有のマクロ環境変化が伝統的な
銀行の経営に与える影響と対応方向性

　直近数年間を振り返ると、伝統的な銀行の経営に影響が大きいマクロ環境変化が同時多発的に起きています。リーマンショックほどに単発で深刻な影響を及ぼすものではないですが、これほど多方面で影響の大きい変化が起きるのは極めて稀です。これらの変化に対し、受け身ではなく、プロアクティブに競争力強化の機会とするには、どうすればよいのでしょうか。

　本章では、銀行業界の中でも、メガバンク・地方銀行（以降、地銀）にフォーカスして、影響の大きなマクロ環境変化の概要、それらに対する動向・課題を考察し、打ち手の方向性を提示します。

伝統的な銀行を取り巻く足元のマクロ環境変化

　まずは変化の概要について、政治・経済・社会・技術の要因の順に説明します。

■ **図表 14-1　銀行経営に影響の大きいマクロ環境の変化**

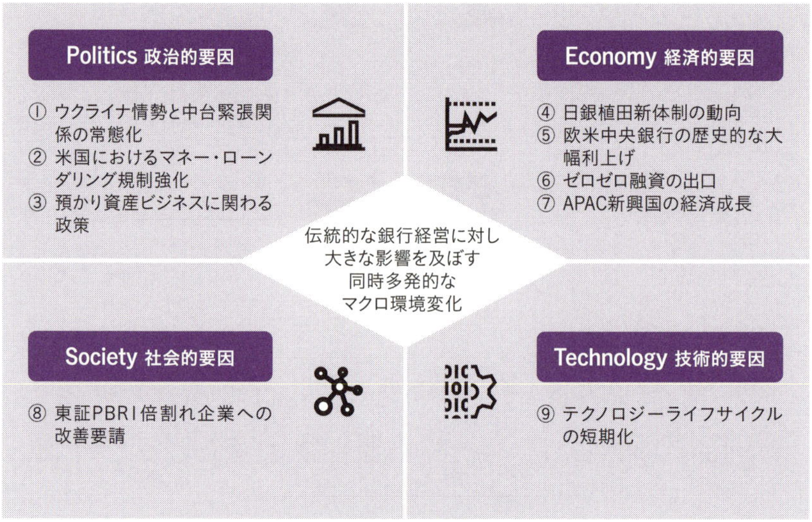

Politics 政治的要因
① ウクライナ情勢と中台緊張関係の常態化
② 米国におけるマネー・ローンダリング規制強化
③ 預かり資産ビジネスに関わる政策

Economy 経済的要因
④ 日銀植田新体制の動向
⑤ 欧米中央銀行の歴史的な大幅利上げ
⑥ ゼロゼロ融資の出口
⑦ APAC新興国の経済成長

伝統的な銀行経営に対し大きな影響を及ぼす同時多発的なマクロ環境変化

Society 社会的要因
⑧ 東証PBR1倍割れ企業への改善要請

Technology 技術的要因
⑨ テクノロジーライフサイクルの短期化

①　ウクライナ情勢と中台緊張関係の常態化

　2021〜2022年にわたり、ロシアに対する経済制裁・穀物合意の停止を主因として原油・食料品等のコモディティ価格が上昇しました（図表14-2）。インフレに対応した欧米主要国の金融政策も手伝い、ウクライナ戦争は結果として円安加速の大きな要因となりました。ウクライナ停戦は当面見込めず、これに起因するマクロ影響への備えは依然欠かせない状況です。

　また、2024年1月の台湾総統選や新政権の対中外交姿勢によっては中台緊張がさらに高まる可能性があり、この緊張状態は中国の習近平国家主席が3期目を締めくくる2027年まで続くと見られます。この間、日系企業にとっては中台関連の事業の撤退リスク、保有資産の毀損リスク、サプライチェーン分断リスク等への対策が継続的に求められます。

②　米国におけるマネー・ローンダリング規制強化

　米国では制裁対象国との取引が制限されており、近年金融機関が制裁金

産業

■ 図表 14-2 コモディティ価格水準の推移（2016 年を 1 とした指数）

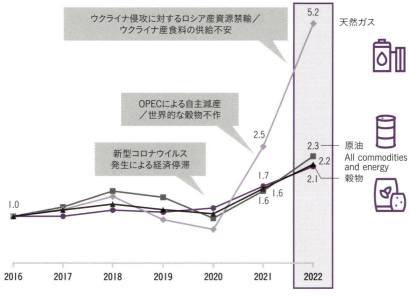

出所：IMF Commodity Data、その他公開情報よりA.T. カーニー作成

を課される事例が増加しています。さらにマネー・ローンダリング規制法が制定され、政府に対する金融犯罪まわりの情報提供のコストがさらに増大しました。その結果、特に1口座当たりの取引が法人に比べ小さい個人ビジネスの収益性低下につながっています。

さらに、もともと金融機関に対して義務付けられていた、口座を開設した法人とその受益者の特定・身元確認等デューデリジェンスに関わるタスクの負担も増す可能性があります。

③ 預かり資産ビジネスに関わる政策

岸田政権が掲げる資産運用立国宣言の一つに「顧客本位の業務運営態勢の強化要請」があります。金融庁は、仕組債や外貨建て保険の販売が、顧客とのトラブルに発展しているケースが多いため、業務運営モニタリング

■ 図表14-3　顧客本位の業務運営モニタリング結果

課題	実際に起きている問題事象の例
リスク性金融商品の販売・管理体制の強化	－ 想定顧客層・商品性の検証が十分ないまま、資産形成層に仕組債を販売 － 銀行がリスク許容度の低い顧客をグループ証券会社に紹介し、仕組債を販売 － 取扱商品数が多く、営業現場で商品性の理解が進まず、顧客への商品提案が不十分
取組方針と営業現場の実態乖離是正に向けたPDCAの遂行	－「取組方針」で顧客負担の全費用を開示としながら、仕組債の組成コスト等が未開示 －「取組方針」で収益に偏重しない業績評価体系による顧客本位の提案を掲げながら、個人評価のウェイトが高い保険の販売へと傾注 － 中期経営計画等と「取組方針」が未整合
リテールビジネスに対する経営陣の関与強化	－ 仕組債の販売状況を経営陣がほぼ未把握 －「取組方針」と営業現場の実態に乖離がある先では、経営陣による実態把握も不十分 －「取組方針」等の策定に当たって取締役会で議論していない
3線管理機能の強化・徹底	－ 業績評価がリスク性金融商品の販売に与える影響を、第2線・第3線が未検証 － 第2線がリスク性金融商品販売に関する苦情の背景を十分に検証できていない － 上記に対し、第3線は問題提起せず、経営戦略と現場の実態の整合性等の監査も未実施

出所：「リスク性金融商品の販売会社による顧客本位の業務運営のモニタリング結果」(2023/6/30、金融庁)

を行いました。

　当該結果を踏まえて、金融庁は、4つの課題を挙げて、リテールビジネス戦略の明確化・人材等の体制構築の必要性を明示したのです（図表14-3）。当該対応が実現できないのであれば、リテールビジネスからの撤退すら示唆しました。

④　日銀植田新体制の動向

　市場における物価上昇・賃上げの動きが顕著ですが、植田総裁は政策転換について慎重な姿勢を貫いています。植田総裁が就任以降初めて動いた

産業

■ 図表 14-4　長期金利

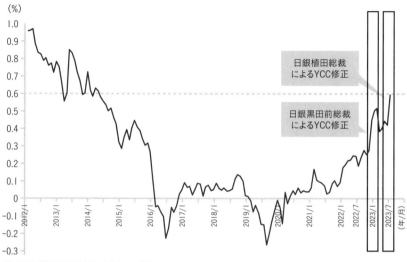

出所: 国債金利情報（財務省）をもとにA.T.カーニー作成

のは、2023年7月金融政策決定会合でのイールドカーブ・コントロール（以降、YCC）柔軟化措置決定ですが、政策転換とは程遠いものです。ただし、図表14-4の通り、当該措置を受けて、10年国債利回り（以降、長期金利）が0.6％台と約9年ぶりの水準に達しており（2023年7月時点）、金利上昇に一定の寄与がある点は申し添えます。

植田総裁は政策転換の判断には、「物価上昇率2％」と「賃上げの定着」を見極める方針を示しています。物価上昇率は、輸入物価高の後退と国内企業の価格転嫁成功によって、安定的な成長率を達成する見込みです。一方、大企業の賃上げが相次ぎ、中小企業にもその傾向が観測されました（図表14-5）。賃上げの持続力見極めのため、2024年春闘の結果が焦点となっています。

■ 図表 14-5　賃上げの市場動向

政府の要請・経団連の表明	– 2023年度年初、岸田首相から大手企業経営者に「物価上昇率以上の賃金上昇」を依頼 – 経団連は「賃上げは社会的責務」と指針を発表
大手企業で相次ぐ賃上げ	– 2023年度春闘では、大手企業が春闘で満額回答するケースが相次ぐ – 定期昇給とベアを合わせた**賃上げ率は3.91%**（前年比+1.64ポイント）
中小企業の賃上げも観測	– 全国329商工会議所の会員2,508社のうち 　– 賃上げを実施／予定した企業の割合は**62.3%**（前年比+11.4ポイント） 　– 給与総額を3%以上引き上げた企業は**50%**
今後は、、、	– 経団連の十倉雅和会長は、「インフレが起これば、賃上げでカバーすることが重要だ」として**2030年ごろまでは賃上げの継続が欠かせない**との認識を示している 経団連	– 2023/5/19の講演で植田総裁は「賃上げの動きについて、**中小企業も含めて今後も継続し、定着していく**のかを見極める必要がある」と発言 日本銀行

出所: 公表情報をもとにA.T. カーニー作成

■ 図表 14-6　主要各国の政策金利

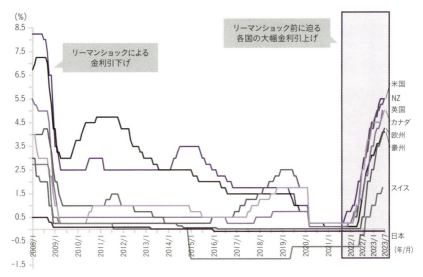

出所: 中小企業定量データ：主要各国政策金利の推移（2008/1～2023/7）（外為どっとコム）をもとにA.T. カーニー作成

⑤ 欧米中央銀行の歴史的な大幅利上げ

米国FRBは2022年3月より、コアインフレ率に近い水準まで政策金利を段階的に計5.25%引き上げてきました。図表14-6のように、日本を除く主要な中央銀行は追随して金融引き締め方針をとり、ユーロ圏の金融政策を決定する欧州中央銀行（ECB）は2022年7月から計4.25%利上げしています。ユーロ圏20カ国に広く配慮しながらの統一的金融政策であることを考えると思い切った金融政策です。英国イングランド銀行も2022年1月以降計4.90%利上げしています。

⑥ ゼロゼロ融資の出口

コロナ禍で営業CFの減少を借入増で賄ってきた業種は、足元でも営業赤字に苦しんでいます。ゼロゼロ融資の返済が開始したことで、図表14-

■ 図表14-7　ゼロゼロ融資出口の状況

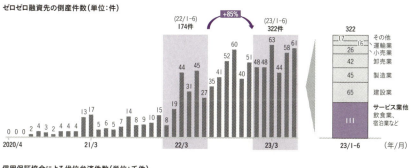

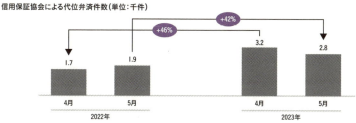

出所：東京商工リサーチ、一般社団法人　全国信用保証協会連合会

7のようにサービス業中心に倒産件数は増加傾向にあり、信用保証協会による代位弁済件数も2023年5月で前年比+42%と増えており、今後も倒産件数が増加する可能性が高いです。

⑦ APAC新興国の経済成長

今後、伝統的な銀行の主たるマーケットである北米、ユーロ圏、日本の

■ 図表14-8 主要な事業エリアの実質GDP成長率

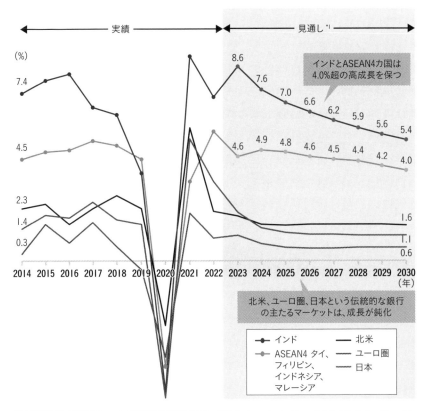

出所: 世界銀行データ「実質GDP」、ニッセイ基礎研究所「中期経済見通し」、OECD Development centre "Economic Outlook for Southeast Asea, China and India 2023"
*1: ASEAN4カ国の見通しは、2023年と2024年はOECDに基づき、2025年以降は2030年の4.0%（ニッセイレポート）にかけて線形と想定。インド、北米、ユーロ圏、日本の成長率予測値はOECDに基づく

実質GDP成長率鈍化継続が見込まれる中、主要なAPAC新興国は引き続き高成長の見通しです（図表14-8）。背景には、中国人観光客の増加、堅調な外国投資による輸出拡大、個人消費の増大があります。2022年2月以降、マレーシア、インドネシア、フィリピンで東アジア地域包括的経済連携（RCEP）が発効となりました。発効済みのタイ、ベトナム、ラオス、カンボジア等に加えて、東アジア貿易でのAPAC新興国のプレゼンスがますます向上することが見込まれます。

⑧ 東証のPBR1倍割れ企業への改善要請

東京証券取引所がPBR 1倍割れの上場企業に対し、株価を引き上げる具体策の開示を求めています。策定が遅れた場合は"モノ言う株主"から「株価の割安を放置している」と判断されるリスクが高まっています。「低

■ **図表 14-9　1999年と2021年のコンシューマーテクノロジーの普及曲線**

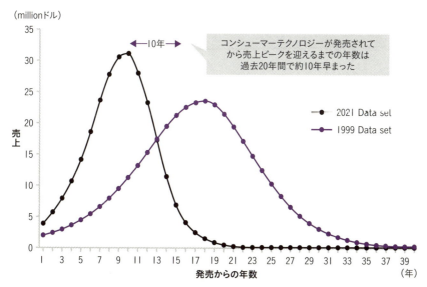

* The market potential of the 2021 data set is actually smaller than that of the 1999 data set (269m vs 363m, on average). The 2021 sales curve reaches this smaller potential much faster.

出所：Adoption Patterns over Time: A Replication, Gil Appel, George Washington University (2021)より抜粋

金利が続く限りPBRは改善されない」という認識が暗黙裡に共有されていた銀行業界も、東証から業界名指しで改善に取り組むことを要請され、PBR向上に着手せざるを得ない状況にあります。

⑨ テクノロジーライフサイクルの短期化

テクノロジーのライフサイクルは、過去20年間で短くなっています（図表14-9）。新しいテクノロジー普及の重要な条件は①要素技術の進歩②経済合理性③ユーザー側の受容の3つだと言われます。特にインターネット普及以降のデータ流通量の増大により、新技術に対するユーザーのリーチが年々容易かつ速くなっているのです。

■ **図表14-10　マクロ環境変化がメガバンク・地銀に与える影響の大きさ**

	マクロ環境の変化	メガバンク		地銀	
Politics	① ウクライナ情勢と中台緊張関係の常態化	大	- 地政学リスク発現時に影響を受けやすい金利・為替ポジションが相対的に大きい - 中国・台湾にオペレーションを有する	中	- 地政学リスク発現時に影響を受けやすい金利・為替ポジションが相対的に小さい - 影響の大きい海外事業は僅少
	② 米国のマネー・ローンダリング規制の強化	大	- 米国事業の収益に占める割合が相対的に大きく、マネロン対策コスト上昇で収益逼迫	小	- 米国事業の収益に占める割合は僅少
	③ 預かり資産ビジネスに関わる政策	中	- 預かり資産ビジネスの収益に占める割合が相対的に小さい	大	- 預かり資産ビジネスの収益に占める割合が相対的に大きい
Economy	④ 日銀植田新体制の動向	大	- 内外金利差に伴う円安が幅広く影響 - 長期金利上昇が国債の評価損と利息収入増に影響	大	- 内外金利差に伴う円安が幅広く影響 - 長期金利上昇が国債の評価損と利息収入増に影響
	⑤ 欧米中央銀行の歴史的な大幅利上げ	大	- 欧米主要国の債券は主要投資対象の一つとなっている	大	- 欧米主要国の債券は主要投資対象の一つとなっている
	⑥ ゼロゼロ融資の出口	小	- 全体の融資のうち、ゼロゼロ融資が占める割合は相対的に小さい	大	- 全体の融資のうち、ゼロゼロ融資が占める割合が相対的に大きい
	⑦ APAC新興国の経済成長	大	- APAC事業の収益に占める割合が相対的に大きい	中	- APAC事業の収益に占める割合は僅少 - 顧客である中小企業の一部はAPACに事業展開
So-ciety	⑧ 東証のPBR1倍割れ企業への改善要請	中	- 経営体力があり、株主還元率大幅引上げや自社株買い等による対応が可能	大	- 大規模な株主還元や自社株買い等の手段をとるには経営体力が不足しており、抜本的ビジネスモデル変革が必要
Tech-nology	⑨ テクノロジーライフサイクルの短期化	大	- 生成AI等の先端テクノロジーを活用した事業変革が可能な経営体力・規模	中	- 生成AI等のテクノロジーを活用した効率化は可能だが、顧客サービス変革に重要なデータの量・幅が十分ではない

産業

マクロ環境変化に関わるメガバンク・地銀の動向と課題

　事業ポートフォリオや規模などの違いから、図表14-10の通り、各マクロ環境変化による影響の大きさは、メガバンク・地銀それぞれ異なります。ここでは、メガバンク・地銀それぞれにとって影響が大きい変化に対して、足元における動向と課題は何なのか見ていきましょう。

メガバンクの課題概要

　国際情勢・政策金利・テクノロジー等の将来の不確実性が高まったことに加えて、これらの指数関数的な変化の加速が相俟って、経営意思決定の難易度は格段に上がってきています。かかる状況下、ポジティブ・ネガティブ両側面からの影響度見極めや打ち手検討と組織能力が不足しているように見受けられます。

メガバンク課題❶：テクノロジーの目利き力不足

　動向：IoT、クラウド、ブロックチェーン、量子コンピューター、生成AIなど、新しいテクノロジーが出現する度に、一つひとつに右往左往している様子が見て取れます。例えば、クラウドでは、テクノロジーやソリューションの特徴を十分踏まえることなく、大手クラウド3社のソリューションを各部署がバラバラに導入しているケースもあるようです。

　課題：自行の事業要件を踏まえて、何のテクノロジー・ソリューションを採用し、どのような規模・方法で適用していくのが最適かの判断ができていないと推察します。このようなテクノロジーとの向き合い方では、効果を最大化することは難しいと考えられます。

第14章 銀行

メガバンク課題❷：“受け身”かつ“守りに偏った”リスク対応策

動向：ウクライナ情勢はリスクが発現した後にトップリスクと定義し、ストレステストを行っているようです。また、地政学リスクなどの外的要因に起因して国内エクイティファイナンス市場環境が悪化したことを受けて、新たな投融資先を探索する動きが広がっています。

課題：ストレステストは、経営の健全性を維持できるかの“守り”の検証に留まっています。そのため、リスク発現時のアクションプランには能動的な“攻め”の観点が不足し、戦略的な対応が後手に回っていると推察します。

メガバンク課題❸：海外事業における経営意思決定の難度上昇

動向：海外事業の中でも、米国と東南アジアは、近年特に動きがあります。

米国事業の戦略はメガバンク3行で様々です。メガバンクの一角が、傘下の米国地銀を売却し、個人向け事業から撤退しホールセールに専念する戦略に切り替えました。一方、個人向けデジタル銀行を米国で新規開業したメガバンクもあります。東南アジアでは、メガバンク3行とも経済成長を取り込むための投資を増加させています。個人・法人のフルラインを志向して大型買収・出資を行う戦略が一般的です。足元ではローン事業の強化や、個人・中小企業向けを担う現地部隊の獲得を狙った買収や提携が増加しています。

課題：これまで拡大路線が続いていた海外事業も、足元の環境変化を踏まえて、事業の評価・再構築が求められます。

大前提として各市場固有の歴史的な背景・商習慣等を生々しく理解する必要がある上、海外事業における将来の不確実性が高まる中、

産業

タイムリーかつ適切な経営意思決定はますます難しくなってきています。

メガバンク課題❹：バイ・アンド・ホールド戦略が機能不全に陥るリスク

動向：有価証券運用に関しては、足元の長期金利上昇に対応して日本国債の金利リスクをヘッジする動きもあります。保有する外債の逆ザヤが急激に拡大した「外債ショック」への対応に追われ、証券投資ポートフォリオも見直しているようです。

課題：外債の場合は外貨調達コストが発生するため、調達コストが利金を上回る「逆ザヤ」に陥れば、運用を続ける限り構造的に損失が膨らんでいきます。確かに、欧米主要国の利上げ局面は最終段階を迎えつつあると見立てているエコノミストもいます。しかし、将来の不確実性が高まるマーケット環境の中では、従来のバイ・アンド・ホールド中心の証券投資戦略は、機能不全に陥るリスクを孕んでいるのではないでしょうか。

地銀の課題概要

地域の人口減少、地域産業の活力低下など、厳しい経営環境の中にあっても、構造改革は銀行業界の中でも遅れている地銀が多いです。加えて、追い打ちをかけるように、収益を圧迫する、あるいは競争が激化する事象が起きているのです。一方、国内金利の先高観から地銀の危機意識が薄らぎやすくなるため、新たな収益の柱を作り、組織能力を補完する等の経営改革が、さらに周回遅れになっていく可能性があります。

地銀課題❶：中小企業ビジネス収益の悪化

動向：ゼロゼロ融資の債務者資金繰りモニタリングや、借換保証・

日本政策金融公庫の資本性劣後ローンを含む協調融資等を提案し始めています。また、自力再建が難しい債務者の相談件数増加に対応して、企業の自力回復を支えて、不良債権化抑止を図っている地銀もあります。例えば、再生ファンドや事業再生コンサルタントとの連携や買収により、自行の中小企業再生支援の体制強化に取り組んでいます。一方、バブル崩壊後に匹敵する可能性のある不良債権案件量に備え、債権回収業者設立や買収など債権管理業務強化の動きも見られます。

課題：返済余力の乏しい中小企業倒産による不良債権増加や倒産を通じた信用コスト増に加え、融資需要低下に伴い収益機会を喪失します。また、ゼロゼロ融資は、"リスクフリー"かつ"収益性の高い"融資なため、返済されること自体が対顧客資金利益にマイナスとなります。

地銀課題❷：踏み込み不足な個人向けビジネス構造改革

動向：国内の低金利政策下において、長らく預金は店舗・人件費等多大なコストがかかる割には収益を生まない"お荷物"扱いされてきました。しかし、将来、日銀による政策転換とそれに伴う金利上昇が実現すれば、預貸の利ザヤが改善するため、預金が非常に重要な商品となります。それを見越して、預金金利上乗せキャンペーン等、銀行間で預金の獲得競争が始まっています。また、投資商品を扱う預かり資産ビジネスは、販売手数料を中心とする"フロー型"から、信託報酬等預かり資産残高に比例する"ストック型"への転換を進めています。メガバンクや証券会社から預かり資産営業の専門家を採用した富裕層専門部隊立ち上げや、豪華なラウンジ設置など、富裕層取引拡大を図る地銀も見受けられます。また、マス層に対しても、NISA口座を新規開設する顧客獲得を狙い、こまやかな営業体制強化

を行っています。ただし、"顧客本位"の業務運営の取り組み強化が一層進み、多くの地銀が預かり資産ビジネスの社内ルールの厳格化を進めています。

課題：地銀間で差があるものの、コスト対リターン向上を目的とした個人向けビジネスの構造改革が銀行業界内で相対的に遅れています。具体的には、店舗削減余地は大きく、デジタルチャネルの拡充はまだ緒に就いたばかりで、リターンの高くない顧客層にも人的リソースを大きく割いている状況です。一方、「顧客本位の業務運営態勢の強化要請」により、個人向けビジネス収益の多くを占めていた預かり資産ビジネスのリスク・コスト双方が大幅に上がります。かかる状況下、ネット系証券会社は当該要請の影響が軽微であるため、特にデジタル志向の資産形成層に対する競争力は大きく劣後していきます。従って、成り行きで、投資商品等プロダクトに閉じた営業スタイルのままでは、個人ビジネスの低迷は避けられません。

地銀課題❸：有価証券運用への高い収益依存

動向：預貸収益の減少を補うことを主目的として、図表14-11の通り、国債・地方債よりも相対的に高リスクな外債・株式・投信等の投資割合を増やしてきました。しかし、足元の"外債ショック"を受け、損切り等の対応をしています。なお、経営体力や運用体制に見合わない有価証券運用におけるリスクテイクをしている地銀も散見されます。

課題：マーケット環境の変化に起因し、地銀の運用体制で継続的に高収益を上げていくのは難しくなってきています。もちろん、運用体制には地銀間で大きな差があるため、一概に言えることではありません。一方、地域の発展に貢献することが、本来の存在意義であることを踏まえると、運用体制有無に依らずとも、過度な有価証券

■ 図表14-11　地方銀行の有価証券残高

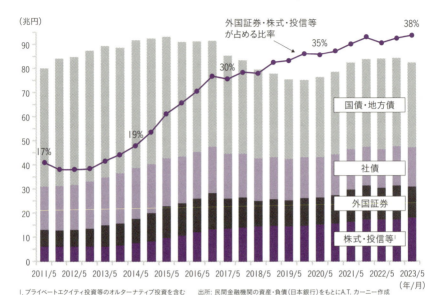

運用への収益依存は見直しが必要ではないでしょうか。

地銀課題❹：新たな収益の柱を作る組織能力の不足

動向：PBR向上要請に対して、株主還元強化に加え、RORA（Return on Risk-Weighted Assetsの略で、リスクアセット対比収益率のこと）等の計数指標を据えてリスクアセットからリターンを得るビジネスモデルへの適合に着手しています。採算性に対する行員の意識にも変化が生じ、案件ベースでの収益性底上げが図られている例も見られます。

課題：大規模な株主還元や自社株買い等の手段をとるには経営体力が不足しています。経営体力強化には、新たな収益の柱を作る等の抜本的ビジネスモデル変革が必要となりますが、現在の組織能力では実現可能性に不安が残ります。

産 業

共通の課題：制度疲労を起こした経営意思決定

　最後に、前述全てのマクロ環境変化に関わり、メガバンク・地銀に共通する課題を挙げます。これまでの銀行業界は、金融ビジネスにおける同質化競争に勝つことが最重要課題とされていたため、安全・確実・低コストの金融商品提供が競争力の源泉でした。従って、既存人材の大宗を占める「確実・効率的に実行するオペレーション力」を中心とした組織能力と、「いかにリスクを極小化するか」にフォーカスした経営意思決定が重要だったのは言うまでもありません。

　しかし、メガバンク・地銀ともに、市場・競合の双方が逆風の中で、成長余地を自ら創り出す必要が出てきています。そのため、現在の組織能力と経営意思決定だけでは、不十分となってきています。

マクロ環境変化によって生じる課題に対する打ち手の方向性

　これまで挙げてきた課題に対する打ち手方向性を"経営アジェンダ"として図表14-12のように整理しました。メガバンク・地銀の経営アジェンダ（図表14-13）について概観していきます。

メガバンク経営アジェンダa：テクノロジーの"目利き力"強化

　生成AIのような新たに生まれる破壊的なテクノロジーを適切に導入し、効果を上げたプレイヤが、金融業界で覇権を握るのは間違いありません。しかし、メガバンクが、テクノロジーを有効に活用するためには、ユースケース探索やソリューション導入の前に重要なことがあります。

　まずは、どのテクノロジーを採用するのかを見極めて、適用ルールのポリシーを作成し、ガバナンスを利かせることです。Microsoftが責任あるAI原則（図表14-14）を公表したことは参考になるでしょう。並行して、内

第14章　銀行

■ 図表 14-12　課題に対応する優先度の高い経営アジェンダ

	課題	経営アジェンダ
メガバンク	① テクノロジー目利き力不足	a テクノロジーの"目利き力"強化
メガバンク	② "受け身"かつ"守りに偏った"リスク対応策	b シナリオテストと戦略オプションの検討
メガバンク	③ 海外事業における経営意思決定の難易度向上	b シナリオテストと戦略オプションの検討
メガバンク	④ バイ・アンド・ホールド戦略の機能不全	c ダイナミックな証券投資ポートフォリオ戦略
地銀	① 中小企業の経営悪化による法人ビジネス収益減少	a リスクマネーの供給通じた事業リスク共有化による顧客価値向上
地銀	② 踏み込み不足な個人向けビジネス構造改革	b 個人向けビジネスの成長領域見直し・合理化
地銀	③ 有価証券運用への高い収益依存	
地銀	④ 新たな収益の柱を作る組織能力の不足	c 業務提携・再編も視野に入れた構造改革
共通	制度疲労を起こした経営意思決定	多面的な経営意思決定のためのガバナンス改革

■ 図表 14-13　経営アジェンダの主な論点と想定される打ち手例

	経営アジェンダ	主な論点	想定される打ち手例
メガバンク	a テクノロジーの"目利き力"強化	- これからの銀行の新規事業創出・既存事業伸長・業務効率化に資するテクノロジーは? - 各テクノロジーのユースケースに対する、実現の難易度や活用の有望度を正しく"目利き"するために不足している要素(組織・人材、等)は? - 上記の要素をどのように補完していくか?実現のタイムラインは?	- ポリシー作成によるガバナンス強化 - 必要な組織能力の特定、内製化要否判断 - 中長期ロードマップの策定
メガバンク	b シナリオテストと戦略オプションの検討	- 自行にとってモニターすべきリスク事象は何か - 発現時の戦略オプションが不足しているテーマは何か - どのようにシナリオテストを実施するか - シナリオテスト実施に必要な組織能力・工数はどのくらいか、人材・工数を捻出可能か - 捻出できない場合、外部組織能力の獲得による解決は可能か	- 地政学・海外金利動向踏まえたシナリオ・戦略オプション(含.前向きなもの)を再整理
メガバンク	c ダイナミックな証券投資ポートフォリオ戦略	- 世界中の利上げを背景とした、ダイナミックなポートフォリオ組替えが必要となる世界観で、求められる"次世代市場業務"のあり方は何か? - 上記次世代市場において、新たに発生するビジネスシーズは?イネーブラーとなる先端テクノロジーは? - 上記を支える組織・人材体制の獲得方法は?	- クリプトファンドビジネスへの参画 - ファンドを組成し、クリプトプロジェクトへ投資(株式・トークン等の取得) - 投資先をバリューアップし、キャピタル/インカムゲインを獲得
地銀	a リスクマネー供給通じた事業リスク共有化による顧客企業価値向上	- 積極的な投融資を通じて関与・支援していくべき業界は? - "点"(少数の有力企業への経営支援)に閉じることなく、"線"(地域横断での特定業界への集中投資)や"面"(特定地域での関係性が深い企業群への集中投資)の支援へとつなげるためには?	- 重要性の高い業界・地域への集中的な支援 　- 例:薬局業界に対して全国規模で出資し、調達・間接費等を削減して経営効率化 　- 例:観光地開発に向けて、ワインの主要生産地に集中投資(樽セラーの建設等)
地銀	b 個人向けビジネスの成長領域見直し・合理化	- 自行が注力アプローチすべき顧客は誰か? - アプローチ先に対して提供すべきサービスは何か? - 自行の差別化ポイントは何にすべきか? - QCD基準やその他評価軸に照らし、とるべきデジタルチャネル拡充オプションは何か?	- 特定属性に共通した悩みを解決できる知見を蓄積し、法人部門と一体化したコンサル提供 - ネット系プレイヤとの提携による顧客の確保・ローンなど金融商品への送客
地銀	c 業務提携・再編も視野に入れた構造改革	- 業務提携・再編を行うことでメリットを見出せる領域は?(トップライン・ボトムライン) - その具体的なシナジー(=提携・再編後に達成したい絵姿)とは何か? - 組み先候補の抽出基準・具体的なロングリストは? - ロングリストからの絞り込みの基準は?	- 地域間提携による相互補完や、再編・統合によるスケール確保によって提供価値の向上が見込まれる領域の洗い出し - 組み先候補のリストアップ、交渉開始
共通	多面的な経営意思決定のためのガバナンス変革	- 海外展開や新規事業推進といった、従来とは異なる戦略目標を実現するにあたっての組織能力の獲得・強化はできているか?(取締役会の在り方、サクセッションプラン、事業管理、人材・カルチャー) - 上記のうち、特に優先すべき改革は何か?	- 新しい事業モデルに合わせたサクセッションプラン策定、経営人材の育成・採用、事業管理方法の刷新

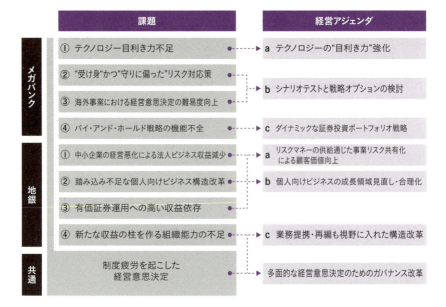

産 業

■ 図表 14-14　Microsoft による責任ある AI 原則の公表

公平性	信頼性と安全性	プライバシーとセキュリティ
– AIシステムはすべての人を公平に扱う必要があります	– AIシステムは信頼でき、安全に実行される必要があります	– AIシステムは安全であり、プライバシーを尊重する必要があります

包括性	透明性	アカウンタビリティ
– AIシステムはあらゆる人に力を与え、人々を結びつける必要があります	– AIシステムは理解しやすい必要があります	– AIシステムにはアカウンタビリティが必要です

出所: Microsoft HP

製化範囲の判断、必要な人材獲得や提携先探索、組織設計を行っていくことも重要です。

メガバンク経営アジェンダ b：シナリオテストと戦略オプションの検討

　メガバンクには、経営環境変化の先を読む難易度やスピードの変化を踏まえて、地政学・海外金利動向など自行に影響が大きいリスク事象が発現したら、プロアクティブに打ち手を講じることが求められます。そのためには、当該リスク事象には網羅的にシナリオテストを行い、戦略オプションを検討すべきではないでしょうか（図表14-15）。

■ 図表 14-15　シナリオテストと戦略オプション検討の論点例

大論点	中論点	小論点
ウクライナ問題長期化など地政学動向・日米金利差に伴う**円安長期化のリスクはヘッジできているか**	資金需要減などリスクが高い法個顧客はどこか	円安長期化によって資金需要減や劣化が見込まれる個人顧客セグメントはどこか
		円安長期化による弱体化に伴う信用コスト上昇が見込まれる企業群はどこか
	自行の事業機会は何か	円安長期化による産業の発展が見込まれる企業群はどこか
		上記企業群に対して自行がとるべきアプローチは何か／自行の収益増にどれほどのインパクトがあるか
FRBの利上げ／利下げ予想が短いサイクルで変動する中で、**自行はどちらのシナリオにも耐えうるか**	財務インパクトはどの程度か	利率変更に伴う外債・外国株式の価格変動による財務インパクトはどの程度か、また損失吸収力は十分か
		運用・調達の長短や金利の固定・変動のバランスは十分にとれているか
	大幅な利上げ／利下げによる事象に伴い、自行において必要なアクションプランは何か	迅速な資金ポートフォリオの調整（例：株の売却など）が自行の体制において可能か
		大きな評価損を計上する場合に備え、どのような方策で顧客・株主の不安を最小化するか
		海外金融機関の株価が大幅下落した場合、どの先をどの価格であれば買収に乗り出すべきか
自行ポートフォリオは**自己資本等の健全性規制・監督の厳格化に耐えうるか**将来的収益改善による**事業機会は捉えられるか**	自行のポートフォリオは十分に頑健か	複合的なリスクの同時発生に対して、健全性はどの程度維持できるか
		リスク耐性に加えて、株主から求められる収益性・成長性を維持できるアセットアロケーションか
	ポートフォリオを見直すことによって自行で発生する事業機会は何か	ストレス時に収益機会に転ずる、または他行比優位性を生むアセットをどの程度組み込めているか
		ポートフォリオの見直しによって将来収益はどの程度改善が期待できるか
		収益増による投資余力をどのように活用する

メガバンク経営アジェンダc：ダイナミックな証券投資ポートフォリオ戦略

　メガバンクは、マーケット環境の変化を踏まえて、今後は、ダイナミックかつ新たなアセットクラスへの投資・運用を実現することが必要です。それには、従来メガバンクが保有している「有価証券投資・運用手法のノウハウ」と、「先端テクノロジーや新たなビジネスシーズ」を組み合わせることで実現可能だと考えています。新たな競争優位獲得に向けた戦略シナリオロードマップを適切に描き、新たなビジネスシーズやテクノロジーを正しく理解し活用できる人材を獲得した上で、それらが活きる組織を構築していく必要があるでしょう。新たなビジネスシーズの具体的の例としては、クリプトファンドビジネスへの参画等が考えられます（図表14-16）。

産 業

■ 図表 14-16　市場ビジネスのよくある課題と取組例

	課題	検討すべき取り組みの例
戦略	経営環境変化を踏まえた次世代市場業務の在り方・全社的な協業の検討が必要だが、現業を抱えた担当者の関心は、足元の業務課題のため、革新的なアイデア創出が困難	新たな競争優位獲得に向けた戦略シナリオ・ロードマップ・ユースケース策定 - ユースケース洗い出し、評価・優先順位付け - 全体ロードマップと業務別ジャーニーマップ策定
	将来の市場環境の変化の見通しに基づく、戦略オプションが十分議論されていない、もしくは"守り"側の議論に留まっている	シナリオプランニングにより導出された"機会"に基づく戦略オプションの検討 - ストレステスト・RAFを"機会"の探索に活用 - 戦略オプションを洗い出し、市況を捉えて実行に移す
計画策定・実行	先端テクノロジーの理解が不十分なため実務レベルまでの落とし込みが困難	先端テクノロジーを活用した有望ユースケースのPoC計画策定・PoC実施
	クリプト等新たなビジネスシーズがあることは分かっているが、伝統的な証券投資とKSFが違うため、取り組みが進みにくい	ビジネスシーズを捉えた投資対象・手法・商品開発多様化に関わる有望ユースケース計画策定・実行
組織人材・インフラ	次世代市場業務では、これまでと全く違う組織体系・運営や組織能力、ITアーキテクチャーが必要なのは理解しているが、どこから手を付けていいか分からない	次世代市場業務を支える組織・人材設計 - 求められる組織能力特定と内製化要否検討 - 必要な組織能力をプールし、適宜適切に配置 次世代市場業務を支えるITアーキテクチャーロードマップ策定支援 - ITアークテクチャーの評価 - 最適なアーキテクチャー構築に向けたロードマップ策定

地銀経営アジェンダ a：リスクマネーの供給を通じた事業リスク共有化による顧客企業価値向上

　地銀は、一歩進んだ中小企業支援を通じ、相互に収益を確保できる状況を作り出す必要があります。そのためには、融資やコンサルティング・マッチング等に加えて、銀行のリスクマネーを供給し、顧客の事業リスクを共有化する必要があります。それによって、顧客の事業をこれまで以上

に"自分事"化し、経営により深く入り込む姿勢が求められます。

しかし、少数の有力企業を"点"で支援するだけでは、収益は当然に限定的となります。図表14-17のように"線"であれば"産業"の青写真、"面"であれば、"地域"の青写真を銀行自らが描き、それに沿った投資や非金融含めた支援をしていくのです。スケールを確保すれば、収益性を十分確保できる事業に成長する可能性があり、現在のように有価証券運用に大きく依存する必要もなくなります。

また、収益性のみならず、地銀の本来の存在意義という観点でも、このような支援を通じ、当該産業・地域全体を盛り立てていくことが重要ではないでしょうか。経営にとって、社会的意義が重視される潮流は不可逆的になっていると言われています。改めて、地銀が存在する意義に立ち返ることが必要です。

■ 図表14-17　地銀が提供する"点""線""面"の支援のイメージ

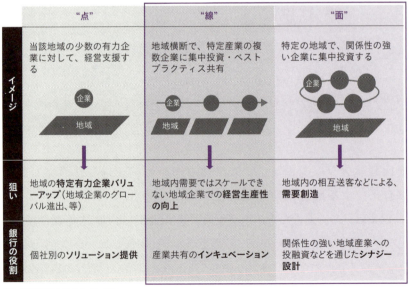

出所: 公表情報をもとにA.T. カーニー作成

産 業

地銀経営アジェンダb：個人向けビジネスの成長領域見直し・合理化

　地銀は、将来的な利上げも見据え、総合的なコスト対リターンの分析結果をもとに、人的リソースの投下に"緩急"を付け、顧客レイヤーに応じた営業戦略が必要です。

　"急"に当たる富裕層向けでは、"地銀ならでは"の視点として、より自行が知見を蓄積しやすい顧客層をメインターゲットと据えることで、メガバンク・外銀等競合との差別化を図ることができます。これまでのような「高齢者男性の富裕層」という粗い定義ではなく、ターゲットの解像度を格段に上げるのです。ターゲット例として、「特定業種の中小企業オーナー経営者層」等が挙げられますが、彼らは共通した深い悩みを持っています。当該ターゲットにフォーカスして、彼らの悩み、何をされると喜ぶか、大切にしていることなどの知見を蓄積していくのです。それらの知見を活用して、彼らの個人・法人双方の悩みを総合的に解決するような、法人部門と一体化したコンサルティングの提供を図っていくのも一案です。並行して、富裕層顧客共通のニーズを充たすため、海外プライベートバンクのようなライフイベントに応じた非金融ソリューション提供も、顧客との多面的な信頼関係を築くのに有効な方法です。海外ハイクラス校への留学情報、社会貢献事業等の案内などが一例です。

　一方、"緩"に当たるマス層向けでは、デジタルチャネルを中心とした情報提供・取引完結による利便性を追求することが重要です。コロナ禍を経て、地銀にとって取引シェアの大きな高齢者層においても、デジタル取引の浸透度が上昇したため、幅広い世代がデジタルチャネルを活用することができるようになりました。従って、どの地銀においても、最低限のデジタルチャネル・サービス拡充は必須となるでしょう。さらに、ネットバンク・メガバンク等との差別化のため、地域ならではの情報やネットワークを組み合わせることが、重要となってきます。

第14章

銀行

地銀にとって、デジタルチャネル拡充のステップは大きく分けて2つあります。まずは、自行がとりうるオプション（内製・委託・異業種プレイヤとの提携・地銀連合・M&A、等）を洗い出します。その上で、QCD（品質・コスト・納期）基準やその他評価軸に照らし、とるべきオプションを明確化していく必要があるのです。例えば、ネット系プレイヤとの提携による顧客の確保を通じて、ローンなど金融商品への送客を狙う、といった打ち手が考えられます。

地銀経営アジェンダc：業務提携・再編も視野に入れた構造改革

　地銀は、マクロ環境が激しく変化し、それに伴い必要な組織能力も移り変わる中、全ての事象に対し自行で完結することは、"量""質"の両観点から容易ではありません。このような環境下においては、いかにスケールを確保できるか、また地域間連携も含め、いかに"外"との相互補完関係を構築できるかが重要です。それによって、地銀間の雌雄が決することになるでしょう。自行内で閉じない話となるため一朝一夕に進むものではありません。しかし、業務提携や再編を通じて効果が上がると見込まれる領域の洗い出しや、組み先の絞り込み基準の策定をまずは進め、経営判断があればすぐに実行に移せる状態にしておくことが肝要ではないでしょうか。

> ## 共通の経営アジェンダ：多面的な経営意思決定のためのガバナンス変革

　最後に、メガバンク・地銀共通の経営アジェンダとして、変化する戦略目標を達成するために必要な組織能力とガバナンス変革の意味合いを示します（図表14-18）。

　これからの戦略目標は、持続的な成長を求めると、事業ドメインを非金

産　業

■ 図表 14-18　変化する戦略目標実現に向けたコーポレートガバナンス変革

	これまで	これから
戦略目標	金融ビジネスにおける同質化競争に勝つ	事業ドメイン or/and エリア拡大する戦略転換をして異質化競争に勝つ
組織能力	金融の確実なオペレーション力顧客ニーズの理解と課題解決・提案力	＋事業構想力＋非金融・デジタル
ガバナンス	リスク抑制するための規律付けの仕組み	＋戦略目標実現に向けた組織能力を迅速に獲得・強化する仕組み

コーポレートガバナンス変革のポイント

マネジメントモデル変革

- サクセッションプラン
- 取締役の最適配置

（＝一般的なコーポレートガバナンス）

事業現場・実態の変革

- 組織・事業管理の仕組み
- 人材・カルチャー

　融や直接金融等にも拡大し、エリアはデジタル化の加速等からこれまでの県域・国境を越えて、異質化競争に勝つことになっていきます。

　そうすると、組織能力は、これまでのものに加えて、顧客起点での事業構想力や、総合サービス化に向けた非金融やデジタルの知見や経験が高いレベルで必須になります。そして、必要な組織能力を獲得するための仕掛けとしてガバナンス変革を位置付ける必要があります。

　ガバナンス変革は、経営の意思決定の質向上を企図し、一般的なコーポレートガバナンスの枠組みであるマネジメントモデル変革が出発点になります。加えて、経営がいかに正しい意思決定をしても、それが現場に浸透して実行されなければ目的を達成できないため、実効性向上を企図した事業現場・実態の変革を併せて行う必要があります。

　具体的な打ち手としては、新しい事業モデルに適した多様な人材で構成される取締役会の設計・運用（図表14-19）、将来を見据えたサクセッション

第14章　銀行

■ 図表14-19　あるべき取締役会の設計・運用

	よくある	あるべき
メンバー構成	社内取締役：大多数を占める 社外取締役：戦略目標に直接関係がない スキルを持つ人材 （弁護士・会計士等）	社内取締役：CEO・COO・CHROのみ 社外取締役：戦略目標達成に向けて 必要なスキル経験を持つ人材
アジェンダ	個別審議事項の承認／否認だけで、 柔らかい段階で議論するアジェン ダがない	戦略目標を達成するための論点が明確に 洗い出された上で、平場の議論ができる アジェンダ設定
審議の仕方	社内の根回し前提の 「決まったことを確認する会議」 になりがちで社外取締役含めた 議論できていない	戦略目標達成に向けた、戦略オプションを 幅広く議論
議長の進行	波風が立たないように進行する 事なかれ主義	各取締役の意思の違いが明確化 されるまで、議論を深掘り
会議前アクション	社内取締役に限定して事前インプット	社内・社外取締役が役会前に審議事項 関連情報・データにアクセスして事前検討 審議事項背景の共有セッション開催

プランと、経営人材候補のプール確保がまずは必要です。また、戦略目標の達成度合いを測る指標・目標値を個人KPIにまでブレークダウンするなどの事業管理方法の刷新、中長期的視点に立った人材の育成・採用、さらには、多様な人材が互いを認め合い、失敗を恐れず新たな領域に挑戦できるカルチャーの醸成が重要です。

　ご承知の通り、伝統的な銀行は、優秀な人材と素晴らしいアセットを誇る一方、そのポテンシャルを十分に活かしきれていないと言われています。また、「銀行機能は必要だが、今ある銀行は必要なくなる」というビル・ゲイツの有名な発言から約30年経過しようとしていますが、読者の皆様は現在の銀行をどのように捉えていますでしょうか。同時多発的に起きている未曾有のマクロ環境変化によって、いま銀行は大きな岐路に立っています。国内金利の先高観に安堵するのではなく、ここでどのような戦略を策定・実行するかが極めて重要です。これまで概観してきたような経

産　業

営アジェンダに先手を打って取り組むことが、眠っているポテンシャルを解放し、「伝統的な銀行の復権」につながることを切に願っています。

執筆者

河野 修平（こうの しゅうへい）

A.T. カーニー　金融プラクティス　シニアパートナー

東北大学大学院卒。IBM ビジネスコンサルティングサービス（現日本 IBM）を経て、A.T. カーニーに入社。10 年以上の戦略コンサルティング経験を有する。金融機関を対象に、全社戦略、新規事業開発、営業戦略、IT 戦略、オペレーション改革など、幅広いテーマにわたり、数多くのコンサルティングを手がけている。加えて、様々な業界向けに、IT インフラ構想、デジタルケイパビリティの強化、デジタル投資評価など、テクノロジー分野のコンサルティングも行っている。

酒井 大輔（さかい だいすけ）

A.T. カーニー　金融プラクティス　プリンシパル

大手金融機関、日本 IBM 等を経て A.T. カーニーに入社。早稲田大学非常勤講師（2021 年）。

自身の原体験を拠り所にした「日本の金融を再び強くする」というビジョンに基づき、一貫して金融機関を対象に、金融および金融・非金融の融合、金融周辺事業に関わるコンサルティングに従事。長期ビジョン、成長戦略、先端技術活用戦略、IT 戦略、新規事業・サービス創成、営業戦略、地方創生などのプロジェクトを手がけている。

参考文献

・「実像新 NISA 序章　障害伴走へ事業モデル築け」『ニッキン』、2023 年 4 月 28 日
・「特集　逆襲の銀行 part1」『東洋経済』、2023 年 7 月 15 日号
・高橋克英「『何度トライしてもソッポ向かれる』日本のメガバンクの富裕層ビジネスが全然刺さらない 3 つの残念な理由」『プレジデントオンライン』、2023 年 3 月 21 日号
・「大手銀が富裕層開拓　三井住友信託は資産管理会社に出資」『日本経済新聞』、2023 年 7 月 5 日付
・「メガバンク、デジタル世代争奪　みずほが楽天証券に出資」『日本経済新聞』、2022 年 10 月 6 日付
・野村明弘「3 メガバンクがくみ取る金融庁の厳しい意向　顧客本位が口だけの金融機関は淘汰される」『東洋経済』、2017 年 7 月 31 日号
・「仕組み債、楽天証券も販売停止　三菱 UFJ 銀行も制限検討」『日本経済新聞』、2022 年 9 月 29 日付
・伊藤小巻、中道敬「三井住友銀が仕組み債販売を全面停止、証券業界でも見直し広がる」『Bloomberg』、2022 年 9 月 14 日
・「三菱 UFJ 銀行、スタートアップ投資に注力、独自の調査・分析で目利き」『ニッキン』、2023 年 6 月 2 日

第 14 章　銀行

- 「地銀、地政学リスク対策が課題、情報一元化へ専担部署」『ニッキン』、2023 年 2 月 10 日
- 「リスク管理への取組」『三井住友フィナンシャルグループ HP』
- 「トップリスク運営」『みずほフィナンシャルグループ HP』
- 「金利再起動（上）預金、再び獲得競争へ」『日本経済新聞』、2023 年 7 月 5 日付
- 伊藤純夫、萩原ゆき「国内金利上昇に備えを、金融庁が地銀トップに要請」『Bloomberg』、2023 年 1 月 27 日
- 安藤大介「〔特集〕逆風の銀行　損切りできるならまだマシ　ドル調達『逆ざや』の恐怖」『週刊エコノミスト』、2023 年 7 月 4 日号
- 「あおぞら銀行、地域金融の再生支援後押し、ファンド活用し 5 年累計 150 件へ」『ニッキン』、2023 年 7 月 14 日
- 「三重県内金融機関、コロナ関連融資・借換提案、百五銀行・1000 件実行」『ニッキン』、2023 年 6 月 30 日
- 「全銀協 5 委員長に聞く（中）　山下・業務委員長　輿水・市場国際委員長」『ニッキン』、2023 年 7 月 21 日
- 「3 メガ銀、9 年ぶり好決算　海外軸足、利ざや膨らむ」『朝日新聞』、2023 年 5 月 16 日付
- 「ゼロゼロ融資の後遺症　不良債権化に身構える銀行」『日本経済新聞』、2022 年 9 月 29 日付
- 「大手銀、脱炭素投資にかじ」『時事通信』、2023 年 6 月 29 日付
- 「愛知銀と中京銀、環境省中部事務所と脱炭素・ローカル SDGs で連携」『日刊工業新聞』、2023 年 6 月 29 日付
- 「百十四銀行、三菱自動車と協業、地銀初・EV 紹介など」『ニッキン』、2023 年 4 月 21 日
- 「全銀協、カーボンニュートラル・官民の取り組み更新、3 年計画見直し」『ニッキン』、2023 年 3 月 10 日
- 「特集　逆襲の銀行 part3」『東洋経済』、2023 年 7 月 15 日号
- 「【特集　ChatGPT　超・仕事術革命】--PART2　企業実装編 --メガバンク、製造業など大企業もアクセル　動き出した日本企業　生成 AI 活用の最前線」『週刊東洋経済』、2023 年 7 月 29 日号
- 「みずほ FG、新興向けデッドファンドを月内新設　総額 100 億円」『日刊工業新聞』、2023 年 7 月 21 日付
- 「内川三井住友 FG・CIO：AI、日本再成長のチャンスに」『時事通信』、2023 年 7 月 12 日付
- 「【第 1 特集　2023 年大予測】--Part3　産業・企業 --054　メガバンク　海外で相次ぐ出資・買収　成長の果実取り込めるか」『週刊東洋経済』、2022 年 12 月 24 日号
- 「特集 2　3 メガバンク最終決戦」『週刊ダイヤモンド』、2022 年 9 月 24 日号
- 「【第 1 特集　2022 年大予測】--2. 産業・企業　金融 --037　銀行　好調決算でも残る懸念メガは海外、地銀は再編へ」『週刊東洋経済』、2021 年 12 月 25 日
- 「2022 年度決算 投資家説明会」『三菱 UFJ フィナンシャルグループ HP』、2023 年 5 月 17 日
- 「2022 年度上期 投資家説明会」『三井住友フィナンシャルグループ HP』、2022 年 11 月 16 日
- 「2022 年度決算 会社説明会」『みずほフィナンシャルグループ HP』、2023 年 5 月 18 日
- 森雄一郎「米国におけるマネー・ローンダリング規制に重大な変更をもたらす法律の成立」『Jones Day』、2021 年 1 月
- 廉了「ビジネスモデル変革を迫る金融機関への巨額制裁金」『三菱 UFJ リサーチ＆コンサル

ティング』、2019年5月31日

- 「Four takeaways on BSA/AML reform under the Anti-Money Laundering Act of 2020 (2020 年マネーロンダリング防止法に基づく BSA/AML 改革に関する 4 つのポイント)」『Thomson Reuters』、2021年8月9日
- 山本祐実「東南アジアにおける金融のデジタル化推進の現状と示唆」『預金保険機構』、2022年11月15日
- 「迫る『有事』の全シナリオ　台湾リスク」『週刊東洋経済』、2023年8月5日号

第 **2** 編

業界横断テーマ

第15章

サステナビリティ

そのサステナビリティ経営は
サステナブルか

サステナビリティへの注目の高まり

"サステナビリティ"という単語をここ数年で頻繁に耳にするようになりました。言葉として聞いたことがないという方は少ないのではないでしょうか。サステナビリティは経営戦略の重要な要素として認識され、実際にサステナビリティをいかに企業経営に取り込むか、企業としていかに取り組むか、といった相談件数も増加しています。

サステナビリティという考え方自体は1990年代より一部で提唱され、先進的な企業では早くから取り組みが行われていましたが、一般に注目を集めるようになったのは2020年前後のように思います。2015年のSDGsやパリ協定の採択、2019年末からの新型コロナ禍、2021年にIPCC第6次報告書の発行等を契機として、気候変動対策を含むサステナビリティへの関心が高まっていきました。

業界横断テーマ

第15章 サステナビリティ

　日本においては、菅前総理による2020年の国会における所信表明演説における「2050年までにカーボンニュートラルを目指す」という宣言から、気候変動対策への関心が高まり、サステナビリティについても頻繁に耳にするようになりました。

　"サステナビリティ"には多様な要素が含まれ、また業界・個社によっても取り組むべき内容は異なります。ここでは、業界横断的な考え方として、そもそもサステナビリティ経営とは何か、サステナビリティ経営を志向するうえで理解すべき視点について語っていきたいと思います。

サステナビリティ経営はサステナブルか

　実際のところサステナビリティ経営とは何かを明確に語れる方は少ないように思います。企業の役員の方とお話していても、最近まで追加コストとしてしか認識しておらず、積極的に展開する必要性を感じていなかった、という声も聞こえます。また、特にグローバル市場との接点が多い企業ではサステナビリティへの意識が高まっている一方で、主に国内市場を主戦場とする企業ではサステナビリティに取り組む必要性について十分腹落ちしていない様子もうかがえます。

　サステナビリティ経営が何かを考えるときCSR経営との比較で考えると分かりやすいと思います。それぞれ明確な定義は無く、これらを区別せずほぼ同様の意味合いで使われることもありますが、その成り立ちも踏まえると、本来両者は全く異なる意味合いを持つものです。A.T. カーニーではサステナビリティ経営は事業活動と密接に関係する領域において社会貢献活動と経済的利益・合理性の両立を追求するものと捉えています。これは、事業活動との直接的な関係性が無い領域の方が尊ばれ、企業活動で得た利益を原資として寄付的な行為を行うCSR活動とは大きく異なるものです（「図表15-1　CSR経営とサステナビリティ経営の違い」参照）。

233

■ 図表15-1　CSR経営とサステナビリティ経営の違い

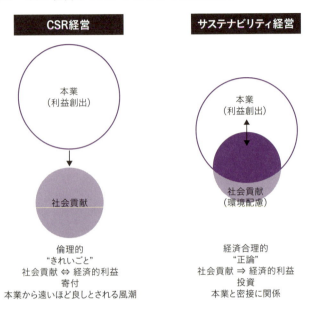

　CSR活動は本業で稼いだ利益を原資とするという特徴を持つため、業績の悪化に伴いその活動を縮小することがありますが、これでは持続可能社会の実現のための社会貢献活動自体がサステナブル（持続可能）とは言えないことになります。

　しかし実際には、従来あったCSR部門をサステナビリティ部門に看板を掛け変えただけで、サステナビリティ部門の担当者はCSR部門の頃と同様に事業活動や経営とは関係の薄い社会貢献への注力を継続するのみといった状況は比較的よく見られます。そうした状況では、サステナビリティ活動の検討主体が中核のコーポレート機能ではないことで戦略性の高い難題を解決するためのケイパビリティや、予算および社内におけるクレディビリティも不足し、事業活動と密接なサステナビリティ活動の実施に求められる緻密な実行ロードマップ策定を阻害することにもつながってしまいます。

では、本来のサステナビリティ活動はどのようにして経済合理性を持つのか、その目的別にいくつかの典型が見られます（「図表15-2　サステナビリティ活動による経済的便益の典型」参照）。

こうした典型が全ての企業に適用されるわけではなく、それぞれの業界や個社のポジショニング、対象とする市場の特徴、自社の戦略によって具体的な取り組みは変わります。むしろ、どんな企業であっても当てはまる取り組みの多くは、寄付的な取り組みであり、事業活動における経済合理性との両立を持った取り組みとは言えないケースが多いように思います（脱炭素や資源循環等は比較的業界横断で当てはまるものではあるが、その重要度や具体施策の優先順位は業界や企業によって異なる）。サステナビリティ活動は、本業と密接に関連し社会貢献と企業活動を両立させるからこそサステナブル（持続可能）な取り組みとなり、企業の変革にもつながるものとなります。サス

■ 図表15-2　サステナビリティ活動による経済的便益の典型

株価上昇	ー資本市場における格付の向上 ーESG投資マネーの呼び込み
売上増加	ーより持続可能な製品で消費者市場におけるブランド力の向上 ーコミュニティや政府との関係強化による新たな市場／リソースへのアクセス
コスト削減	ーエネルギーや水の消費量、廃棄物の削減 ーパッケージコストの削減 ー空輸からCO_2排出量の少ない海運への変更による物流コストの削減 ー補助金や政府支援の獲得 ー借入金利の引き下げ
生産性向上	ー従業員のモチベーションの向上 ー社会的信頼性の向上による優秀人材の確保
リスク低減	ー調達金利上昇の抑制 ー取引先との取引断絶リスクの低減 ー規制強化による戦略的自由度抑制の回避 ー安定的なサプライチェーンの維持（調達不能・コスト上昇リスクの低減）

テナビリティ経営はボランティアであってはいけません。

視点①：資本市場とサステナビリティ

　サステナビリティに取り組む目的としてまずよく耳にするものが、サステナビリティの取り組みによる株価上昇を通じた企業価値の向上という目的です。サステナビリティに従事する方の中では2022年に発表された「伊藤レポート3.0 (SX版伊藤レポート)」がよく参照されています。詳細は割愛しますが「伊藤レポート3.0」では、「企業のサステナビリティと社会のサステナビリティを同期化させるサステナビリティ・トランスフォーメーション (SX)」が提唱されており、そのコンセプトに基づいた投資家との対話の重要性が語られています。当該レポートには重要な提言が多く含まれていますが、ここでは「長期志向が重要であること」「社会課題はセクター内企業で共通のものであるため取り組みが共通化（非差別化）しやすこと」また「投資家においても評価の仕方への迷いから表面的・形式的な企業価値評価に留まりうること」といった、株価上昇を通じた企業価値向上を目的とするサステナビリティ経営の難しさが指摘されている点に着目したいと思います。

　投資家がサステナビリティを価値評価に取り込んで投資を行うESG投資は国内外でその規模を拡大し続けています（「図表15-3　サステナビリティ/ESG投資の動向」参照）。他方で、「伊藤レポート3.0」で指摘されるようにESGを含むサステナビリティに関する取り組みと株価パフォーマンスの関係については評価方法が定まっておらず、格付機関によるESG評価は評価ロジックが各社で異なり評価結果にもブレが見られるのが実情です。（「図表15-4　格付機関によるESG評価方法の違い」「図表15-5　同企業に対するESG評価機関による評価のブレ」参照）。

　格付機関の評価の他にも、サステナビリティへの取り組みと株価パフォーマンスの関係については多くの分析・研究がなされており、その中には

■ 図表15-3　サステナビリティ／ESG投資の動向

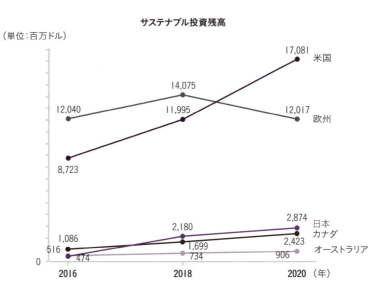

サステナブル投資残高

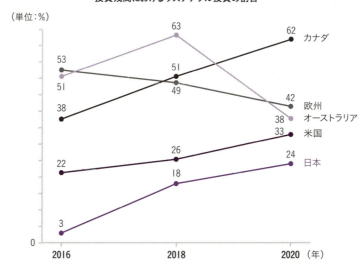

投資残高におけるサステナブル投資の割合

出所: GSIA Global Sustainable Investment Review 2020

図表 15-4 格付機関による ESG 評価方法の違い

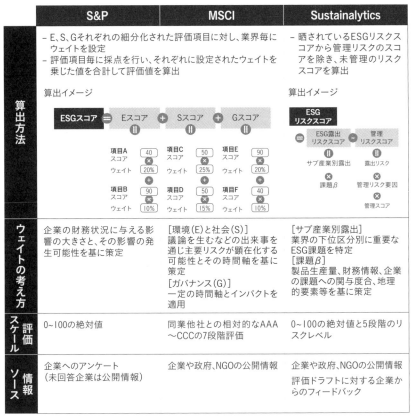

出所: S&P、MSCI、Sustainalysicsを基に、A.T. カーニー作成

メタ分析(複数の分析結果を、様々な角度から統合・比較等を行う「分析の分析」と呼ばれる手法)を行っているものも存在します。メタ分析の結果でも、多く分析で「(相関性について)ネガティブではない」とするものではありますが、サステナビリティへの取り組みと株価パフォーマンスについては未だに論争のある領域です。

また、サステナビリティへの取り組みと株価パフォーマンスの相関についての期待は日本の投資家と海外の投資家の間でも認識が異なっていま

業界横断テーマ

■ **図表 15-5　同企業に対する ESG 評価機関による評価のブレ**

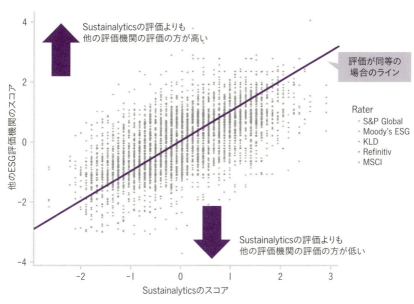

出所:「Aggregate Confusion: The Divergence of ESG Ratings」(MIT Sloan・University of Zurich、2022年4月15日)

　す。ESG投資における経済的リターンの期待値を国別に見てみると、従来型資本主義の恩恵を享受してきた先進国は経済的リターンの期待値が相対的に低めですが、その中でも日本は最も低い約20％程度の水準となっています（「図表15-6　ESG投資についての経済的リターンへの期待」参照）。ただし、リターンへの期待が低い割には、期待できないとする率も低く、これは他国と比べてサステナビリティ自体に対する理解・関心度が低いために、ポジティブ／ネガティブどちらの意見も持っていない層が相対的に多いとも解釈できる点には注意が必要です。

　株価上昇を目的にサステナビリティへ取り組むこと自体は否定されるものではありませんが、サステナビリティへの取り組みを評価する指標自体が未だはっきりとしないこと、またサステナビリティへの取り組みと株価

■ 図表15-6　ESG投資についての経済的リターンへの期待

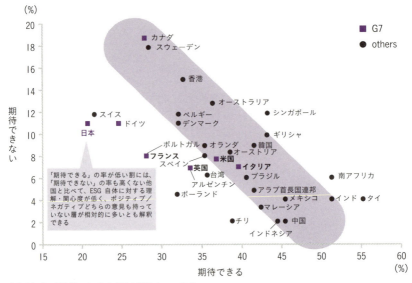

出所: Schroders Global Investor Study 2021よりA.T.カーニー作成

パフォーマンスの関係には議論があるうえ、特に日本の投資家は経済的リターンに対する期待値が低いことから、株価上昇を目的とする場合にはただサステナビリティに取り組めばよいわけではなく、株主との対話はより重要となります。実際に企業の内部と外部では、サスティナビリティにおいて重視する要素が異なっていることもあります。

加えて、評価方法が定まっていないことや経済性との関連の不明確さを背景にしつつ、最近特に米国においては反ESGの機運が高まっているとも言われ、一部の州では公的年金のESG運用を禁止する法案が成立、S&Pは定量評価の取りやめ（定性評価は継続）を発表し、運用会社ブラックロックのラリー・フィンクCEOはESGという用語を今後使用しない考えを表明するなどの動きに発展しています。民主党と共和党の政治的な思惑も背景にあるとされますが、安易なサステナビリティの模倣はかえってこうした反サステナビリティ、反ESGといった機運を後押ししかねない側

業界横断テーマ

■ 図表 15-7　Stanley Black & Decker のマテリアリティ・マトリクス

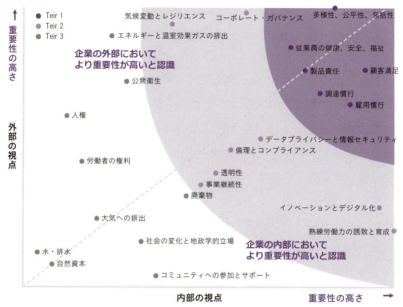

出所: Stanley Black & Decker 2022 ESG Report

面を孕むことが示されたと言え、真にサステナビリティに取り組むためには、経済性との両立はこうした観点からも必要になります。

視点②：消費者市場とサステナビリティ

　次に特にB2Cの消費財企業を中心に、サステナビリティ活動の目的として消費者市場におけるブランド価値の向上も多く語られます。しかしサステナビリティが本当に消費者の行動変容を促しうるのか、しっかりとした科学的・定量的な検証を行っている例は多くないように思います。

　確かにサステナビリティに配慮した製品や販売形態が消費者に評価された事例や、逆にサステナビリティに関する課題が提起され不買運動に発展した事例も存在します。サステナビリティが消費者市場におけるブランド価値に影響を与える可能性は十分あり、またSNSの普及はこうした影響

を拡大させうる側面も持ちます。

　では、どういった企業がサステナビリティを通じたブランド価値を向上させているのでしょうか。日経BP社が2020年よりESGブランド調査を行っています（「図表15-8　日経BPによるESGブランド調査トップ10の変遷」参照）。

　この結果は順位であるため相対的なものであり、単純な順位の上昇・下降のみには意味はありませんが、それでもいくつかの事象が見て取れます。まず3年間トップ10に入り続けているのは、トヨタ自動車、スターバックス、イオン、サントリーの4社しかないことです。たった3年でここまで順位が変動するのはサステナビリティに関するブランドイメージは良い方にも悪い方にもちょっとしたことで移ろいやすいということ、また十分なブランドイメージの確立には至っていないということです。次にこれらのブランドイメージがESG格付とは必ずしも一致しないという点も重要です。例として2022年のトップ10についてS&P Global ESG Scoreとの比較を行ったところ、トップ10内でも順位の逆転が見られる他、例えば自動車業界では日経BP ESGブランド調査において3年連続1位のトヨ

■ 図表15-8　日経BPによるESGブランド調査トップ10の変遷

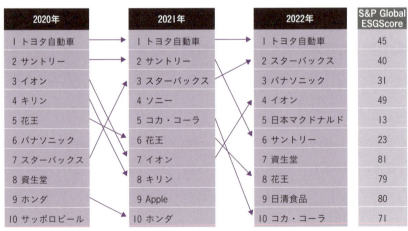

出所：日経BP第3回ESGブランド調査、S&P Global ESG Score

タ自動車よりも、2022年にはランク外となっているホンダの方がS&P Global ESG Scoreは76と高い事例もあります。

前述の通りサステナビリティの評価の仕方は定まっておらず、一方はイメージ調査、一方は企業活動の分析調査であるため、結果が異なることは十分にあり得ることですが、資本市場と消費者市場では何により評価を得られるかが異なることを認識することは重要です（そもそも企業ブランドと製品ブランドのどちらで認知されるか、それぞれがどのような認知経路を辿るか等も異なります）。また、多くの機関が消費者の意識調査を行っていますが、サステナビリティへの取り組みの必要性を理解・共感しているか、また実践を行っているか、購買時にサステナビリティを意識した商品選択を行っているか等の問いに対し、国別で見ると日本の消費者の回答は諸外国と比べてスコアが低い傾向にあり、そうした市場の違いへの理解も重要となります（ただし、日本市場でもいわゆるZ世代においては感度が高くなるという調査結果もあるため、検討には対象セグメントの観点も必要となってきます）。

サステナビリティ活動を通じて消費者市場でのブランド価値向上を目的とするのであれば、サステナビリティは消費者の信頼を勝ち取ると漠然と妄信するのではなく、どういったターゲットに対して何が評価されるのか、またその評価が消費者の行動変容に寄与するのかをきちんと科学的に検討・分析を行い取り組まなければ、効果実感に至らずやはり持続的な活動とならないといった帰結が想像されます。

消費者行動に関する科学的検証

消費者の行動変容に関する科学的な分析の観点で、2016年に米国科学アカデミー紀要（PNAS, Proceedings of the National Academy of Sciences）に掲載された論文「Online purchasing creates opportunities to lower the life cycle carbon footprints of consumer products（消費者製品のライフサイクルCO_2削減機

会を創出するオンライン購入）」が興味深い実験を行っています。この論文では、Amazonを模したサイトで商品を購入する際にカーボンニュートラルな配送オプションを様々な表現や条件で提示する実験を通じて、消費者の選択について分析を行っています。この実験では有料のAmazon Prime会員を想定し、追加料金なしで2日以内の配送（お急ぎ便）が提供され、もし急ぎでない配送（5〜7営業日）を選択すると次回購入に利用できる1ドルのクレジットが提供されるという環境を想定しています。そうした環境下で、①急ぎでない配送を選択時に1ドルクレジットの代わりにAmazonがカーボンオフセットを購入し配送をカーボンニュートラルにする、②急ぎでない配送を選択時に1ドルクレジットから一部を配送をカーボンニュートラルにするために寄付する、③配送をカーボンニュートラルにするため追加料金を支払う、という3つの条件提示の方法を試しています。このうち①については、当時のカーボンオフセットに必要なコストが1ドルよりも低かったため、コスト削減にもつながりうるものとして実験がなされています。

　この実験の結果、①では急ぎでない配送の選択率自体は1ドルクレジットの場合とほぼ同程度ではあったものの、重たい商品については、消費者が輸送によるCO_2排出量が増えると認識し、高い選択率が観察されています。②ではカーボンニュートラルな配送と次回購入時のクレジットの両方を得られるものであったものの、選択の複雑性が増したことでかえって選択率は低くなっています。③では追加料金がデフォルトで選択されている場合には約9割、デフォルトでは選択されていない場合でも約4割の消費者が追加料金の支払いを選択するという結果が得られています。また約3割の消費者はカーボンニュートラルなオプションを提示する事業者に対するイメージが良くなったと回答しています。

　この結果自体は、実験は2015年に米国で行われたもので、EC購買という限られた条件下のものでもあり、特に日本において必ずしも直接的に参

考になるものではありませんが、商品や条件の違い、コスト削減に寄与するかブランド価値向上に寄与するかと科学的にサステナビリティとビジネスの両立を分析しているアプローチは参考になるものです。

視点③：採用・労働市場とサステナビリティ

近年、デジタル人材やアナリティクス人材といった従来とは異なったケイパビリティを持つ希少人材をいかに採用するかは企業における課題の一つとなっています。それらに加え、従来価値観におけるいわゆる優秀人材の獲得も含め、人材獲得のためにもサステナビリティが重要だという認識が広まりつつあります。実際に海外では自社の事業がサステナビリティを軽視もしくは損なっていると自社を批判したり、退職するといった事例も耳にします。

では、日本の採用市場ではどうでしょうか。マイナビが新卒学生向けに実施した企業選択時のポイントについての調査では、サステナビリティに関連する項目として「社会貢献度が高い」は約2割が回答する比較的優先度の高い項目となっていますが、「女性が活躍している」や「SDGsに熱心に取り組んでいる」の項目は優先度が低い結果となっています。これは社会貢献性は大切だと漠然と考えているものの、サステナビリティ自体への具体的な理解・関心は必ずしも高くないということを示しているように見えます。（「図表15-9　学生が企業を選ぶときに注目するポイント〈上位3項目〉」参照）。

他方、社内に目を向けると社員に対するSDGsに関する意識向上策を行っている企業においては、モチベーションが高いという調査結果があります（「図表15-10　社員へのSDGsの告知・教育と社員のモチベーションの関係」参照）。これは、もともとサステナビリティについて何となく知ってはいても正しく理解するための機会が与えられることがまずは重要であり、加えて就職前に社会貢献が大切であると漠然と考えるのに対し、日々の自身の業務がど

■ 図表15-9　学生が企業を選ぶときに注目するポイント（上位3項目）

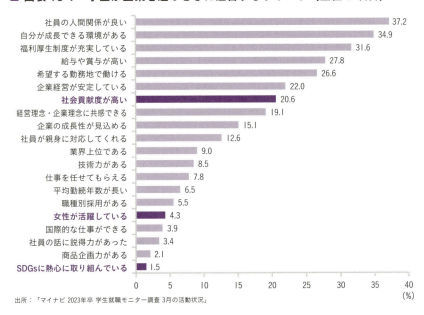

出所：「マイナビ 2023年卒 学生就職モニター調査 3月の活動状況」

■ 図表15-10　社員へのSDGsの告知・教育と社員のモチベーションの関係

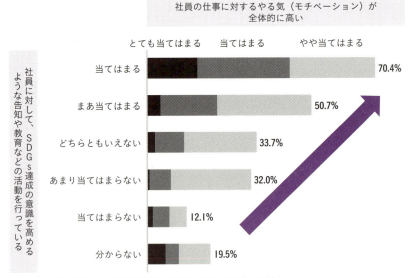

出所：「SDGsと社員のモチベーションに関する調査」（JTBコミュニケーションズ、2021年）

う影響しているか具体的に理解しやすいことが影響していると考えられます。

　現時点では優秀人材の獲得への影響は限定的で、従業員のモチベーション向上を主目的とする方が成果を得やすい状況と考えられます。しかし、今後についてはどうでしょうか。海外では日本以上に採用市場においてもサステナビリティの重要性が増して来ています。米HPが2019年に実施した調査において、働く企業の選定にサステナビリティが重要と考える率、またサステナビリティに取り組んでいない企業では働きたくないとする率は総じて高く、新興国においてより高い比率となっていますが、従来型資本主義の恩恵を受けてきた先進国においても無視できない率となっています。日本と諸外国の違いは、サステナビリティに関連する社会課題に実際に直面しているか否か、また教育を含めたサステナビリティに関する認知

■ 図表15-11　サステナビリティと企業選択の関係

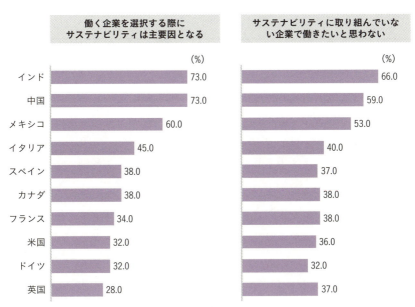

出所: HP Workforce Sustainability Survey Global Insights Report（2019年）

■ 図表 15-12　人助け、寄付、ボランティアに関する指数調査の結果

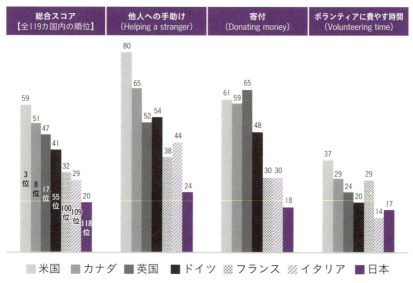

出所: CAF World Giving Index 2022

の歴史、文化的背景にあると考えられます。

　文化的な背景としては、人助け・寄付・ボランティアに対する関心が日本は他の先進国と比べても低く、CAFが毎年実施しているWorld Giving Index調査において参加国中で常に低い順位を取っています（「図表15-12 人助け、寄付、ボランティアに関する指数調査の結果」参照）。これは、総論としては大切だとしつつも、自らの時間や財を投じることについては消極的な文化を示しており、サステナビリティが真に根付き、自らの行動を変容する素地が元々は乏しいと言えるのではないでしょうか。

　日本においては、サステナビリティは近年特に耳にするようになりましたが、グローバルにおいて社会課題としてサステナビリティが提唱されたのは1990年ごろにまで遡ります。2015年に国連で採択されたSDGsの前身として2000年にMDGsが採択されたことは日本ではあまり認知されていません。温室効果ガス排出量の算定基準であるGHGプロトコルの策定

業界横断テーマ

第15章 サステナビリティ

■ 図表 15-13　サステナビリティ関連年表

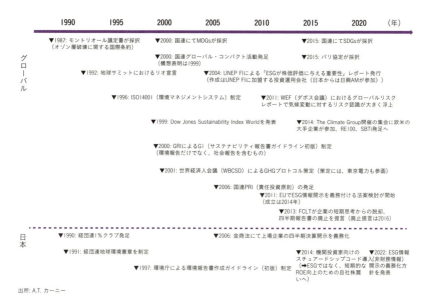

出所：A.T. カーニー

は2001年、国連PRIの発足は2006年等、サステナビリティに関連する様々な活動は諸外国の企業も参加し20年前後の歴史を持ちます（「図表15-13　サステナビリティ関連年表」参照）。

日本はサステナビリティ後進国とでも呼ぶべき状況にありますが、近年は学校教育でもSDGsが扱われるなどサステナビリティ・ネイティブ世代が日本でも育ちつつあり、文化的・歴史的に遅れてはいるものの将来的には日本の採用市場も海外の状況に追従しサステナビリティの重要性が増してくることが想定され、足元で影響が軽微だからと軽視すると将来しっぺ返しを食らいかねませんが、重要性が顕在化してから対応していては間に合わないため、市場の将来を見据えて取り組みを行っていく必要があります。

視点④：コスト削減とサステナビリティ

　サステナビリティと事業活動の両立を求める中で、最も分かりやすいものの一つがコスト削減です。サステナビリティに関する取り組みは追加的にコストがかかると思われがちですが、実際にはコスト低減につながるものも多くあります。ただし、コスト低減にはつながってもコスト以外の"代償"が必要になるケースが多く、その"代償"を許容できるか、するべきかの見極めがポイントになります。

　例えば、従来空輸を行っていたものを海運に切り替えると、一般的にCO_2排出量は削減され、また輸送コストも低減します。ただし、代償として輸送日数は延びることになります。従来の短い輸送日数を享受してきていると輸送日数の長期化には抵抗感があるものの、業務スケジュール・計画を適応させることで吸収できるものもあります。全てを否定するのでもなく、全てを受け入れればよいわけでもなく、輸送日数の長期化に対応できる製品や業務か否かの見極めが必要になります。

　もしくは、顧客への製品の納品について発注次第なるべく早く納品するのではなく、トラックが満載になってからの納品、パレット単位での発注、1週間以上前の発注等の条件を付けることで、積載率を向上させトラックの延べ走行距離を削減し、CO_2排出量の削減、輸送コストの削減につなげるといった事例もあります。代償として顧客の利便性は損なわれますが、それを過度に恐れるのではなく、利便性の悪化が顧客にとってクリティカルかどうかの商材の見極め、コスト削減の一部を割引として還元したり、顧客側で非財務情報として開示するCO_2排出量（Scope3）の削減につながる体制を構築するなど許容されうる条件を見極めていくことで実現可能になります。

　前述のAmazonを模した実験も、顧客へのリワードをコストの低いカーボンオフセットに変更することでコスト削減が可能な余地を示すものです。従来は次回購入時に利用できるクレジットを提供していたため、代償

250

としてリピート率の低下の可能性が考えられますが、カーボンニュートラルなオプションを提示することによるブランド価値向上、もしくは従来のクレジットのリピート率向上への寄与度の見立て、その見立てに基づく条件設定の見極めによって成立しうるものとなります。

　また、コスト削減とは異なるものの、部材や素材をサステナビリティを考慮したものに変更することにより生じるコストアップを、さらなる価格上昇によって収益性を向上させる例もあります。価格上昇は当然安易にできるものではありませんが、当該商品もしくはサービスの対象顧客セグメントの志向性等を踏まえ、価格上昇を伴う商品性の向上の競争力や受容性を見極めることで可能となるものです。

　いずれも、従来型価値観に基づき最適化されているビジネスプロセスやサービス設計に手を入れるものであり、内部・現業の担当者からはなかなか発想がしにくいものだと思います。他方で、サステナビリティ部門だけでは現業への影響の考慮や影響最小化の具体的な代替策立案が行いにくく、また現業部門の理解も得難いことが想定されます。こうした新たな価値観の具現化を企図する取り組みは、コーポレート部門主導で長期的・戦略的な視点と現業部門の創意工夫を組み合わせる必要があります。

まとめ

　サステナビリティをブームとして取り組むだけでは、十分な効果は見込めず収益性を悪化させるのみで、社内の信頼感を失い、最終的にはサステナビリティ活動自体が持続できなくなることが容易に想定されます。繰り返しになりますが、サステナビリティ経営はボランティアであってはならず、いかに事業活動との両立を図るかが肝です。そのためには、"社会貢献"のような耳障りの良い言葉で活動を安易に正当化したり、サステナビリティは市場の信頼獲得に寄与するという漠然かつ無批判な思い込みを排除し、科学的な検証アプローチによりその目的・期待効果を設定する必要

があります。また、その主導権はサステナビリティ部門といった特化した"出島"だけでなく、コーポレート部門や現業部門とも連携した組織が担うことが長期目線での経営管理・戦略実行のためには肝要です。今後の企業経営においてサステナビリティはもはや避けられない競争戦略の要素となってきていますが、日本企業がその本質に向き合い本気で変革を実行し、企業の成長との両立の中でサステナビリティが持続可能な取り組みとして推進されることを期待しています。

執筆者

筒井 慎介（つつい しんすけ）
A.T. カーニー　シニアパートナー
東京大学工学部卒。決済企業において IC カード事業の立ち上げ、人事制度改定を担当後、A.T. カーニーに入社。
2013〜2014年 経済産業省資源エネルギー庁出向。環境省某委員会委員。
電力会社や都市ガス会社等のエネルギー企業を中心に成長戦略、シナリオプランニング、リスクマネジメント、新規事業戦略等を支援。近年は、エネルギー企業に加え幅広い業界の企業に対し脱炭素を契機としたアセット管理、次世代燃料への移行、炭素除去への取り組みをサポート。

参考文献

・経済産業省「伊藤レポート 3.0（SX版伊藤レポート）」
・Global Sustainable Investment Alliance「Global Sustainable Investment Review 2020」
・「Aggregate Confusion: The Divergence of ESG Ratings」Florian Berg（MIT Sloan）, Julian F. Kölbel（University of Zurich）, Roberto Rigobon（MIT Sloan）April 15, 2022
・Schroders「Global Investor Study 2021」
・Stanley Black & Decker 2022 ESG Report
・日経BP「第3回ESGブランド調査」
・マイナビ「マイナビ2023年卒学生就職モニター調査3月の活動状況」
・JTBコミュニケーションズ「SDGsと社員のモチベーションに関する調査」
・HP「HP Workforce Sustainability Survey Global Insights Report」
・Charities Aid Foundation「World Giving Index 2022 A global view of giving trends」

業界横断テーマ

第 **16** 章

M＆A

相対的に堅調な日本M＆A市場と3つの変化

急落した海外M＆A市場と日本市場への期待

　2022年は、世界的な景気後退懸念や中央銀行による利上げに伴って、企業の買収余力が低下し、海外におけるM＆A市場は低調に終わりました。特に、欧米では前年比金額ベースで30～40％減少しました。

　そのような低調なM＆A市場の動向を踏まえ、欧米系の投資銀行は、2022年末から2023年にかけて、軒並みリストラを断行しています。具体的には、報道ベースでは、ゴールドマン・サックスが、2022年秋の数百人規模のリストラに加えて、2023年の1月には全社員の6％に当たる3,200人規模のリストラを発表しています。また、モルガン・スタンレーなどの競合他社も、全社員の2％程度の社員の削減を発表しています。近年急激に人員を増やし過ぎた反動とも言われていますが、いずれにせよ今後一定期間はM＆A市場が回復しないと見ている証左となっています。

2023年に入っても、1-6月期では、世界全体では、金額ベースで昨年対比35%減、米国は同40%減、欧州は同50%減と失速傾向は変わっていません。日本に目を向けてみると、日本市場も同様に縮小懸念がありましたが、1-6月期には、M&A件数は、過去最高であった2022年1-6月期から約12%減少した一方で、JIPによる東芝の買収（2.0兆円）や、産業革新投資機構（JICキャピタル）によるJSRの買収（約9,000億円）やアステラス製薬による米アイベリック・バイオの買収（約8,000億円）など大型案件も発表されるなど、金額ベースでは、比較的堅調に推移し、前年同期比約30%増えました。

　戦略コンサルタントとしてビジネスという側面から、日々M&Aに携わっている筆者の実感としても、大型案件に対して各PEファンドとも投資意欲は旺盛で、ビジネスデューデリジェンス開始に至るものだけでなく、潜在的な売り手候補に対する積極的な買収提案活動も継続的に行われており、我々多くの肌感覚とも一致しています。中小案件に関しても、依然としてM&A仲介会社から積極的な提案がなされているようで、投資の意欲は減退していないように見えています。PEファンドの人と話をしていると、日本国内のM&Aの状況や円安を背景に、海外投資家からLPとしての投資の話なども継続的に来ているようです。

　このように海外のM&A市場と比較して相対的に好調な日本のM&A市場に裏打ちされて、日本のプレイヤは、再度世界のM&A市場で戦う準備を進めています。日本の銀行各社が、M&A関連業務を相次いで強化しています。その一環として、グローバルのブティック系投資銀行を相次いで買収しました。具体的には、みずほ銀行がグリーンヒルを、三井住友フィナンシャルグループは、もともと資本提携していたジェフリーズの持ち分を最大15%まで引き上げています。

　このように海外市場ではM&Aが冷え込んでいる一方で、国内は相対的に堅調に推移していますが、その中でも、日本市場では新たな変化が起き

■ 図表 16-1　M&A 件数、金額の比較

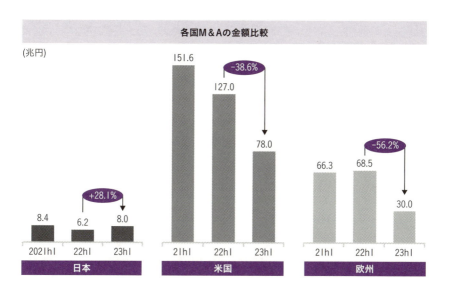

注1：各年為替レートは6末終値を採用し、日本円へ換算
出所：Mergermarket、Dealogic

■ **図表 16-2　2023年の大型M&A**

	公表日	買い手	買収/出資先	金額 (億円)	形態	出資比率
1	2023/03/23	日本産業パートナーズ（JIP）	東芝	20,009	TOB+少数株主排除	100
2	2023/06/26	JICキャピタル	JSR	9,039	TOB+少数株主排除	100
3	2023/05/01	アステラスUSホールディングInc. （アステラス製薬関連会社）	アイベリック・バイオ	8,007	買収	100
4	2023/08/02	伊藤忠商事	伊藤忠テクノソリューションズ（CTC）	3,882	TOB+少数株主排除	100
5	2023/06/13	ケネディクス・オフィス投資法人	ケネディクス・レジデンシャル・ネクスト投資法人（KDR）、ケネディクス商業リート投資法人（KRR）	3,779	吸収合併	-
6	2023/03/31	WHI Holdings現経営陣	WHI Holdings	3,500	MBO	-
7	2023/05/18	NTTアノードエナジー・JERA	グリーンパワーインベストメント（GPI）	3,000	買収	100
8	2023/02/10	いちごトラスト	ジャパンディスプレイ（JDI）	2,602	買い増し	78.19→91.57
9	2023/03/22	JERA	パークウィンド	2,164	買収	100
10	2023/07/31	マルチ・スズキ・インディア	スズキ・モーター・グジャラート（SMG）	2,092	買収	100
11	2023/04/28	みずほ銀行、日本政策投資銀行、三菱UFJ銀行	九州電力	2,000	出資拡大（優先株）	-
12	2023/03/27	三井住友銀行	VPバンク	1,831	資本参加	15
13	2023/04/27	キリンホールディングス	ブラックモアズ	1,692	買収	100
14	2023/05/12	SBI地銀ホールディングス	SBI新生銀行（SB地銀ホールディングス子会社）	1,543	TOB+少数株主排除	53.74→77.02
15	2023/06/21	KDDIカナダ（KDDI子会社）	アライド・プロパティーズ・リート	1,446	事業譲渡	100
16	2023/08/04	三菱UFJ銀行	USバンコープ（USB）	1,335	出資拡大	4.39
17	2023/04/27	MetroPacificHoldings・三井物産、海外交通・都市開発事業支援機構（JOIN）	メトロ・パシフィック・インベストメンツ（MPIC）	1,312	TOB・海外	100
18	2023/05/12	NX欧州	カーゴ・パートナー［Cargo-PartnerGroup HoldingAG］など63社	1,268	買収	各100
19	2023/03/28	ルンディン・マイニング	SCMミネラ・ルミナ・カッパー・チリ（MLCC）（ENEOSホールディングスグループ）	1,235	買収	51
20	2023/02/21	NS Canadian Resources Inc.（日本製鉄関連会社）	エルクバレーリソーシズ（EVR）	1,100	資本参加	10

ており、次節から3つのトレンドについて解説していきます。

①資本コストや株価への視線の高まりとアクティビストファンドの活動の活発化
②国内の買収案件のマルチプルの上昇とのれんリスク
③海外に活路を見出すM&Aの伸長

トレンド①　資本コストや株価への視線の高まりとアクティビストファンドの活動の活発化

　2023年は、企業に対して資本市場からの視線が強まった1年となりました。その象徴が、3月31日に東京証券取引所（以下、東証）から出された「資本コストや株価を意識した経営の実現に向けた対応について」です。

この提言の中では、ROEやPBRといった指標に言及するだけでなく、その目安としてROE8%未満、PBR1倍割れの企業に関して言及しつつも、上場企業全体に対し、「持続的な成長と中長期的な企業価値向上を実現するため、単に損益計算書上の売上や利益水準を意識するだけでなく、バランスシートをベースとする資本コストや資本収益性を意識した経営を実践していただく」ために、「取締役会が定める経営の基本方針に基づき、経営層が主体となり、資本コストや資本収益性を十分に意識したうえで、持続的な成長の実現に向けた知財・無形資産創出につながる研究開発投資・人的資本への投資や設備投資、事業ポートフォリオの見直し等の取組みを推進することで、経営資源の適切な配分を実現していくことが期待」されるとしています。

東証の分析によれば、日本（TOPIX500）にはPBR1.0倍以下の上場企業が約4割存在するのに対し、米国（S&P500）は0.5割、欧州（STOXX600）では約2.5割となっています。また、ROEが8%を下回る企業は、日本は約4割、米国は約1.5割、欧州は約2割となっています。このような状況を鑑みつつ、東証はPBR1.0倍割れやROE8%未満の企業だけでなく、上場企業全体に対し、現状分析に基づく改善計画の公表とそれらの進捗のモニタリング・更新を求めています。

このような対応に至った背景として、2014年に、経済産業省から「持続的成長への競争力とインセンティブ～企業と投資家の望ましい関係構築」（通称：伊藤レポート）が発行され、日本のコーポレートガバナンスに関し警鐘が鳴らされて以降、2015年には東証が「コーポレートガバナンスコード」（2021年に改訂）、2018年には金融庁が「投資家と企業の対話ガイドライン」を策定するなど、企業価値向上に関して様々な提言・レポートが発行されてきました。

このようにコーポレートガバナンスの強化や、資本コストを意識した経営の推進の強化は徐々に図られてきましたが、現時点では必ずしも投資家

■ 図表 16-3　企業価値向上のための各種提言

#	発表年月	提言名称	提言概要
1	2014/02	日本版スチュワードシップ・コード	機関投資家が、投資先の日本企業やその事業環境等に関する深い理解に基づく建設的な「目的を持った対話」（エンゲージメント）などを通じて、当該企業の企業価値の向上や持続的成長を促す「スチュワードシップ責任」を明示
2	2014/08	伊藤レポート	企業と投資家の対話による持続的成長に向けた資金獲得や企業価値の向上を志向し、ROE目標水準を8%とする等を提言
3	2015/03	コーポレートガバナンス・コード原案	『「日本再興戦略」改訂2014』に基づき、我が国の成長戦略の一環として策定されるもので、実効的なコーポレートガバナンスの実現に資する主要な原則を盛り込む（金融庁と東京証券取引所が共同で公表）
4	2015/06	コーポレートガバナンス・コード	上場企業が行うコーポレートガバナンスにおいてガイドラインとして参照すべき原則・指針を提言
5	2017/05	価値協創ガイダンス	企業（企業経営者）にとって、投資家に伝えるべき情報（経営理念やビジネスモデル、戦略、ガバナンス等）を体系的・統合的に整理し、情報開示や投資家との対話の質を高めるための手引を提言
6	2017/05	日本版スチュワードシップ・コード改訂	運用機関については、議決権行使や対話に重要な影響を及ぼす利益相反が生じ得る局面を具体的に特定等記載の更新
7	2017/10	伊藤レポート2.0	人的投資・IT投資を通じたイノベーション希求・競争力の源泉としての無形資産、ESG要素を含む社会課題解決を通じた企業価値向上の必要性を提言
8	2018/06	コーポレートガバナンス・コード改訂	最高経営責任者の選任と解任に関する客観的な記述の要請と、多様性の視点で企業執行役への女性・外国人登用の指針、政策保有株式の縮減を促したりするなど様々な指針を改訂の上、提言
9	2018/06	投資家と企業の対話ガイドライン	スチュワードシップ・コードおよびコーポレートガバナンス・コードが求める持続的な成長と中長期的な企業価値の向上に向けた機関投資家と企業の対話において、重点的に議論することが期待される事項を取りまとめ提言
10	2020/03	日本版スチュワードシップ・コード第2回改訂	企業年金のスチュワードシップ活動、ESG要素等を含むサステナビリティを巡る課題に関する対話における目的の意識等を新たに盛り込み
11	2020/11	デジタルガバナンス・コード	企業のDX（デジタルトランスフォーメーション）に関する自主的取り組みを促すため、デジタル技術による社会変革を踏まえた経営ビジョンの策定・公表といった経営者に求められる対応を提言
12	2021/04	コーポレートガバナンス・コード第2回改訂	新型コロナウイルスの感染拡大やDX推進の動きなどを経て、2021年4月に2度目の改訂がなされ、企業の持続的成長を促すために「人的資本」に関する情報開示という項目追加し提言
13	2021/06	投資家と企業の対話ガイドライン改訂	「投資家と企業の対話ガイドライン」改訂を実施し、取締役会の機能発揮、企業の中核人材における多様性の確保、サステナビリティを巡る課題への取り組みにつき改訂し、より良い議論の一助に
14	2022/08	伊藤レポート3.0（SX版伊藤レポート）	企業の経営戦略としてのサステナビリティトランスフォーメーション（SX）の実践、SXの実現に向けた具体的な取り組みなどサステナビリティへの対応を経営に織り込み、「稼ぐ力」を高めた企業価値の向上を提言
15	2022/08	価値協創ガイダンス2.0	SX実現に向けた経営の強化、建設的・実質的な対話を行うためのフレームワークとして改定し、SX経営強化提言
16	2022/11	デジタルガバナンス・コード2.0	「デジタルガバナンス・コード」へのデジタル人材の育成・確保をはじめとした時勢の変化に対応するために必要な改訂と、「DX認定」の認定基準や「DX銘柄」の評価・選定基準の変更
17	2023/03	資本コストや株価を意識した経営の実現に向けた対応について	中長期的な企業価値向上に向けて、経営者の資本コストや株価に対する意識改革の必要性を受け、BSをベースとする資本コストや資本収益性を意識した経営実現に向けた指針の取りまとめ

　の要求する水準を満たすものにはなっていない状況でもあります。そのような状況下で、潜在的な企業価値と現状の企業価値にギャップがある企業に対し、近年アクティビストによる株主提案が活発化してきています。かつては、アクティビストファンドは、一部の強硬なファンドが、少数の持ち分を基に配当の増加や自己株買い等を迫るという形が多かったのですが、ここ1～2年で比較的広範なアクティビストファンドからも株主提案がなされるようになってきました。

　以前からも、オアシスマネジメントやバリューアクト・キャピタル・マネジメントといったファンドが、東京ドームやJSRに対し、ガバナンス改革などを迫っていました。一方で、例えば、ダルトンインベストメンツは、これまで持ち分に基づいて経営陣と対話は進めるものの積極的に株主提案はしてこなかったのですが、本年から方針を変え、TOAや戸田建設

業界横断テーマ

■ 図表16-4　アクティビストファンドの提案状況

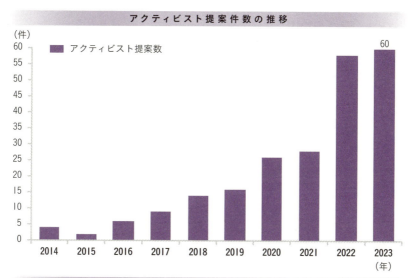

2023年上期の主な提案内容の一覧

アクティビスト	対象会社	提案内容
オアシス・マネジメント・カンパニー	クスリのアオキホールディングス	下記5つの議案を提案 - 取締役選任 - 定款一部変更（筆頭独立社外取締役の選任） - 定款一部変更（指名報酬委員会の設置） - 社外取の固定報酬減額 - 社外取の譲渡制限付株式報酬額 また、「クスリのアオキホールディングスのコーポレートガバナンス改善」発表
シティインデックスイレブンス（旧村上ファンド系）	コスモエネルギーホールディングス	-「買収防衛策承認」の反対 -「取締役解任」にて現社長再任反対
アセット・バリュー・インベスターズ・リミテッド（AVI）	NCホールディングス	下記3件を含む総会議案を提案し、賛成割合58.01〜69.56%で可決 - 定款一部変更の件（剰余金配当等） - 剰余金の処分の件 - 取締役（監査等委員である取締役を除く）に対する業績連動型株式報酬制度及び譲渡制限付株式報酬制度に係る報酬決定の件

注：2023年実績はYear To Dateの実績である点に留意

などに、低PBRや低ROEを根拠に自己株買いを提案しています。

　このようにアクティビストが活動を活発化している背景には、アクティビストに対する市場の見方も、変わりつつあることがあります。以前は、アクティビストファンドは少数持ち分を基に自社の利益のために企業に過剰な要求をする主体として否定的に見られることも多かったのですが、現在では、提案内容によっては、企業価値の向上に資することもあり、そのような場合には一般の株主も賛成するという流れがあります。例えば、東洋建設に対するYamauchi No.10ファミリー・オフィスによる取締役の提案は、多くが賛成され、取締役会の過半をファンドが推薦した方が選任されました。

　彼らは、ROEやPBRといった結果指標において収益性が低いと訴えるとともに、実際のサービスを利用したり、各種インタビューをしたりするなど足で稼いだ現場レベルでの改善余地についても言及し、適切な経営が

■ 図表16-5　価値診断フレームワーク

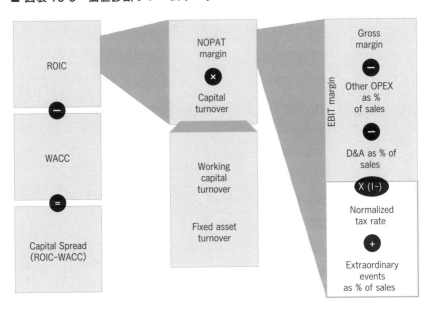

なされていないと主張し、株主還元策の強化を訴えることが多くなっています。

そのような提案に対しては、小手先の株主総会に向けた委任状の獲得競争だけでなく、本来的な企業価値の向上策を計画・実行することが求められます。今後は、そのような経営改革を腰を据えて実行するため、PEファンドなどと連携して非公開化するといった流れが起こっていくと感じています。実際に、2023年8月にベインキャピタルによる買収が発表されたT&K TOKAは数年前から複数のアクティビストファンドからの提案やTOBを受けていました。

トレンド②　国内の買収案件のマルチプルの上昇とのれんリスク

このような海外投資家による日本株への投資の背景には、日本株、日本の事業会社は、本来の収益力に対して比較的割安であるという見方もあり、国内で優良な案件に関して、ストラテジックバイヤーおよびフィナンシャルバイヤーによる買収競争は激化しています。

また、優良な案件に関しては、売却時にはほぼ入札プロセスとなり、大型案件であればストラテジックバイヤーに加えて、おなじみの米系のラージキャップのPEファンドが参戦します。そのため、以前と比べても、かなり強気な値付けをしないとビッドで勝てない状況になってきていると感じています。実際に、上場会社が非上場化した案件におけるEV/EBITDAマルチプルは、近年上昇を続け、2015年には8.6倍であったものが、2022年には11.8倍まで上昇しています。

実際に、2023年もA.T. カーニーは数多くの案件において、ビジネスデューデリジェンスを担ってきましたが、その中では、買収側において、対象会社が作成したマネジメント計画で想定する業績を超えるような事業計画を前提としていると思われる値付けをしている例も散見されています。

そのために、ビジネスデューデリジェンスのプロセスでは、マネジメン

ト計画における不確実性が高い部分や過大に評価されている箇所は割り引いて評価をする一方で、潜在的な買主が新たな株主となった場合に実現できるバリュークリエーションプラン（以下、VCP）について、ビジネスデューデリジェンスの段階から広範に検討し、それらを極力事業計画に織り込むという流れが強まっています。そのために、ビジネスデューデリジェンスの段階から、社内データの分析やヒアリングに留まらず実際のオペレーション現場を分析し、対象会社のオペレーションの実態を詳らかにして、その改善余地やその実現に向けた活動を定めるオペレーションデューデリジェンスを同時に実施することも増えてきています。

このように買収プロセスにおいては、潜在的な買い手間の競争が激しくなり、EV/EBITDAマルチプルが上がっていますが、一方で、買収後に当初の想定通りに事業運営できずに、破産や民事再生を申請する案件も増えてきています。例えば、2022年には、米系ファンドが投資していた自動車部品会社であるマレリHDが民事再生の申請をしています。ほかにも、2023年には、日系ファンドの投資先である飲食業のダイナミクスが破産したり、同じく日系投資ファンドの投資先である携帯端末メーカーのFCNTが民事再生の申請をしたりしています。結果として、2023年の4月までに倒産した企業の負債総額のうち、ファンド投資先が約4割を占めると言われています。

これらは、コロナ禍やウクライナ危機に伴うインフレーションなどの事前には予期しきれない事象が重なったこともありますが、一方で案件投資時の見通し、それに基づくハイレバレッジなスキームにも原因の一端はあることでしょう。

このような状況に鑑み、大手行の担当者は、レバレッジレシオ（借入れ金額が、EBITDAに対し何倍かを示す指標）が高い先で、当初の想定通りにキャッシュを稼げていない先には一定の貸し倒れを計上するとコメントしています。このような状況において、金融庁は、LBOローンがリスクマネーの

供与として有用であるとする一方で、そのリスクについて関心を高めています。そこで、金融庁は、2022年に、各金融機関を共通の審査項目で評価する水平レビューを実施し、入り口審査の在り方や期中モニタリングの在り方に関して論点を提示しました。また、金融庁は、LBOローン、特に大型案件において拠出主体であるメガバンクだけでなく、地方銀行などもLBOローンの実態に関してヒアリングを進めています。

このようにLBOファイナンスは、有用なリスクマネーとして認知される一方で、適切なコントロールが求められる中で、2023年前半には、各行ともに貸出金利を数十bp上昇させたとも言われており、ローンの種類によっては、350bp程度にもなっているとも言われ案件の入り口の制約が大きくなっています。ただ、一方で、LBOローンの貸し出し主体の多様化も進んでおり、そこまで貸出金利が上がった影響を受けていないという声や、案件の入り口で貸出金利が上がっても、投資後しっかりと経営ができていればリファイナンスできるので影響は緩和できているといった声も聞かれています。

このような環境下では、当たり前ですが、デューデリジェンスプロセスにおいて、コストをかけてでもしっかりとビジネスの評価をする必要があります。その際には、事業環境の評価や競争優位性の評価においては、どこまでリソースを割いても、結局は将来の評価であり、想定外の事象は必ず起こります。そこで、現時点では予測できないようなことが起こったとしても、それらに対応できるようなオペレーションの改善余地を正しく見極め、その引き出しをどれだけ用意できるかが重要です。そのためには、対象会社からの情報の開示状況にもよりますが、デューデリジェンス段階からオペレーションデューデリジェンスにリソースを割いて、収益改善策の具体化とその実現に向けた計画を持っておくことが重要です。

また、投資をするまでは経営陣のマインドシェアは非常に高いものの、いざPMI／バリューアップフェーズに入ると現場に任せ、マインドシェ

アが下がってしまうという例も枚挙にいとまがありません。投資は、M&Aの始まりにすぎず、デューデリジェンスプロセスにおいて策定した計画を必ず実現させるようなPMI／バリューアップ体制を早期に築き、そのトップを経営陣自らが務めることが重要です。特に1年目はコベナンツ（財務制限条項）の条件が厳しい案件も多くあり、そのような案件でもコベナンツヒットすることを避けるためにも、早期にPMI／バリューアップの体制を築くことが重要です。

トレンド③　海外に活路を見出すM&Aの伸長

比較的堅調に推移している日本のM&A市場においても、日本企業、特に製造業のIn-OutのM&Aは勢いを取り戻しています。In-OutのM&Aは、2021年には78件に減少し、2022年には95件になり、2023年には106件と対前年同期比で約12%増加しています。

■ 図表16-6　M&Aの目的

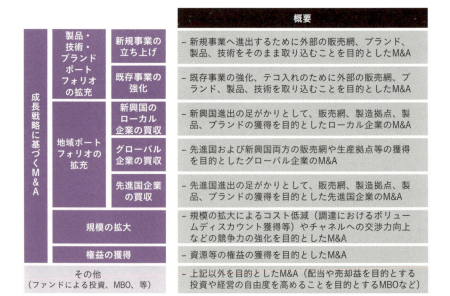

具体的な案件を見ても、2021年にはパナソニックによるブルーヨンダーの買収（約7,800億円）、2022年にはソニーによるバンジーの買収（4,100億円）など大型案件が続きましたが、2023年の前半もアステラス製薬による米アイベリック・バイオの買収（約8,000億円）のように大型案件が続いています。また、DICがフォトレジストポリマーのPCASカナダを買収したり、日立造船の孫会社が、カナダのナイアガラ・エナジー・プロダクツから使用済燃料や放射性廃棄物の乾式貯蔵容器の製造・販売事業を買収する等M&Aは活発でした。

一般に、（成長戦略に基づく）M&Aの目的は4つあると言われています。

このうち、In-OutのM&Aの多くは、海外における販売網や製造拠点、製品・ブランドを手に入れて地域ポートを広げることになりますが、In-OutのM&Aは、In-InのM&Aに比べてリスクは高いです。これまでも、多くの日本企業がリスクを覚悟で、海外で大型買収を実施し、成長を実現した企業がある一方で、M&Aの数年後には大型の減損をしたり、結果的に事業撤退するような例は枚挙にいとまがありません。例えば、近年でも日本郵政によるトールの買収、東芝のウエスチングハウスの買収、第一三共のランバクシー・ラボラトリーズの買収などは、結果的に大きな減損を出しています。

In-OutのM&Aは、デューデリジェンスおよびその後のPMI／バリューアップそれぞれにおいてIn-InのM&Aとは違った難しさを内包しています。自社の本業に近いビジネスであれば、ビジネスの中身を十分理解していると考え、自前でビジネスデューデリジェンスをするというストラテジックバイヤーは多いと思います。確かに、国内の同業他社や近隣のバリューチェーンの企業であれば、普段の業務の知見を基に正しく評価できるかもしれません。一方で、In-OutのM&Aの場合には、同業であっても、ターゲットとなる会社が事業展開している地域のマクロ環境読みひとつとっても、日本の場合とは前提や環境が大きく異なり、過去の知見が直接的に

は生きないことも多いです。また、現地の生々しい顧客ニーズや商慣習の違いなどについても十分に精査しきれないこともあります。また、ターゲットとなる会社のマネジメントにインタビューをしても、国民性の違いなどもあり、詳細な現状の課題や問題点、それらに対する解決策をヒアリングできず、将来のバラ色の計画を語られるということも多くあります。

　加えて、投資ができたとして、その後のPMI／バリューアップ工程においても、In-InのM&Aとは違い、言語の壁がある中で、短時間で相手の会社を大きく動かしていくということが求められます。

　In-OutのM&Aをする際には、そのような難しさ・限界を理解した上で、デューデリジェンス段階から、進め方を特に綿密に設計しなければいけません。例えば、当該事業に精通していると思われる場合でも、地理的な違いを理解するために、ビジネスデューデリジェンスチームに外部の専門家を入れて、マクロ環境や当該国独自の制約などを評価してもらったり、マネジメントインタビューは、In-InのM&A以上に頻繁に設定してもらい、先方のマネジメントの問題意識、方針を徹底的に引き出すなどが必要です。また、それでも、全てのことは把握できず、想定外のことが必ず起こるという前提に立って、In-InのM&Aの場合以上に、ダウンサイドケースとしてどのようなケースが考えられるのか、そのようなケースが起こった場合には、どの程度まで業績が下振れる可能性があるのかということの議論に十分な時間を使う必要があります。

　また、想定外のことが起こるという前提に立ち、ターゲットの会社が考える事業計画を評価するだけでなく、自分たちが買った場合に、追加的にできる打ち手のオプションを極力幅広く出しておくことも重要です。

　買収後に、海外の会社を統合していくには、事業を理解している人材だけでなく、PMIできる専門人材が必須となってきます。ただ、海外において文化や習慣が違う会社を短期間で統合して経営できる人材は、よほど海外M&Aの経験を持つ企業を除き、現状では、十分社内にいない可能性が

高いと思います。そこで、近年、いくつかの総合電機メーカーなどは、外部からM&Aの専門家を引き抜いて内部で体制を作ろうとする動きが本格化してきています。そのような場合には、彼らの専門性に鑑み、処遇や評価体系、昇進の在り方など、従来の社内の仕組みとは違ったものを用意し、運用する必要があり、経営陣が本気で取り組まないと簡単には進まないものです。

このように、2023年前半は、米州・欧州におけるM&A市場は大きく落ち込んだ一方で、国内は件数こそ減ったものの、大型案件などもあり金額ベースでは増加するなど堅調に推移してきました。その裏側では事業会社、PEファンドとも依然として投資意欲は旺盛であると感じています。

ただ、日本市場においては年々EV/EBITDAマルチプルは上昇しており、買収後の減損リスクも上昇しています。また、海外勢のM&Aが滞っている中で、日本企業が海外の優良企業を買収して、海外で成長を目指す機運は高まっていますが、それには一定のリスクも孕んでいます。

■ 図表16-7　In-OutのM&Aの留意点

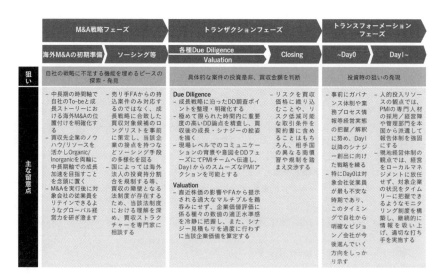

そのため、相応にチャレンジもあることにも留意をした上で、M&A戦略の熟慮、ビジネスデューデリジェンスでの精査、PMI／バリューアップの徹底をしていただければと思います。

執筆者

久野 雅志（くの まさし）

A.T. カーニー　シニアパートナー、PEMA プラクティス リーダー

東京大学法学部卒。中央省庁の官房企画部門にて、法令審査や国会対応、規制改革など業務を担当後、A.T. カーニーに入社。ビジネスブレークスルー大学 客員教授。

PE ファンドや事業会社の M&A を、M&A 戦略の策定からビジネスデューデリジェンス、PMI・バリューアップまで一貫して支援。また、消費財、小売・外食領域において中期経営計画策定や事業戦略策定、オペレーション改善など企業の変革をサポート。最新の著書に、『最強のM&A』(東洋経済新報社) がある。

上杉 康登（うえすぎ やすと）

A.T. カーニー　PEMA プラクティス マネージャー

東京大学工学部および工学系研究科卒。国内大手コンサルファームにて、製造業のクライアントに対する技術調査や新規事業立案に従事した後に、A.T. カーニーに入社。

PE ファンドや事業会社の M&A をサポート。また、ハイテク／自動車領域を中心に事業戦略の策定やオペレーション改善にも従事。

参考文献

- REUTERS「世界の M & A、6月は前年比6％減の2,454億ドル 上期は35％減」 2023年7月20日
- MARR オンライン 「1-6月期の M&A 件数は12.5％減。金額は19.3％増、国内投資ファンドの案件が大型化」 2023年7月5日
- Deal logic
- Merger market
- 東京証券取引所「資本コストや株価を意識した 経営の実現に向けた対応について」
- 伊藤邦雄 『企業価値経営 第2版』(日本経済新聞出版)
- 『日本経済新聞』2023年6月2日付「ファンド投資先の破綻増加 負債総額、倒産企業全体の4割 コロナ・物価高で計画達成難しく」
- MARR「LBO ファイナンスの貸出金利は上昇、課題となる投資家層の拡大」2023年7月18日
- MARR「注目の2023年6月定時株主総会でのアクティビスト活動の総括〜株主提案数は過去最多を更新」2023年7月27日
- 金融庁 「2022事務年度 金融行政方針」

業界横断テーマ

第 **17** 章

E2Eオペレーション改革

バリューチェーン全体のレジリエンシー
向上にはE2E視点が不可欠に

　あらゆる産業を取り囲む世界的な乱気流（Global Turbulance）に対し、経営のレジリエンシー向上とCarbon Neutralityへの対応が喫緊の課題となる中、事業のバリューチェーンをEnd to End（E2E）のオペレーションとして統合的に捉える重要性が急速に増しています。

　各地に燻る地政学的緊張の高まり／顕在化、より加速化する自然災害の発生、技術革新の加速に加え、企業活動・消費者行動の両面に不可逆の変化をもたらしたCOVID-19が、同時多発的な世界的乱気流としてビジネス環境に影響を及ぼしています。

　例えば、地政学的緊張の高まり／顕在化として、ロシアのウクライナ侵攻による資源価格高騰による世界的経済への影響は目新しいものですが、その他にも、例えば2018年トランプ政権による中国製品への関税率25%適用に端を発した米中貿易摩擦は、米国／中国企業のみならず、米国向け製品の中国から他国への製造拠点移転を余儀なくされる日本・他国企業にも大きな顕在リスクとなりました。これにより、移転先の主要候補として

■ 図表 17-1　経営を取り囲む世界的な乱気流

存在感を増した東南アジアでは、2001年よりルートが構想されてきたものの進展の芳しくなかった、中国−ベトナム／タイへつなぐ「南北経済回廊」、ベトナム−ミャンマーをつなぐ「東西経済回廊」および「南部経済回廊」の3経済回廊の物流動脈が急速に進み、東南アジア諸国および拠点移転を進める他国企業へも正の経済効果を生み始めています。

また、上記の米中貿易摩擦、およびシルクロード沿線の経済圏構想である中国の「一帯一路」戦略の行き詰まり、またそれに先んじた2016年の米国TPP（環太平洋パートナーシップ）離脱が、2020年のRCEP（東アジア地域包括的経済連携）の合意・締結を早めたとも捉えられます。RCEPは、日中韓、ASEANおよびオーストラリア・ニュージーランドの15カ国による巨大自由貿易経済圏として世界の人口・GDPの30％をカバーし、日本にとっては中国・韓国との初めての経済連携協定となりました。しかし、日本が対中対抗軸として参加を働きかけてきたインドは、中国企業・製品からの国内産業保護を重視し、最終的にはRCEPへの参加を見送る結果となりまし

た。これら、米・印に代表される国内産業・内需回帰の保護主義潮流は、当然のことながらCOVID-19による各国間経済の非流動化も後押しとなったことは言うまでもありません。

A.T. カーニーでは2021年に "Navigating Disruption with a Resilient Global Value Chain Survey" として調査を実施し、400以上のグローバル企業の経営層に対し、これら地政学的緊張、自然災害、技術革新、COVID-19の世界的乱気流が5年以内に自社バリューチェーンにディスラプティブ（破壊的）な影響を与えると想定しているかを問いました。結果として、各要素それぞれについて70〜80%の経営層が破壊的影響を想定しており、またどれか一つでも破壊的影響を想定し対策が必要と捉えている経営層は88%にも及んでいます。

これら一つひとつの事象は、従来の経営戦略におけるシナリオプランニング上では、シナリオの分岐点となる"希頻度リスク"として、リスク発現時の経営オプション検討のためのリスクシナリオ内で取り扱われてきたものの、同時発生の想定は困難であり、またあくまで発現時の対応として"対処療法"用に想定されていたにすぎません。しかし、近年の世界同時多発的なビジネス環境変化の乱気流を経験した今、グローバル企業としては"対処療法"として Source（調達）、Make（製造）、Deliver（物流）のバリューチェーンを Plan（戦略検討）し直すことに加え、"事前対策"として今後の変化へのバリューチェーン柔軟性とレジリエンシー（耐性）を高める必要性が増していることを示しています。

そのためにも、①現バリューチェーン上の各リスク分布および耐性の可視化／把握、②コストバランスの見合うリスク耐性の高い＝レジリエントなバリューチェーンへの事前転換、その上でさらに、③リスク発現の端緒をいち早く掴みバリューチェーン上のインパクト想定とその抑制対応をより早く実行できる柔軟性、のオペレーショナルな確保が重要な喫緊の経営テーマとなっています。これらは、従来の Source、Make、Deliver の各オ

■ 図表17-2　近年の世界的な乱気流の実例

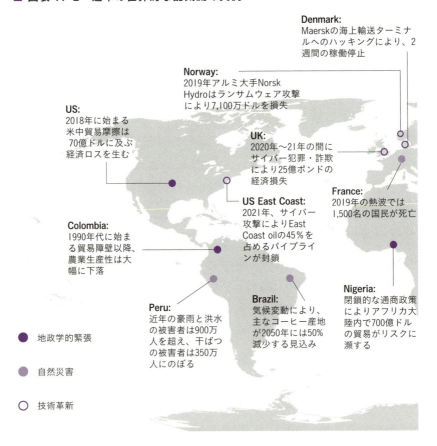

出所: Kearney analysis, New York Times, Security Affairs, BBC, Los Angeles Times, Microsoft, Foreign Policy, Reuters, Worldwide, Al Jazeera, Voice of America News, Australia and New Zealand Banking Group, Bloomberg, Verisk

ペレーション戦略による個別最適から、バリューチェーン全体を俯瞰した経営視点としてのE2Eオペレーションへ捉えなおし、CXO直下で全体最適のPlanへと転換する必要性を意味しているのです。

　例えば、あるグローバル製造メーカーでは、顧客接点である営業・マーケティング側での地域・製品ポートフォリオの需要予測は営業目標・計画への活用に加え、生産側へ受け渡され既存製造拠点における生産計画、設

272

業界横断テーマ

Germany:
2021年、西ドイツと東ベルギーを襲った洪水では200人を超える死者が発生

Ukraine:
ロシアによる侵攻は5,600億ドル超の国内損失に。世界のエネルギーコスト増の引き金にも

Iran:
2019年の洪水はテヘランに22億ドルの損害を

India:
中国への牽制、国内産業保護により、世界経済の3分の1を占めるRCEP協定の交渉から離脱

Russia:
ウクライナ侵攻以降、各国からの経済封鎖により輸入品は枯渇

China:
米中摩擦はもとより、冬季五輪の、米、英、豪、加による政治的ボイコットなど、摩擦は加速

Japan:
2019年の台風・水害被害額は、2兆円以上と過去最大を記録

Taiwan:
2021年、Acerはランサムウェア攻撃により守秘情報を人質に5,000万ドルの身代金要求を受ける

Indonesia:
ジャカルタの地盤沈下、沈没が現実的に。新首都ヌサンタラとしてボルネオ島へ首都移転

Australia:
2019～20年の森林火災では800万ヘクタールの土地が焼失

The Economist, NBER, The Moscow Times, AIR

第17章 E2Eオペレーション改革

備投資計画、調達計画のベースとして活用されてきましたが、この需要計画は時に営業目標をストレッチさせる狙い・性質も持ち、また需要に応え逸失売上／利益の発生を抑える生産側への要請を暗に含みうるものでした。結果、この営業側での需要計画には、より中期での投資計画、SCMを必要とする生産・調達側で想定すべきリスクを十分に織り込めていない／精度が十分でないものとなっており、この計画を基にした生産計画、設

■ 図表 17-3　グローバル企業の経営層の破壊的リスクへの懸念

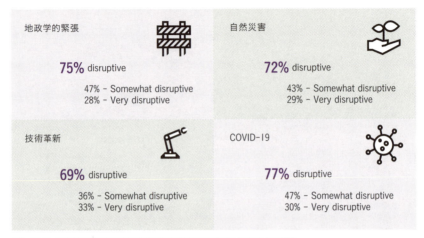

出所：Kearney, Navigating Disruption with a Resilient Global Value Chain Survey (January-June 2021)

https://www.kearney.com/service/operations-performance/article/-/insights/the-resiliency-compass-navigating-global-value-chain-disruption-in-an-age-of-uncertainty

■ 図表 17-4　End-to-End (E2E) バリューチェーン

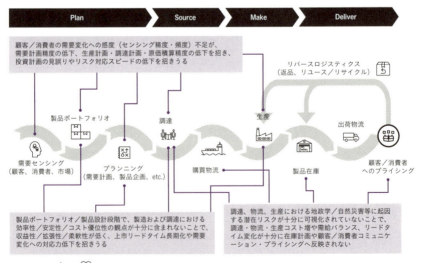

備投資計画を過大なものとし、また需要減退リスク発現時の対応を遅らせる要因となっていました。さらに、生産・調達計画の精度低下は、積算原価の読み誤りに加え、その原価想定を基にした営業側でのプライシングの非最適を生み、一層の収益性悪化を生み出すものとなっていました。この場合、生産側における生産計画、設備投資計画の精度を高めるだけでは、需要減退時の対応を早めることは困難であり、営業側でのリスクケースを織り込んだ需要計画の精緻化・高度化や、さらにはリスクケースの想定インパクトの大きさによっては、地域・製品ポートフォリオのシフト想定、その際の調達・インバウンド／在庫／アウトバウンド物流の変更を伴う生産フットプリント組み換えの想定、積算原価の変化・コスト増の想定に応じたプライシングへの反映・そのための営業／交渉戦略の想定まで、E2Eのバリューチェーンとして統合的にリスクへの対応・対策を早めることが必要となります。

　A.T. カーニーでは、①のリスク分布可視化を、「Resilience Stress Test (RST[SM])」によるレジリエンシー度合いの測定、および「Resiliency Compass」として俯瞰／可視化の上で、②レジリエントなバリューチェーン転換に向けた「Sense & Pivot サプライチェーン」を提唱し、E2E バリューチェーンのレジリエンシー向上へと取り組んでいます。

　A.T. カーニーが WEF および MIT と協業で開発した「Resilience Stress Test (RST[SM])」では、1.Planning Capability、2.Supplier Landscape、3.Product platform、4.Inbound Logistics、5.Manufacturing Footprint、6.Outbound Logistics、7.Geographic Footprint、8.Financial/Working capital の 8 軸で、現状の事業のレジリエンシー度合いを包括的に測定し、リスク耐性の高い領域／低い領域を把握することを可能としています。

　これらの 8 軸について、各バリューチェーンを担当する部署における近年の COVID-19 やロシアのウクライナ侵攻にも起因したエネルギー／資源価格高騰、半導体不足等の世界的な需給変化への過去の対応と今後の対応

■ 図表 17-5　Resilience Stress Test[SM]

計画を外部からの第三者視点で測定することで、RST[SM]を実施してきたグローバル企業群の中における自社バリューチェーンのリスク耐性度合いの状況を確認し、自社のリスク耐性の強い領域／弱い領域を認識した上で、今後優先的にリスク対策をとるべき領域の検討が可能となります。

　ただし、仮に自社のリスク耐性が低い領域が判明したとしても、その全ての領域について同時にレジリエンシー向上を進める道のりは果てしなく、各業界・企業の戦略に応じ目指すべきレジリエンシーの在り方を設定した上で、対応コストとのバランスからどの領域のリスク耐性向上を急ぐ

業界横断テーマ

■ 図表 17-6　Resilience Stress Test^{SM} の評価サマリー例（イメージ）

▲ 同業種平均

Dimension	Selected Indicators	Resilience Score
Geography	X is highly reliant on a single source country – China; Strategic consideration would need to be made to reduce dependence and diversify geographic risk.	Low / Med / High
Planning	Limited supply chain visibility, an opportunity to expand capability/ability to rapidly re-plan based on visibility into demand shifts and supply challenges.	
Suppliers	High dependence on handful of suppliers with limited alternate options for large portion of spend. Good visibility to supplier tiers beyond immediate supply.	
Inbound Transportation	X takes over responsibility of freight from port of shipping and has good visibility.	
Manufacturing	No internal manufacturing facilities.	
Outbound Distribution	Level of control on outbound transportation is high. From a distribution angle additional accessibility to alternative flow paths, ability to scale/reallocate exists.	
Product Portfolio and Platform	Expanding use of generic platforms and component commonality instead of product-specific platforms, components would be beneficial.	
Financial / Working Capital	X maintains good inventory levels that can account for the spikes. Opportunity exists to balance inventory on for the right SKU's.	

べきかの優先度検討が重要となります。A.T. カーニーでは、上記RST^{SM}の8軸に、「Go-to-market versatality：需要に応える販売チャネルの多様性」を加えた上で、供給サイドと需要サイドに再整理した「Resiliency Compass」フレームワークとして、この対策優先度の検討を行っています。この「Resiliency Compass」では、1.Collaborator（協調型）、2.Planner（企画型）、3.Enhancer（強化型）、4.Adapter（適応型）、5.Provider（供給型）の5つのポジショニング類型を提示し、各企業においてどのようなポジショニングを目指すべきか、という経営視点でのレジリエンシー戦略議論から戦略検討を始めます。

　これらの業界・企業のレジリエンシーの現状と、目指すべきポジショニング類型／方向性からレジリエンシー戦略を検討することで、バリューチェーン上で優先的にレジリエンシー向上の対策をすべき領域を明確化し、個社の現状に応じた対策アクションの検討へと進んでいくことができま

第17章　E2Eオペレーション改革

277

■ 図表17-7　A.T. カーニーの Resiliency フレームワーク

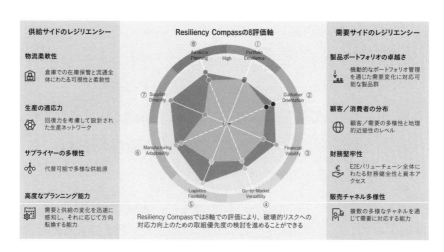

す。例えば、図表17-8の5つのポジショニングに応じて、一般的にはそれ
ぞれ下記のような取り組みを推進していきます（実際には、個社のリスク対応状
況に応じ、優先的に推進すべき取り組みを個別検討）。

1. Collaborator（協調型）

注：太字は特にデジタル対応が重要な項目

- 地域／製品ポートフォリオ毎の、サプライヤーへの**依存度合いの可視化**
- 供給の安定確保上必要な投資検討領域を決定する評価軸、意思決定フレームワークの検討
- 不測の事態に対応するコンティンジェンシープランとして、独立したサプライチェーンの追加構築の検討
- 自社への供給安定性を確保するうえでの、JV、協調投資等も含む、戦略的サプライヤー関係の構築
- サプライヤー側の在庫を含む供給量とタイムラインの柔軟性の契約への組み込み

業界横断テーマ

■ 図表 17-8　レジリエンシー戦略における 5 つのポジショニング類型

供給サイド重視

❶ **The Collaborator** "協調型"
サプライヤーおよびロジスティクスの柔軟性を重視し、強固なサプライヤーとのパートナーシップ、協業体制構築を目指し、特に供給サイドのリスク耐性を高め自社生産の安定性を目指す

❷ **The Planner** "企画型"
バリューチェーン全体の統合プランニング能力、および顕在リスク化後の対応のための財務体力を重視し、機動的なリスク対応力の構築を目指す

❸ **The Enhancer** "強化型"
生産・流通の柔軟性を高め、地域・製品ポートフォリオの変化に迅速に対応可能な生産ネットワークの構築を目指す

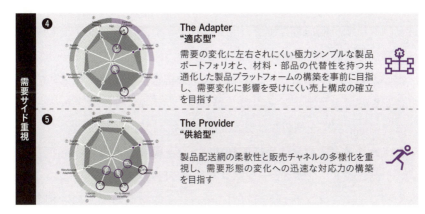

需要サイド重視

❹ **The Adapter** "適応型"
需要の変化に左右されにくい極力シンプルな製品ポートフォリオと、材料・部品の代替性を持つ共通化した製品プラットフォームの構築を事前に目指し、需要変化に影響を受けにくい売上構成の確立を目指す

❺ **The Provider** "供給型"
製品配送網の柔軟性と販売チャネルの多様化を重視し、需要形態の変化への迅速な対応力の構築を目指す

■ リーダー企業のプロファイル
■ 自社のプロファイル
○ 各ポジショニングで重視する評価軸とレジリエンシーレベル
○ 目指すポジショニングに対するレジリエンシー不足項目

第17章　E2Eオペレーション改革

279

- 迅速なサプライヤーネットワークの切り替え、新規採用のための、サプライヤー評価・採用プロセスの合理化
- 原材料・部品供給におけるリードタイム・品質に係るリスク特定のための2次・3次…**サプライヤーの多層構造のデータによる可視化**
- サプライヤーの柔軟性を確保するためのR&Dおよび製品設計との緊密なコラボレーション

2. Planner（企画型）

- 上流から下流までの**サプライヤーネットワークをデジタルプラットフォーム上でデータ連携管理**し、需要変化の端緒等のリスクシグナルへの対応迅速性を向上
- 上記において、サプライチェーンの各供給点（1次・2次・3次サプライヤー…自社製造工場まで）の**在庫および生産キャパシティの可視化**、その情報信頼性の担保
- 工場から配送センターまでのデジタル化による、ライン・機器・製品物流車両・配送車両までのキャパシティおよび潜在ボトルネックの可視化、最適化の検討
- 需要からサプライチェーン上の**リスク分析機能を高め、データを基にした**ビジネスユニット（営業）から物流、生産、サプライチェーンまでの社内部門を横断した意思決定プロセスの強化・迅速化
- リアルタイム／継続的な**需要センシング、需要予測機能**の向上、その予測の各トランザクションプロセスへの**自動連携**
- 堅牢なシナリオプランニング力の獲得による破壊的リスク発生時のコンティンジェンシープラン策定力、およびリスク**察知・評価を早めるデジタルツールの導入**

業界横断テーマ

3. Enhancer（強化型）

- 地域ポートフォリオおよび製品ポートフォリオ内の需要変化への柔軟性向上の視点からの生産フットプリント、サプライヤーネットワーク、物流網の見直し・再設計
- 生産拠点・製品の組み換えに対応し、迅速な拠点間・拠点内ライン間での転用を可能にする工場資産・機器の設計
- コストバランスを鑑みた、地域需要毎のカスタマイズとグローバル共通化、手作業と自動化度合いの最適検討
- コントラクトサプライヤー（受託製造メーカー）の品質・生産能力の事前評価による追加生産能力の確保、柔軟化
- **工場から配送センターまでのデジタル化**推進による、ライン・機器・製品物流車両・配送車両までの**キャパシティおよび潜在ボトルネックの可視化**、最適化の検討

4. Adapter（適応型）

- 製品設計・製品ポートフォリオ・チャネル／顧客のシンプル化の意義を理解するための、コスト構造（各部品・部材原価構造、流通、マーケに至るまで）の複雑さとその要因の特定
- 付加価値領域、重要な顧客ニーズは満たした上で、生産・調達の複雑性を下げるための、製品ポートフォリオの合理化（マイナーな派生製品ラインアップ、オプション等の絞り込み）
- 複数製品群を跨いだ共通コンポーネント比率の拡大
- 共通プラットフォーム化・モジュラー化の製品アーキテクチャへの実装、適用範囲拡大
- 上記、共通プラットフォーム、モジュラー、コンポーネント化に加え、パーツ・原材料の代替許容度の向上、および必要部品・部材点数の少数化等を目的とした、製品仕様の再設計（バリューエンジニアリ

第17章　E2Eオペレーション改革

ング）

- 競合他社製品のベンチマークによる上記の自社ポジションの把握と、効率化目標の設定
- 需要、消費者ニーズ変化を正確に・機敏に上記に反映させるための、営業、マーケティングと製品開発、調達企画との緊密な関係の構築

5. Provider（供給型）

- 需要形態変化のリスクに備えるための流通ネットワーク、配送業者との連携による供給柔軟性の確保、その対策必要性の株主・経営理解の醸成
- 需要地近傍への配送センターの戦略的配置と、配送センター安定稼働を念頭に置いた、配送ネットワークの簡素化および最適化
- 最も効率的（速く、コストが低く、安全）な**配送経路・手段の選択自動化**、およびそのシステム構築に向けた**配送ネットワークのデータ可視化**
- リスクシナリオと連動させた中間材、最終製品の自社・サプライヤー側両面での戦略的在庫レベルの検討、在庫運用体制への移行
- 販売チャネルごとの**需要データのリアルタイムでの可視化**、およびそのデータ活用による流通計画への迅速な反映
- 上記の柔軟性とキャパシティの確保に際し、物流・配送事業者との価格・リードタイム条件等を過度に悪化させないための、事業者との戦略的パートナリング、その関係性構築のための事前投資判断
- 上記の事前投資、およびリスク顕在化時の対策に向けた保険としての財務体力・流動性の確保

　上記のポジショニング類型に応じたレジリエンシー戦略とその一般的な主要アクションをご覧いただき、読者の皆様にはぜひ一度、自社企業、または想定する企業について、少しだけ時間を取って思考実験をしていただ

きたいと思います。コロナ禍やエネルギー／資源価高騰、半導体不足等に見舞われたこの数年における、対象企業のPlan、Source、Make、Deliverの各領域での影響・対策・その効果を思い返し、棚卸しし、現状のレジリエンシー度合いの強い領域／弱い領域を想定した上で、企業理念、経営層の思考、株主要請等までも視野に入れた上で、今後どの領域でどの程度の対策をとっていくべきか、想像を巡らせてみてください。

　いかがでしょうか？　バリューチェーン上のどの領域ではレジリエンシーが高められてきたか、どの領域ではまだ対策がとれていないかについてはある程度想像がつく一方で、バリューチェーンの各事業部にいらっしゃる方、もしくは経営戦略を検討されるレベルの方であっても、将来の市場環境の変化・不透明性の中で、今の各領域のレジリエンシーは十分なのか、不足しているとしてどこから優先的に対策をとるべきかを考えるのは、容易ではなかったのではないでしょうか。これは、やはり同業界の競合他社や他業界でのグローバル企業が、どのような戦略・思想で、各領域のレジリエンシー対策をどの程度進めているのかが分からず、相対感の中で自社の状況を捉えることが困難であることに起因します。また、現状のレジリエンシー度合いについても、各バリューチェーンそれぞれを包括的に棚卸しすることは、やはり多くの場合困難を伴います。ぜひ、本書でご紹介したRST^{SM}のグローバル標準での評価フレームワーク、およびレジリエンシー対策の優先度およびアクションを検討していくためのResiliency Compassによるレジリエンシー戦略類型の検討も活用していただきながら、読者皆様の企業におけるバリューチェーンのレジリエンシー向上に対する取り組み意識が、一層進んでいくことを期待しております。

　本章では、急速な外部環境変化への対策として、E2Eでオペレーションを捉えなおす必要性、各バリューチェーンでのレジリエンシー度合いのRST^{SM}による測定方法、およびResiliency Compassを用いたレジリエンシー対策優先度の検討手法について、解説をしてきました。次に読者皆様が

■ 図表17-9　レジリエンシー戦略の各ポジショニング類型における優先取り組み例（イメージ）

❶ The Collaborator	❷ The Planner	❸ The Enhancer	❹ The Adapter	❺ The Provider
・サプライヤー依存度の可視化 ・供給安定への投資評価軸、意思決定フレームワーク検討 ・独立したサプライチェーン追加構築の検討 ・戦略的サプライヤー関係の構築 ・供給量とタイムラインの柔軟性の契約への組み込み ・サプライヤー評価・採用プロセスの合理化 ・サプライヤーの多層構造のデータによる可視化 ・R&Dおよび製品設計との緊密なコラボレーション	・サプライヤーネットワークのデータ管理 ・サプライチェーンの各供給点での在庫および生産キャパシティ可視化 ・工場から配送センターまでのキャパシティおよびボトルネックの可視化、最適化の検討 ・リスク分析機能、社内部門を横断した意思決定プロセスの強化・迅速化 ・需要センシング、予測機能の向上、各トランザクションプロセス連携 ・シナリオプランニング力、コンティンジェンシープラン策定力、リスク察知・評価力の向上	・生産フットプリント、サプライヤーネットワーク、物流網の見直し・再設計 ・生産拠点・製品の組み換えに対応する工場資産・機器の設計 ・カスタマイズとグローバル共通化、手作業と自動化度合いの最適検討 ・コントラクトサプライヤーでの追加生産能力の確保、柔軟化 ・工場から配送センターまでのキャパシティおよびボトルネックの可視化、最適化の検討	・コスト構造（各部品・部材原価構造、流通、マーケに至るまで）の複雑さの可視化とその要因特定 ・製品ポートフォリオの合理化 ・製品の共通コンポーネント比率の拡大 ・共通プラットフォーム化・モジュラー化の実装、適用範囲拡大 ・パーツ・原材料の代替許容度の向上、および製品仕様の再設計（バリューリエンジニアリング） ・競合他社製品のベンチマーク ・営業、マーケティングと製品開発、調達企画との緊密な関係の構築	・流通ネットワーク、配送業者との連携による供給柔軟性の確保 ・その対策必要性の株主・経営理解の醸成 ・配送ネットワークの簡素化および最適化 ・最も効率的な配送経路・手段の選択自動化、およびそのシステム構築に向けた配送ネットワークのデータ可視化 ・戦略的在庫レベルの検討、在庫運用体制への移行 ・販売チャネル毎の需要データ活用による流通計画 ・事業者との戦略的パートナリング、その関係性構築のための事前投資判断 ・事前投資、およびリスク顕在化時の対策に向けた財務体力・流動性の確保

　気にされるのは、レジリエンシーの高いバリューチェーンへの転換の実施アプローチと、いかに実際のリスク顕在化の端緒を早期に把握し対処可能な体制とするか、という点かと思います。次章では、データ・デジタルツール活用も含めたレジリエントなバリューチェーン転換に向け、A.T. カーニーが提唱する「センス＆ピボット型サプライチェーン」について、解説をしたいと思います。

業界横断テーマ

第17章　E2Eオペレーション改革

執筆者

小崎 友嗣（こざき ともつぐ）

A.T. カーニー　戦略オペレーションプラクティス　シニアパートナー

東京大学工学部計数工学科・カーネギーメロン Tepper School of Business School 卒（MBA with University Honors）。

日本生命保険相互会社の経営企画、商品開発部を経て、A.T. カーニー入社。20 年近くの戦略コンサルティング経験を有する。ヘルスケア、製造業、通信、商社、金融機関等に対し、E2E（End to End）でのオペレーション・組織改革を梃にクライアント企業の収益成長・改善のプランニングから実行を支援。経営陣のみならず現場との合意形成に基づく、着実な成果につながる変革支援に強み。

芳川 天音（よしかわ あまね）

A.T. カーニー　戦略オペレーションプラクティス、自動車プラクティス　パートナー

東京大学工学部、東京大学大学院工学系修士卒。

多様な業界企業に対し、組織改革、営業改革、業務改革、コスト改革、SCM 改革等の様々な E2E オペレーション改革を支援。また、特に自動車業界において、先進技術の動向、将来の市場変化への幅広い知見を持ち、中長期戦略から、サプライチェーン、流通販売アフター領域に至るオペレーション改革までをサポート。加えて、PE ファンドによる M&A、PMI、バリューアップを、オペレーション改革の専門家として多数支援。

参考文献

・日経ビジネスオンライン「東南アジアで胎動する『経済回廊』　米中摩擦が追い風に」
・NHK「RCEP 合意──インド抜き 自由貿易圏の行方──」
・WEF「The Resiliency Compass:Navigating Global Value Chain Disruption in an Age of Uncertainty WHITE PAPER」
・MIT Technology Review「Building resilient supply chains」

第18章

サプライチェーン

リスクへの回復力と持続性を高めた
センス＆ピボット型サプライチェーンへ

サプライチェーンを取り巻く環境変化

　前章で述べた通り、企業を取り巻く環境変化はサプライチェーン活動にも多様な影響を及ぼしています。2020年に始まったCOVID-19は沈静化しつつありますが、ロシアのウクライナ侵攻による地政学的な緊張の高まり、米中覇権争いに見られる貿易制限や各国の保護主義の台頭など、依然サプライチェーンのリスクは高い状況です。

　COVID-19により米国内で物流の目詰まりが発生し、それがグローバル全体に波及することでコンテナ市況の暴騰を引き起こしました。多くの製造業にて、物流網の混乱および多額の物流費を強いられた経緯があります。2023年現在の市況は下落しつつありますが、直近の経験を踏まえ海運費用削減に向けたフォーワード切替えやシーレーン見直しを検討する企業が増えています。

またある素材メーカーにおいては、ロシアのウクライナ侵攻により原材料の入手困難化と大幅な調達価格上昇に直面しました。調達品目の集中購買化によるコストダウンと、取引先分散化による調達リスク軽減は、調達部門の永遠のテーマですが、従来以上に調達ソースの新規開拓・探索を進めざるを得ない状況になっています。

地政学的リスクのみならず、環境問題もサプライチェーンに影響を及ぼしています。脱炭素社会の実現に向けて2021年11月のCOP25で「グラスゴー気候合意」が採択されたのを受けて、企業側にも着実な変化が起きています。装置産業における排出係数を意識したエネルギー調達先の選択や、大量輸送を必要とする企業におけるモーダルシフト選択（鉄道輸送）などがそうです。また環境負荷が低い原材料を採用した製品設計など、商品企画・調達部門の活動も変化してきました。

グローバルの環境変化だけではありません。国内では、EC進展による物量増大、物流サービスレベル高度化、ドライバー働き方改革（通称「2024年問題」）による供給力不足等により、満足にモノが運べない物流クライシスが予測されています。それを受けて企業側も、販売計画・生産計画の精度向上や製品出荷の平準化、などの対応を進めています。

これらの事象から言えることは、2つあります。

一つは、社会アジェンダがいよいよ企業の実活動、ひいてはサプライチェーンのオペレーションに落ちてきたことです。これまでは紙面を賑わせる環境問題や社会運動と、日々の業務が直接リンクする感覚を持つビジネスパーソンは少なかったのではないでしょうか。しかし最近では、例えば新疆ウイグル綿に代表される国際政治問題が、調達サプライヤー・品目の切り替え、Tier2/Tier3も含めたベンダーアセスメント実施など、具体的なアクションを促しました。各ファンクション担当者は、半導体調達リスクのように供給安定性を確保するだけではなく、社会アジェンダにも配慮

■ 図表18-1　サプライチェーンの方向性変化

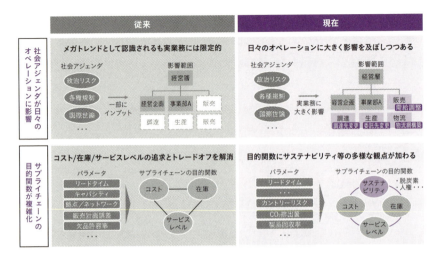

したサプライチェーンを実践する必要があり、業務の負荷は増しています。

　もう一つは、あるべきサプライチェーンが変わりつつあることです。従来のサプライチェーンは、リードタイム・需要量・サービスレベル等のパラメータを固定し、特定の目的関数（コスト・キャッシュフロー・サービスレベル）の最適解を求めていました。しかし今後は、従来のコスト効率性に加えて、脱炭素、サーキュラーエコノミー（新品使用率／製品回収率／リペア率等）、人権（LGBT／児童労働防止等）、等の観点も目的関数に入れたサプライチェーンが求められます。しかも近年発生する多くのリスクに俊敏に対応し、有事においてもサプライチェーンの最重要課題である"適正なものを適切なタイミングで適切に供給する"ことを実現しつつです。サプライチェーンへの要求水準は高度化しています。

業界横断テーマ

「センス＆ピボット」による俊敏なサプライチェーンの実現

これら環境変化の高まり、不確実性、要求の高度化を踏まえると、今後のあるべきサプライチェーンは以下の要件を満たす必要があると考えられます。

・コスト効率性に加えて**ビジネスの持続性**にも重きを置いていること
・限定された業務・機能ではなく、**End to End**でリスクやサステナビリティに立ち向かうこと
・固定化された平時のオペレーションと、機動的な**有事のオペレーション**を両立できること

しかしながら、持続的サプライチェーンに向けて、End to Endで取り組みつつ、有事にも対応できる体制の構築はそう簡単ではありません。目指す姿は分かっていますが、どのようなアプローチで実現すればよいか悩む企業も多いと思われます。そこで、あるべきサプライチェーン実現に向けた有用なアプローチの一つとして、A.T. カーニーのフレームワーク「センス＆ピボット」を紹介します。

このアプローチは、危機時にレジリエンスを生み出すだけでなく、不安定で変化する顧客の需要に対する堅牢かつコスト効率の高い対応を可能にすることを目的としています。デマンドやサプライヤーの環境変化を機敏に検知し、原材料や製品の調達／販売／生産をコントロールしシフトさせる。そして絶えず変化するリスクや顧客の需要に、柔軟に対応するためのものです。具体的なアプローチとしては以下となります。

第18章 サプライチェーン

ステップ①：センシングプラットフォーム

サプライチェーン上で起きている事象の大半は、データ化されリアルタイムで共有が可能となりました。リスクの特定と、内外のシグナルから洞察を生み出すプラットフォームを構築します。これにより、リアルタイムに追跡、市場適応性、サプライチェーン・ネットワークの可視性向上が可能となります。

ステップ②：コグニティブ・サプライチェーン

最新のデジタル技術を活用し、End to Endで情報把握・意思決定・実行が可能なサプライチェーンを実現します。リアルタイムシミュレーションやシームレスなオーケストレーション、コスト・リスク・サービスのトレードオフについて評価が可能となります。

ステップ③：ピボット・オペレーティングモデル

アジャイルかつコラボレーティブなオペレーティング・モデル。人的リソースと物理的なアセットの組み合わせにより、変革の機会を創出し、ファイナンシャル・オペレーション両面の利益を得ることが可能となります。

　我々は、実際にこの「センス＆ピボット」アプローチを用いて、様々な企業の改革支援を行い、不確実性に頑健かつアジャイルなサプライチェーンモデルを構築してきました。実際の支援事例の中から、以下2つを紹介します。

事例①グローバルヘルスケアメーカーの需要予測向上とサプライチェーン最適化

　世界的なコンシューマーヘルスケアメーカーのプロジェクトにおいて、A.T. カーニーは販売・需給・マーケティング・ユーザーレビュー・価格・シェアといった多岐にわたるデータパイプラインを整備し、統合管理

業界横断テーマ

■ 図表18-2　A.T. カーニーのフレームワーク「センス&ピボット」

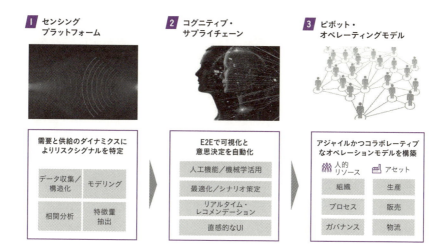

できる仕組みを構築。そして多変量解析モデルを開発し、売上に最も大きな影響を与える要素を特定・抽出した。そこで従来はあまり重視できていなかった天候変化や特定商品の評価などが、顧客行動に影響することが判明した。この仕組みの導入後、クライアントの需要予測精度は劇的に向上し、需要傾向・予兆を検知の上、在庫調整・製品ミックス・価格コントロールが迅速にできるようになった。結果、全体として2,000万ポンドの収益機会を得ることができた。

事例②大手薬局小売業における在庫管理業務の高度化

米国の大手薬局小売業者では8,000以上の店舗、30億ドル以上の店頭在庫が存在。さらに近年主要製品のオンライン購入化など顧客動線・パターン変化が日々の在庫管理を困難にさせ、店舗スペースの効率活用に苦慮していた。そこでA.T. カーニーは7億ドルのコスト削減を目指し、4年間のプログラムを提案した。AIと機械学習活用により、店舗・地域・商品レベルで在庫に影響を及ぼす様々な指標の変化を「素早くセンシング」でき

る仕組みを構築した。プラットフォームには、Azure ML Studio©、Power BI©などクラウドベースのテクノロジーを活用。結果、新プラットフォーム導入から6カ月で施策は軌道に乗り、在庫管理業務の高度化が実現し、在庫効率も5パーセント向上している。

あるべきサプライチェーンに向けて具備すべき内容

不確実性が高い環境下において変化を機敏に検知し（センス）、サプライチェーンの構造・オペレーションを最適化する（ピボット）には、戦略機能・体制・テクノロジーを具備する必要があります。具体的には①サプライチェーンコントロールタワー、②社外とのコラボレーション機能、③デジタル技術の実装の3つです。

具備すべき内容①：サプライチェーンコントロールタワー

1つ目は、上流から下流までEnd to Endでサプライチェーンを可視化・リスク評価し、E2Eでオペレーション・ネットワークをデザインするサプライチェーンコントロールタワーの構築です。リスクを俊敏に検知し、レジリエンシーを担保するには必須の機能と言えます。具体的な手順は以下となります。

- サプライチェーン評価…カントリーリスク、年間販売・生産量、拠点位置、輸送ルート、サプライヤーなどの静的な情報を基に、事前にサプライチェーンの持続性を把握する。加えて、在庫レベル、需要量、輸送ステータス、天候、最新製品・原材料単価などの動的な情報をリアルタイムでモニタリングし、在庫滞留、在庫ショート、コスト上昇、などの供給リスクを評価する。
- データドリブンの意思決定…経営層・サプライチェーン担当者がリ

スク内容に応じて、短期・中長期の対策を講じる。例えば足元の在庫逼迫の場合、データに基づき製品アロケーション見直し（逼迫地域を優先し在庫を送り込む）、緊急増産、輸送キャパシティ確保の短期的な対応を決定する。他方、恒久的なリスク軽減の場合、調達ソースの拡大、ネットワーク最適化（倉庫・販社の拠点位置＆経路の変更）、生産・物流キャパシティ見直し、などの中長期視点の判断を行う。

・対策の実行と監視…短期・中長期の対策により、原材料不足、製品在庫逼迫、輸送の目詰まり、等の問題が解消されたかをデータを基にモニタリングする。施策が有効に機能していない場合、柔軟にサプライチェーン構造・オペレーションを見直す。

実はCOVID-19以前からもサプライチェーンコントロールタワー構築の必要性が叫ばれていました。海外先進企業の事例で、「本社サプライチェーン部門が各域の需給情報を統括。TVモニタが複数設置されたコントロール室で中央集権的な意思決定を行ってリスク対応している…」といった内容がよく挙げられます。ただし、海外企業も完璧なリスクコントロールと方針策定を機敏に行えているわけではなく、事実COVID-19・ウクライナ侵攻により在庫ショート・コスト上昇に直面しました。

もっとも日本では、サプライチェーン可視化・コントロールの出発点にすら立てていない企業が多いです。その背景には、社内外データが正規化された形で統合管理されていない、欧米的なシステマチックな意思決定フローが整備されていない等が挙げられます。レジリエンシー／サステナビリティへの対応が迫っているため、日本においてもサプライチェーンコントロールタワー設置検討が喫緊に必要です。

なお、コントロールタワーを機能させるには、サプライヤー・パートナーの社外データ（原材料情報、輸送ステータス情報、セルアウト情報等）＋社内データ（生産／販売／在庫などの計画系情報＋製造／購買／受注／出荷の実行系情報）が必要

ですが、データ収集は以前よりも容易になりつつあります。例えば社外情報のうち、輸出入情報はETD/ETA日程に加え、保税〜コンテナヤード〜洋上ステータスを把握できるトラッキングシステムの開発が進んでいます。

　また社内情報は、レガシーシステム残存によりデータが分散し突合困難な状況が依然散見されるも、近年DXの動きが活発化し、ERP刷新やデータレイクの整備を進める企業も増えてきています。さらにサプライチェーン業務を支援するパッケージシステムについても、従来のS&OP（Sales & Operation Planning）機能に加えてサプライチェーン可視化・管理に特化した機能が強化されつつあります。物理的にもコントロールタワーの導入設置に向けた環境が整いつつあると言えるでしょう。

具備すべき内容②：社外とのコラボレーション機能

　2つ目は原材料サプライヤー、生産協力会社、物流業者（3PL／フォーワーダー／倉庫会社）、販売チャネル、競合他社とのコラボレーションです。定常的にデータを共有しながら、リスク回避かつ持続的なサプライチェーンに落とし込む活動となります。コラボレーション例としては以下が挙げられます。

・調達）調達先との需給情報共有による在庫最適化、環境素材のサプライヤー共同開発・設計、調達先におけるGHG排出量および削減取り組みの把握

・生産）生産委託会社とリアルタイムの生産キャパシティ共有、中長期的な生産見通し情報の共有、生産委託先におけるGHG排出量把握と協働改善

・物流）3PL／フォーワーダーとの輸送情報把握、環境負荷軽減に向けた協働改善（ルート見直し・積載率向上・荷姿変更）、競合他社との共同配

> 送／共同保管によるコスト削減
> ・販売）流通・卸における在庫情報・セルアウト情報共有による販売・
> 在庫最適化

　今後、企業が環境配慮や人権を尊重した"責任あるサプライチェーン"
の構築を進めるためには、外部のサプライヤー・パートナーとの連携は必
須です。例えば、GHGプロトコルで定められた「Scope3（事業者の活動に関
連する他社の排出）」を実現するためには、多階層・多段階の複雑なサプライ
チェーン工程を可視化・把握した上で、外部との包括的な協力が必要とな
ります。

　企業がサステナブルなサプライチェーン構築を進めても、今後も新疆綿
の不買運動のような突発事象に遭遇する可能性は高いです。その際も、サ
プライヤー・パートナーと連携し、いかに高度なS&OPを迅速に実現する
かが肝となります。具体的には、刻一刻と変わる原材料入手量、生産状
況、製品販売見込み、輸送ステータスを基に、販売計画〜在庫計画〜生産
計画〜資材所要量をリアルタイムで展開し、製品×地域×顧客毎のアロケ
ーションプランをシミュレーションする必要があります。

　なお、これまで多くの日本企業は、自然災害、紛争・戦争、感染症、貿
易制限等のクライシスが顕在化する度に、人海戦術で乗り切ってきまし
た。しかし、危機発生時は他社も混乱しており、正確なデータ把握が困難
なケースが多いです。そうであるが故に、平時から外部と情報連携し、異
常を検知できるセンシング機能・体制構築は必要です。最近自動車メーカ
ーが半導体の在庫水準引き上げを進めていますが、自社側の備えと外部連
携強化の両立がリスク回避には効果的です。

具備すべき内容③：デジタル技術の実装

　3つ目は徹底したデジタル技術の実装と活用です。テクノロジーによ

り、サプライチェーンの透明性・効率性が増すだけではなく、リスク管理
や品質管理面も効果が期待されます。例えば以下の例です。

・AI）AI活用による需要予測精度向上と在庫最適化、生産ラインの稼
　働最適化・品質管理、配送ルーティングや配車計画の最適化、サプ
　ライチェーンリスク分析と回避策の提案
・ロボティクス）　ロボット活用による生産ライン省人化、倉庫内の受
　入・出荷作業効率化
・ブロックチェーン）　原材料の供給源から製品納入先までのトレーサ
　ビリティ確保、サプライヤー・ベンダーとの契約・取引情報の記録
・センシング）センサーによる生産状況把握、品質監視、輸送ステー
　タスのリアルタイムモニタリング
・デジタルツイン）　調達〜製造〜輸送〜販売のバリューチェーン再現
　／シナリオ作成／シミュレーション

　近年ChatGPTに代表される自然言語処理分野で、グローバルで活発に
大規模言語モデルの開発が行われています。文章生成・翻訳・質問応答な
どの言語処理タスクに適したAIは、サプライチェーンではユーザーフィ
ードバック分析、サプライチェーンデータ解析、レポート生成への活用が
期待されます（将来的にはより活用領域は広がる可能性があります）。

　また従前の数値・画像データを機械学習させパターンや関連性を把握す
るAIも、現時点で多くの活用事例があります。例えば過去販売実績や外
部情報をAIに学習させ需要予測させる取り組みは、予測精度上昇に加え
て計画業務立案の負荷低減という副次的な効果も確認されています。デジ
タル技術は日進月歩で進化するため、現時点で目指すサプライチェーン設
計と、それに適したテクノロジー選択・活用が必要です。

　なお最近では、S&OPや在庫最適化などのサプライチェーンの代表的な

業界横断テーマ

■ 図表18-3　A.T. カーニーにおけるデジタルソリューション

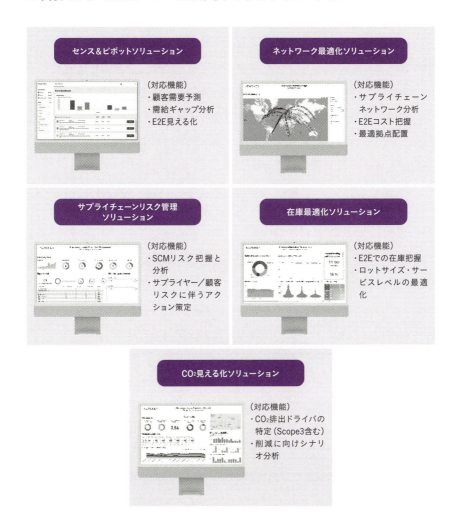

課題だけではなく、サプライチェーンリスクやCO_2排出量見える化などのホットトピックに関するデジタルソリューションも整備されつつあります。弊社A.T. カーニーにおいてもサプライチェーン関連プロジェクトを行う際には、デジタルソリューションを多く活用しております。

いずれにせよ重要なことは、徹底したデジタル化とクリエイティビティとのバランスです。定型業務は徹底した自動化・機械化・無人化により、コスト効率性を上昇させる。一方、サプライチェーンデザインなどの非定型業務はクリエイティビティを発揮させるべきです。自社のアスピレーションを捉えて、中長期の視点からTo-Beサプライチェーンを描く。その実現に向けたロードマップ策定、全社的なモメンタム形成、サプライヤー・パートナーとのコラボレーション推進は、機械ではなく人間により創造性が発揮される領域ではないでしょうか。

未来のサプライチェーンに向けた提言

ここまで企業を取り巻く環境変化からサプライチェーンに求められる要件、あるべき姿到達に向けたアプローチ、アプローチに具備すべき機能・体制・テクノロジーを述べてきました。最後に未来のサプライチェーンに向けて必要なアクションを挙げておきます。

アクション①：サプライチェーンの経営アジェンダ化

これまでサプライチェーンと言えば"業務を低コストで実践しモノを切らさないこと"を目的に、粛々とオペレーションを遂行するイメージが強かったと思われます。現在でもそういった認識を持っている経営層は多いでしょう。しかし共通的な社会課題の発生、国際世論の高まり、戦争・災害等の不確実性を踏まえると、サプライチェーン課題はより高次化しています。株主・顧客の期待に応えつつ社会的な責任を果たすために、サプライチェーンの貢献が一層求められる世界になってきました。

従って、強いリーダーシップのもとで、中長期視点のビジョン共有と啓蒙、大規模な投資判断等の重要意思決定、部門横断の課題解決・調整を進めるべきです。その場合、各部門担当者の裁量を超えるため、経営層自ら

の強い関与・コミットメントが必要となります。日本企業は往々にして"現場力"が高いですが、有事のリスク対応や中長期の構造変化までも全て現場任せにしていては、改革は遅滞するでしょう。

アクション②：サプライチェーン部門への最適なリソース配分

今後サプライチェーン部門の人材要件レベルはさらに高くなります。

従前の販売〜生産〜出荷のオペレーション遂行能力に加えて、社内外との交渉を円滑に進めるための調整力・コミュニケーション能力、大きなビジョン策定に向けた戦略企画能力、さらには脱炭素・人権・デジタル等の最新ナレッジも必要です。

元来サプライチェーンは難度が高いファンクションです。上流〜下流まで一気通貫でバリューチェーンをカバーする必要があること、機能領域に加えビジネス・ITにも精通する必要があること、現場から経営層まで関与する階層が幅広いこと、がその理由です。

よって、サプライチェーンリーダーとして社内エース級の人材配置と、リーダーをサポートする体制確保が望ましいです。仮に社内リソースが不足する場合は、積極的な外部リソースの連携・活用も検討オプションの一つとなります。

日本企業はこれまで自動車メーカー・エレクトロニクスメーカー中心に、PDCAサイクルを長期間繰り返すことで、緻密なオペレーションを行ってきました。それこそが日本企業の強みであり、リーンなサプライチェーンを実践できてきた理由でもあります。一方、長年磨き続けてきたことにより、体制・マインドセット・オペレーションが硬直化してきた側面があります。近年頻発するリスクに機敏に対応できず、コスト上昇・機会損失の実害を負っているのはその証左です。

今後は、経営層が社会課題を変革の好機と捉え、サプライチェーンの位

置付けや在り方を見直す動きが加速するでしょう。俊敏かつ責任あるサプライチェーン実現に向けては、社内体制構築・オペレーション見直し・社外コラボレーションなど多くのアクションを伴いますが、将来の不確実性について過去と同じ轍を踏まないためにも、一歩ずつ着実な改革を進めるべきではないでしょうか。

執筆者

小崎 友嗣（こざき ともつぐ）
A.T. カーニー　戦略オペレーションプラクティス　シニアパートナー
東京大学工学部計数工学科・カーネギーメロン Tepper School of Business School 卒（MBA with University Honors）。
日本生命保険相互会社の経営企画、商品開発部を経て、A.T. カーニー入社。20年近くの戦略コンサルティング経験を有する。ヘルスケア、製造業、通信、商社、金融機関等に対し、E2E（End to End）でのオペレーション・組織改革を梃にクライアント企業の収益成長・改善のプランニングから実行を支援。経営陣のみならず現場との合意形成に基づく、着実な成果につながる変革支援に強み。

松代 孝博（まつしろ たかひろ）
A.T. カーニー　戦略オペレーションプラクティス　マネージャー
慶應義塾大学経済学部卒。富士フイルム株式会社を経て、国内大手コンサルファームにてサプライチェーン領域を担当し、A.T. カーニーに入社。ハイテク／自動車／重工業を中心に、サプライチェーン戦略立案、オペレーション改善、デジタル変革のプロジェクトに従事。戦略策定から具体的な実行まで支援し、企業のトランスフォーメーションを多く手掛けている。

参考文献

・環境省・経済産業省：『サプライチェーン排出量　概要資料』（2023年3月16日）
・全日本トラック協会：『荷主と運送事業者の協力による取引環境と長時間労働の改善に向けたガイドラインおよび事例集について』（2019年8月）

業界横断テーマ

第 **19** 章

デジタル

DX成功のカギとICT企業の挑戦

　デジタルテクノロジーの進化が著しい昨今、企業においては勝ち残るためにデジタルテクノロジーを活用した弛まない変革が必須となりつつあります。一方でデジタルテクノロジーを提供するICT企業も企業の変革ニーズを受けて従来の受託的なモデルとは異なる新たな戦い方が求められています。日本企業が持続的に成長していくためには、企業がいかにデジタルを活用するか、そしてICT企業はそのニーズにいかに応えるかが鍵となっていると言っても過言ではありません。この章では、デジタル技術を活用して企業がいかにして価値向上を実現していくか、というデジタル技術のユーザーサイドのアジェンダと、デジタル技術を供給する側の企業が顧客ニーズを充たし勝てる事業モデルを構築していくか、というデジタル技術のプロバイダーサイドのアジェンダの2つを解説します。

日本のDXの実態とDX失敗の"罠"にはまらないための視点

DXが求められる背景

　近年、世界中の企業が、原材料や物流費の高騰などの"不安定な経済環境"、顧客のニーズの多様化などの"顧客ニーズの多様化"、生成系AIや量子コンピューティング等の"テクノロジーの進化"をはじめとして、急な環境変化を経験しており、この変化に対応していくことが求められています。

　これまで多くの企業は、10数年前あるいはそれ以前からのオペレーションモデルを引き摺りながら、環境変化に対応しようとしてきました。しかし近年の環境変化に対応するには、これまでの過去延長線上の取り組みでは、対応しきれない状況になりつつあります。

　例えば、サプライチェーンの意思決定の自動化・精度向上にAIテクノロジーを活かすことを考えると、AIが扱うデータを整備するために一連の業務（販売・在庫・生産・調達等）の情報をデジタル化してつなぐ必要がありますが、ITシステムや業務が組織縦割り・異なるデータ思想で作られているために、一連の業務とITシステム、およびデータモデルを作り変

■ **図表19-1　ビジネス環境変化の例**

経済・政治要因の変化	– コロナ影響やウクライナ情勢による原料・物流の高騰、調達リードタイムの増加 – 経済状況の乱高下による製品需要量の振れ幅
テクノロジーの進化	– AIやセンシング等の新テクノロジーを活用した新種ビジネス活用の機会 – ITシステムやパッケージの進化に伴う、オペレーション効率化・高度化の機会
顧客ニーズの多様化	– 製造業を中心に単純な機器販売から顧客ニーズに即したサービスへ形態変化 – 顧客ニーズの多様化や技術進化に伴う商品ライフサイクルの短命化

える必要が生じます。

　また、組織役割や責任も同様に見直しが必要となります。販売側はサプライチェーン最適化の意識や責任がなく、生産部署は計画プロセスのために情報をデジタル化（生産性や制約条件や稼働状況等）する意識や責任がない、といった状況では、データは"蓄積されず""使われず"の状況となるため、新しいオペレーションモデルを前提とした組織役割と責任も考え直す必要があります。このような状態を解消するには、組織横断の"オペレーションモデル"と"仕組み（ITシステム）"を同時に変革する必要があり、例えばERP更改やサプライチェーンシステムの更改が重要な機会になり得ます。

　実際に各企業の動きを見ても、従来はデジタイゼーション（アナログ・物理データのデジタル化）、デジタライゼーション（個別の業務・製造プロセスのデジタル化）が中心でしたが、こうした課題に取り組むために、徐々にビジネスモデルの変革や組織横断のオペレーション効率化など、真のDXと言うべき高難度の変革に取り組む企業が増加しつつあります。

■ 図表19-2　高難度の変革に取り組む企業

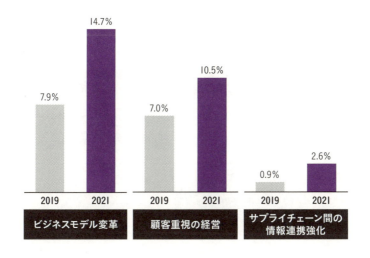

DXの実態

しかしながら、多くの企業において、デジタルのポテンシャルを表面化させたにすぎず、大きな果実を得られていないのが実態です。

A.T. カーニーの100社以上の分析を基に導出した結果によると、オペレーション自動化等の"ボトムライン改善"では、削減ポテンシャル30〜45%に対し、8〜12%程度の成果に留まり、また顧客インサイト獲得や新サービス・チャネル等による"トップライン改善"では、改善ポテンシャル25〜35%に対し4〜6%程度の成果に留まっています。多額のIT投資を行い、データの統合・可視化やデジタルツールの導入を進めても、"利用されない""導入による効果が見えない"といった声もよく聞こえてきます。

ここでは、DXが期待通りの効果を生み出せない理由を、"現場のオペレーションモデル変革""データドリブン経営へのアップデート"の2つの視点で解説していきたいと思います。

■ 図表19-3　100社以上の分析から見えるDXの"フルポテンシャル"と"実態"

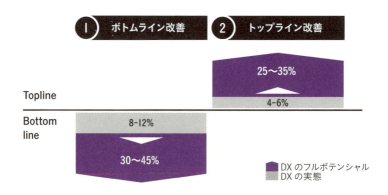

① 現場のオペレーションモデル変革の実態

　環境変化の中で競争優位性を確保するためには、バリューチェーン全体でオペレーショナルエクセレンスを追求する必要があります。これによって、一連のプロセスが効率的に統合され、競争力を向上させることにつながります。変革を成功させるためには、まず"目的と目標の解像度を上げ"、チェンジマネジメントを積極的に推進する必要があります。しかしながら、多くの企業がこの段階で躓いてしまい、目的や目標の解像度が十分でないままに、ITシステムの開発に取り組むケースが散見されます。その結果、使われないITシステムができあがることになり、ITシステム完成後に使えない・効果がないという実態に気づき、Wave2、Wave3……と追加投資が続くことになります。

　さらに、目的や目標が不明瞭な状態では、システム導入に焦点が当たり変革コンセプト（何を変革し、何を得るのか、どう変革するのか）があいまいになりがちです。このような状態では、DXを推進するチームは関係部門に十分な意義と効果を説明することができず、納得を得ることが困難となります。この状況ではチェンジマネジメントが難航するのはご想像の通りです。結果として、構築されたITシステムは部分的にしか利用されず、変革が頓挫してしまうことが散見されます。そして、効果獲得の失敗、あるいはさらに追加開発を積み上げIT投資の肥大化へとつながっていきます。

　オペレーションモデル変革を成功させるためには、"目的と目標の解像度向上"が最重要であり、それがチェンジマネジメント、関係部門の合意形成を支える重要なカギとなるのです。

参考　オペレーションモデル変革の失敗事例（過去の複数事例をまとめた架空企業）：曖昧な目的・目標が2倍・3倍の追加コストと遅延を生んだ

　小売業を営むA社では、組織横断でサプライチェーンのデジタル化プロジェクトを進行していました。このプロジェクトでは、マーケテ

ィング・在庫・調達・生産・物流機能を組織横断でデータ可視化・オペレーション自動化を実現することを目標に掲げていました。

　当初は、"データの見える化・デジタルによる自動化"という波風立たないテーマに反対する組織はなく、プロジェクトが開始されました。しかし、ITシステムのパッケージ選定、要件定義とプロジェクトが進んでいくにつれて、事態は変わっていきました。ITシステムの説明は詳しくされるものの、経営や事業、業務に投資に見合ったメリットが見えてこないという状況で、DXの推進チームに問い合わせても、歯切れが悪い回答が返ってくるばかりで、関係部門に疑心暗鬼が蔓延していきました。関係部門との対立が深まり・反対意見が高まり、ITシステム担当には関係部門からの要望が相次ぐ状態になりました。

　結果として、当初予算に対し2〜3倍に膨れ上がり、システム開発の工期も2倍以上に延期されることになりました。残念なことに、投資に見合った効果は得られず、また効果獲得にも数年を要することになりました。

②経営の意思決定の質の向上

　デジタル技術の進展に伴い、データを用いた意思決定方法のアップデートが注目されています。デジタル技術により、大量の情報を迅速に分析し、パターンや傾向を把握できるようになりつつあり、これによって、客観的な根拠に基づいた意思決定が可能となり、情報処理の迅速化・精度向上が期待できます。

　変革を成功させるためには、まず意思決定に必要なデータの整備が欠かせません。しかしながら、多くの企業がこの段階で問題に直面しています。組織縦割りのITシステムやオペレーションがデータ分散や重複を招き、暗黙知や個人判断に依存した意思決定がデジタル化の障害となっています。これを解消するには、データ整備の観点から組織横断でデータモデ

ルを変革する必要があります。

　また、データマネジメントは現場任せにはできず、経営の関与が不可欠です。経営がデータ毎に統制・蓄積に責任を持ち、データを利用できる状態に維持していく必要があります（例えばCFOが財務・管理会計データを、CPOが調達データを統制する等）。しかし残念ながら、多くの企業では"データを活用した経営の高度化"をお題目に挙げながら、デジタル部門にデータ基盤の構築を任せるに留まっており、結果として、不完全なデータ基盤ができあがることが散見されます。

　"データを活用した経営の高度化"を実現するためには、組織横断でデータモデルを見直しデータ整備を進め、経営主導のデータガバナンス体制を築くことが重要です。「①現場のオペレーションモデル変革の実態」で解説済みのため説明は省きますが、データ基盤が効果を生むためには、"目的・目標の解像度向上"もまた重要な要素です。

参考　データドリブンの意思決定アップデートの失敗事例（過去の複数事例をまとめた架空企業）：データをかき集めたが、十分な効果を得られなかった

　製造業を営むB社は、DXブームの波に乗り、自社のシステムに蓄積された大量データを経営や事業に有効活用するために、「データドリブン経営プロジェクト」を立ち上げました。このプロジェクトでは、ITシステム部門が中心となり、全社システムのデータを集約・可視化するための統合データベースと経営ダッシュボードを構築しました。

　経営は自社にある大量のデータをデータ基盤に集約・利用することで漠然と価値を生むと考えていましたが、デジタル部門は懐疑的でした。なぜなら自社にあるデータは、事業間・業務間で統制されているとは言い難く、データが紐付かなかったり、システム間でデータが重複（同項目だが値は違う）している状況であったためです。

デジタル部門はこの状況を経営に説明し切ることができず、データ整備に必要な"組織横断のデータモデル変革"や"データガバナンス改革"の体制は組成されず、データ基盤の構築が進んでいきました。その結果、一部のデータが可視化されたものの、経営に生かせるデータは限定的なものとなり、意思決定をアップデートするほどの効果を得られませんでした。

DXの罠に陥らないために

これまでDXが期待通りの効果を生み出せない原因をいくつか解説してきました。

- "目的・目標が不明確"なままDXを進めることが、効果を生まないITシステムにつながる
- "変革コンセプトが明文化されない"ままでは、理解を得られずチェンジマネジメントも失敗する
- "デジタル部門に丸投げで、経営・事業・業務の関与が薄い体制"では、組織横断の変革は実現できない
- 現場に任せたボトムアップのDXでは、経営インパクトのある変革につながらない

こうした罠に陥らないためには、経営＋事業＋業務＋ITの知見者を揃えた推進チームを組成した上で、ITシステム検討を始める前に、"【A】目的・目標の解像度向上：経営アジェンダを理解しながら、DXの目的を定め、達成する目標を具体化していく""【B】DX Conceptデザイン：変革の意義・必要性の認識を統一するコンセプトを描いていく"の2つのステップを踏み、その結果を経営が評価することを推奨したい。拙速にITシステム検討に着手すると、経営が納得できるレベルのDXに到達しない、あ

るいは無駄なIT投資をすることにつながります。DXでシステム検討に入る前に、罠に陥っていないかチェックしていただきたい。

【自己チェックのための質問】

- DXを進めることで、具体的に何が（売上・原価・SG＆A…）、どのくらい（○億円、○人月…）効果がありそうか、狙いは明確か？　IT投資によるROIは把握できているか？

- DXが実現する変革のコンセプトが明文化・共有され、経営や関係組織を含めて、その内容と効果に理解・納得できているか？　関係者がDXに疑心暗鬼になっていないか？

- DXを推進するチームは、組織横断のオペレーション変革を進めるための知識と経験（経営視点、事業・業務視点、IT視点）を持ったメンバーで構成されているか？　IT主導で経営・業務の関与が薄い状態になっていないか？

日本のICT企業の現状・課題と処方箋

日本のICT企業を取り巻く現状

　ここまで日本企業のDXの実態を見てきましたが、DXを支援する側＝ICT企業はどのような課題を抱えているのでしょうか？　1980～90年代にかけて、オープン化やWindows OSの登場により、日本のICT産業はかつての主力であったハードウェアビジネスの収益性低下に見舞われました。その後リーマンショックの影響を受けつつも、各社は構造改革を進めSIビジネスを中心とした事業モデルへの転換を図り、いわゆるシステムインテグレーター（SIer）という産業を形成するに至りました。

　構造改革により一定の利益は創出できるようになったものの、国内SIerの株式市場での評価は海外勢と比較して依然として低い状態が続いていま

す。一方で、「総合系コンサルティング会社」と「グローバルソフトウェアメーカー」はこの10年で大きく飛躍してきました。

総合系コンサルティング会社を例にとると、過去10年間でその人員規模・ビジネス規模は倍以上に拡大しています。この成長の背景には、DX市場の拡大というマーケット全体の要因もありますが、上流工程での提案力の差も大きな要因となっています。また、グローバルソフトウェアメーカーの中には、クラウド化の波に翻弄されて業績が悪化した企業もありますが、SAP、Adobe等クラウドシフトにうまく対応した企業は高い収益性・マルチプルを維持しています。このように、株式市場での評価の差が生まれた要因としては、海外の競合企業が高い利益率のビジネスモデルを確立している一方で、国内ICT企業は低い利益率のビジネスモデルに留まっているために、投資家の将来の成長性への見立てが大きく異なっていることにあると考えられます。

これに対して、ICT企業も無策ではなく、リカーリング型ビジネスへの

■ 図表19-4　国内SIer、海外SIer、ソフトウェアメーカーのEV/EBITDAマルチプル（FY22）

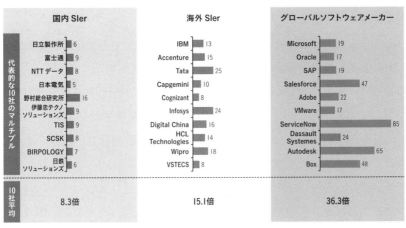

出所: Bloomberg

業界横断テーマ

シフトや海外ソフトウェア企業の買収などによる海外事業の拡大といった取り組みを進めています。しかし、収益の大半は今も人工型ビジネスに依存しており、企業イメージの差や給与水準の差も重なり人材流出も招いています。

　このままでは、中長期的な競争力に影響が出かねず、今後10年を見据えた改革が求められています。具体的には、これまで劣勢であったDX領域での需要獲得や高収益モデルへの転換を目指すことが求められます。さらに、中長期的な企業価値向上・採用力強化のためには、変革を市場に正しく伝え、投資家や採用候補者からデジタル企業として認知されるための施策も重要となります。

拡大するDX需要をいかに獲得するか

　DXが従来のSIと大きく異なるのは、DXがビジネスモデルやコーポレートモデルの変革を通して企業の価値創造に直結する点にあります。結果として、SIerがアプローチする顧客や具備すべき要件に変化が生じていま

■ 図表19-5　SIとDXの比較

	SI	DX
目的	事前に定めたQCDを満たすシステム構築	新たな価値創造
アプローチ先	CIO・IT部長等のITサイドの経営層・管理層	CEO・COO・CFO等のビジネスサイドの経営層
提案内容	システム実装能力・スコープ・スケジュール・工数・リスク管理	ビジネスモデル・マネタイズ・エコシステム
能力	プロジェクトマネジメント・システムデザイン・システム開発	（SIに加えて）ビジネスコンサルティング・UXデザイン

す。

　アプローチの対象はこれまでのCIOやIT部長ではなく、CEO、COO、CFOといった経営層となります。そのため、提案内容もシステム実装内容やスケジュール・工数説明が中心の"提案"から、どのようなビジネスモデルを描き、どのようにエコシステム構築やマネタイズを実現していくかといったビジネス観点での"議論"がより求められるようになっており、ビジネスパートナーとしての価値がより厳しく評価されるようになっています。

　その結果、具備すべきケイパビリティも変化しており、効率的にシステム開発を行う能力だけではなく、上流工程でのトップアクセス、ビジネスコンサルティング能力、顧客体験構築のためのUXデザイン能力等が求められることになります。

　これに対して日本のICT企業はコンサル、UX人材確保を図っていますが、先述の通り総合系コンサルティング会社が過去10年で大きく拡大する中で人材獲得競争は非常に激しくなっており、各社苦戦を強いられています。求人者が企業に求める要素は様々ではありますが、少なくとも経済的な側面では足元の給与水準だけでなく将来的なキャリアの広がりといった点でも劣勢なポジションに立たされています。

　このような状況下で日本のICT企業はどのように行動するべきでしょうか？

　まず報酬水準の改革を通して、総合コンサルティング会社と競り負けない報酬体系を構築することが必要ですが、この点については、各社ジョブ型雇用の整備やコンサル子会社の設立・報酬体系の親会社からの分離によって制度的には実現されつつあります。

　一方で、将来の"期待値"という観点では、まだ課題が大きいと考えています。将来的な報酬水準のさらなる増加やキャリアの広がりを感じさせるだけの会社の魅力を描けていないことから、むしろ若年層の退職者も増

加している状況です。一方でDX需要は足元で増加しており、これらの需要を早期に獲得するためには、短期的にはコンサルティング会社など上流に強い他社との提携を通して上流ケイパビリティを確保することが必要でしょう。さらに中長期的には人材を吸引する魅力的なビジョンを描くことがより重要となりますが、この点については後述したいと思います。

高収益ビジネスにいかに変革するか

短期的にはパートナーとの提携を通して、DX需要の取り込みを図ることが収益最大化の観点から必要となりますが、中長期的には高収益なビジネスモデルに転換していくことがより重要となります。背景には株式市場からの高収益化へのプレッシャーもありますが、より本質的にはXaaS型サービスの増加やIT人材の単価高騰という点が理由となっています。

これまでの人工型ビジネスモデルでは、人材コストに一定のマージンを乗せて顧客に請求してきました。市場に代替ソリューションがあるわけではないため、各社似たような単価水準となり、顧客も請求を飲むほかない構図でした。

一方で、XaaS型モデルの拡大は顧客にSIによるシステム構築以外の選択肢を与えます。その結果、IT人材単価が高騰する中で顧客に費用を転嫁することは容易ではなくなり、ICT企業も事業モデルの転換を余儀なくされつつあります。

これに対して、足元の取り組みとして各社が行っていることは、これまで各社が培ってきたアセットの整理・サービス化です。つまり、これまで同様に顧客が必要とするサービスをカスタマイズで提供するという提供価値は変えずに、より効率的なデリバリーを実現するための仕組みの構築を目指していると言えます。

一方で、より高い収益を生み出すためには、カスタマイズしたITサー

ビスを提供するイネーブラーモデルから脱却し、自社が事業主体としてITを活用して稼ぐ事業主体型のモデルも視野に入れるべきです。この領域では多くの会社が顧客との"共創"を通して拡大を狙っていますが、必ずしも成功しているとは言えません。

もちろん事業に失敗はつきものですが、顧客との共創で特に難しさが生じるのは、自社と顧客との力関係の不均衡にあります。一般的に、顧客側はビジネス実現に必要な顧客アセットや技術など明確な提供価値があるのに対し、ICT企業側はシステム構築能力はあれど、他社との差別化が難しいケースがほとんどです。結果、顧客との交渉で優位なポジションに立つことが難しくなります。

一方で、海外の競合企業に目を向けてみると、顧客との共創に先立って自社の提供価値を再設計することで対応しています。再設計の方向性は、顧客を取り巻くバリューチェーンの再設計を図るPF型モデルと、顧客がデジタル事業構築にあたって求める要件全体をカバーすることで競争力を高めるデジタルサービサー型モデル、の二つの方向性が考えられます。

■ 図表19-6　海外企業が取り組むビジネスモデル

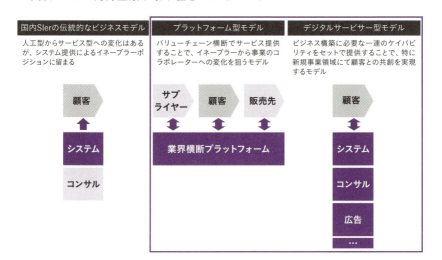

PF型モデルのポイントは、顧客との関係性をITプロバイダーから、バリューチェーン上の重要な協業相手へと転換することで、ICT企業側の相対的な価値を高めることにあります。結果、AppleやMicrosoft等の例を見るまでもなく、PF事業者は高い収益性を享受することになります。

　B2B事業でのPF型モデルの例として、ダッソーシステムズが挙げられます。ダッソーシステムズは、元々はCADやPLMなどを独立した製品群として保有していましたが、2012年保有していた一連の製品を3D EXPERIENCEとして再整理し提供を始めました。

　ユニークな点としては、単なるサービスの再整理を超えて、製造プロセス横断でのプラットフォームとなるべく、メーカーやパーツサプライヤーへの発注が可能なマーケットプレイスを提供している点にあります。この機能により、ユーザーはPLM・CADで設計した製品の試作を外部ベンダーに依頼し、必要なパーツも同一プラットフォーム上で外部ベンダーに依頼ができることとなり、プラットフォーム上で製品の製作に関わる一切を完結できるようになりました。これにより、従来はバリューチェーンの外に置かれていたダッソーシステムズがユーザーにとってバリューチェーン上で商社的な役割を果たすこととなり、価値が大きく向上することとなります。

　構築にあたっては自社顧客を中心としたネットワーク化も当然行ってはいますが、アメリカのオンデマンドマニュファクチャリングサービス提供企業であるXometry社との提携など、外部パートナーを有効活用してサービスを構築してきました。

　また、アクセンチュア、デロイト、キャップジェミニ等のコンサル会社が主役のデジタルサービサー型モデルは、広告やUXデザイン等の新規事業構築に必要な能力をITと合わせて提供するモデルです。例えば、アクセンチュアにおけるDroga5やFjordの買収、デロイトによるHeatの買収、キャップジェミニによるLiquidHubの買収などが挙げられます。これらに

前項で述べた上流ケイパビリティも加わることで、ITサービサーとしてではなく事業構築パートナーとしての認知を高め、顧客との"共創"時の交渉力を発揮することにつながっています。

いずれのアプローチにおいてもポイントとなるのは、顧客との共創を謳う前にまずは自社の提供価値を明確に定義し、不足するケイパビリティは買収・提携も駆使して補完している点にあります。安易に共創という言葉に逃げずに、M&Aも駆使したBoldな戦略を構築し共創から得られる価値を最大化することが求められます。

デジタル銘柄としていかに認知を拡大するか

DX需要の取り込み、高収益モデルへの転換が実現されると、利益率が向上し従来型の人工モデルから脱却した"デジタル企業"へと進化しているはずです。一方で、株式市場・採用市場で正しく自社を評価してもらうためには、新たな自社の絵姿を正しく伝える努力が欠かせません。

現在も投資家とのIRコミュニケーションには各社多大なリソースをかけて取り組んでいます。しかし、最も重要なポイントは、IRコミュニケーションの手前の「投資家・採用候補者に刺さる明確なビジョンの構築」とそれを裏付ける「痛みを伴うポートフォリオ変革」の2つにあると考えています。

「明確なビジョンの構築」に関しては、提供サービス（=What）ではなく、ITサービスの構築というHow視点で定義されるSIビジネスにおいては特に重要性が高い取り組みとなります。今後、SIで培ってきたアセットを活かしたサービス化が進めば進むほど、何をできる会社なのかが希薄になっていくためです。

一方で、多くのICT企業では従来型のビジネスへの配慮が残り総花的なビジョンに留まっている状況です。結果として、製品ポートフォリオもよ

く言えば何でもできる、悪く言えば何が強みか分からないポートフォリオとなっており、顧客が魅力を感じる製品から距離がある状況です。

このように、ビジョンの明確化は第一に取り組むべき領域です。しかし、投資家・採用候補者からのビジョンへの信頼を得るためには、ビジョンを裏付けるアクションまで落とすことが重要となります。特に、ビジョンに反するあるいは関係性が低い事業売却まで踏み込むことで、企業の変革をより明瞭に投資家・採用候補者に伝えていくことが必要となります。

海外企業でうまくマネージしてきた企業の例としては、IBMが挙げられます。IBMのマルチプルは日本のICT企業と比べて相対的に高い水準ですが、2020年ごろまでは日本企業同様低水準のマルチプルに悩まされてきました。

IBMは日本企業同様2000年代前半にはハードウェアビジネスからソフトウェアビジネスへの転換に迫られていましたが、PC事業からの撤退を経て2010年代からはAI・ハイブリッドクラウドへの注力を明確にし、Watsonを中心としたAIソリューションの構築やRed Hat買収などを進め

■ 図表19-7　IBMのEV/EBITDAマルチプル推移

出所: Bloomberg

てきました。

　2020年代に入ると、戦略を加速させるべくSpanugoやWDG Automation等のボルトオン買収を行うのみならず、AI・ハイブリッドクラウドという注力領域から外れるITインフラサービス部門を新会社Kyndrylとしてスピンオフしました。Kyndrylは当時のIBMの売上の4分の1程度を占めており、中核事業とも言えるものでしたが、戦略の方向性とは合わない事業を売却することで、注力領域をより明確にする試みであったと評価できます。発表を受けて市場でも、当日中に9%株価が上昇し、マルチプルも約10倍から分社が完了した21年末には約13倍となり、その後も13〜15倍程度を維持しています。

　改めて振り返ると、日本のICT企業がとるべき方向性は非常にシンプルで、まずはビジョンと新たなビジネスモデルを定め、それに基づき買収・提携を駆使して迅速にケイパビリティを構築し、非戦略部門からは撤退して資金を獲得しつつ市場においてデジタル銘柄としての認知を得るという、基本的なアプローチとなります。

　しかし、過去10年でコーポレート部門が力をつけることで、買収も含むドラスティックな動きに打って出ることが可能になってきてはいるものの、依然として社内や取引先をはじめとした"しがらみ"から思うように動けていないのが現状でしょう。今後10年でさらに経営・コーポレートと事業部の分離を進め、事業部は事業運営に集中しつつ、経営・コーポレートは事業部間のしがらみにとらわれず、より投資家的な視座からポートフォリオ経営を洗練させていくことが求められます。

業界横断テーマ

執筆者

大塩 崇（おおしお たかし）
A.T. カーニー　シニアパートナー、デジタルプラクティスリーダー
早稲田大学理工学研究科卒。大手 ICT 企業、米系戦略系ファーム等を経て A.T. カーニーに入社。
デジタルテクノロジーを有する ICT 企業、エレクトロニクス、ハイテク企業等に対してコーポレート戦略・事業戦略・GTM・M&A・業務変革などを支援。また、デジタルテクノロジーを活用した業務変革・システム変革をクロスインダストリーに支援。

長内 正一（おさない まさかず）
A.T. カーニー　プリンシパル、戦略オペレーションプラクティス・デジタルプラクティス
東北大学 理学部卒業、同大学院 宇宙地球物理学科修了。
大手 ICT 企業、国内コンサルティングファームを経て A.T. カーニーに入社。
ICT 企業、金融機関、製造業などのクライアント企業に対して、デジタル変革、オペレーション変革、コーポレート機能強化、コスト構造改革などを中心に支援。

伊藤 大平（いとう たいへい）
A.T. カーニー　マネージャー デジタルプラクティス
一橋大学 法学部卒。国内大手コンサルティングファームを経て A.T. カーニーに入社。
ICT 企業、ハイテク企業等に対するコーポレート戦略・事業戦略・GTM・M&A・業務変革や、PE ファンド・事業会社に対する M&A を支援。

参考文献

・経産省："DX レポート 2 中間とりまとめ"
・日経クロステック："キンドリル分割後の「IBM の新しい形」、事業規模は年商 540 億ドルに"
・IR 資料・各社 Web サイト（IBM、Dassault Systemes）

第20章

企業価値創出

PBR改善を契機とした
根源的価値の向上

「企業価値創出」と聞いて何を思い浮かべるでしょうか。そもそもの「企業価値」という言葉自体が時価総額や短期の株価にも結び付くもので、どこかブラックボックスという印象を持たれている方もいるかもしれません。一方で、色々と限界や欠陥は指摘されているものの、企業活動の成功度合いを全体として測るモノサシとして、投資家や資本市場だけでなく、顧客や取引先、従業員、その先の広く一般的な（ビジネス）社会など、様々なステークホルダーにとって意味のある指標としては今のところこれに取って代わるものはない状況です。その「企業価値」は、総合的な指標であるがゆえに、その創出にも複数の切り口が存在します。本稿では、特に、「東証によるPBRの低い企業に対する改善策の提出・開示・実行の要請」（正式には、2023年3月に株式会社日本取引所グループによる「資本コストや株価を意識した経営の実現に向けた対応等に関するお願いについて」の公表）以来注目を浴び続けている「PBR1倍」を起点に、企業価値創出を考えていきたいと思います。「PBR1倍」は長きにわたり企業の解散価値を測る指標として知られてき

ましたが、昨今取り立てて「PBR1倍」が注目度を増している背景の一つ
として、2022年4月に行われた東京証券取引所の再編が挙げられるでしょ
う。それまで東京証券取引所一部・二部としていた分類を、プライム・ス
タンダード・グロースの3つに再編し、日本取引所グループでは、以来、
「市場区分の見直しに関するフォローアップ会議」を立ち上げるなどその
市場再編の実効性を担保するための継続議論を行ってきました。その中
で、特にプライム上場企業には日本の上場企業を代表し、世界をリードす
る企業とみなされるべく、国内外投資家の要求水準に合う企業となること
を期待され、規律が設定されてきました。例えば、プライム上場基準に満
たないプライム上場企業の区分替えが挙げられます。日本取引所グループ
は2022年末現在時価総額100億円という東証プライム上場基準に満たな
い東証プライム上場企業（269社）に対して、2023年9月末までにスタンダ
ードへの鞍替えをする場合には審査なしでの移行を認めるなど、円滑な区
分替えを促す施策を打ち出してきました。

　日本取引所グループが主導するそれらの施策・提言の中で、2023年に
行われ注目をされたのが、前述の「資本コストや株価を意識した経営の実
現に向けた対応等に関するお願いについて」です。資本コストを上回る資
本収益性達成や株主との対話について、具体化し、各社に実行を促すもの
で、以来「PBR1倍」を満たすことは、一つの達成すべき資本収益性指標
として改めて注目されるようになりました。

　そもそもPBRへの注目は、経済産業省から「持続的成長への競争力と
インセンティブ〜企業と投資家の望ましい関係構築〜」（「伊藤レポート」）が
公表された2014年8月から特に指摘されてきました。「伊藤レポート」で
は、日本企業のROEは他国比低水準であり、企業が目指すべきROEは資
本コストを上回る水準であること、そしてそれは8％が目安であるという
数値付きで語られました。ROEの低さの要因が当期純利益率の低さに求
められること、また、日本企業のROE水準の低さがPBR水準の低さの原

因となっていることにも言及されています。「伊藤レポート」の公表から約10年経ったことから、本稿では、まず、あらためて現在の東証プライム上場企業の状況を分析します。その上で、企業が資本収益性を改善し、ひいては企業価値を向上するためにどのような視点で、何を講じていくべきかを論じていきます。

東証プライム上場企業の現状

　早速ですが、東証プライム上場企業1,827社（2023年7月31日現在）のPBRの状況を見ていきましょう。1,827社中、PBR1倍未満の企業が830社と45%を占め、PBR1倍未満企業の平均PBRは0.68倍です。業種別に見ると、「ボリュームゾーン」は卸売、化学、銀行、機械、電気機器、建設業で、それぞれ80社、75社、66社、62社、62社、52社がPBR1倍を割って

■ **図表 20-1　東証プライム上場企業における PBR1 倍未満企業割合と上位 10 業種**

	PBR1倍未満企業数	総企業数	PBR1倍未満企業割合
卸売	80	139	58%
化学	75	136	55%
銀行	66	68	97%
機械	62	137	45%
電気機器	62	125	50%
建設	52	83	63%
小売	44	158	28%
輸送用機器	37	50	74%
食料品	30	72	42%
不動産業	27	64	44%
その他	294	795	37%

東証プライム上場企業（1,827社）

1,827

997社（55%）　PBR1倍以上

830社（45%）　PBR1倍未満

出所: SPEEDA、各社有価証券報告書よりA.T. カーニーが作成

います

　一方で、PBR1倍以上企業が多いのは、情報通信、サービス、小売業です。各業種のビジネスモデルの違いからPBRの高低に傾向が生まれるのはある程度当然ではありますが、しかしながら、同業種の中でも、PBRが1倍に満たない企業もあれば、そうでない企業もあることもまた事実です。また、売上高の成長が高い企業の方が、高いPBRを実現できているのではないか、つまり成長企業と成熟企業で差が出るのではという考えもあります。しかしながら、データを見る限り、PBRが2.5倍を超えるような企業群を除けば、売上高成長率とPBRとの間には明確な連関性は見られません（図表20-2）。

　つまり、売上高成長率の違いとは関係なく、PBRが高い企業もあれば低い企業もあるということになります。

　では、PBR1倍を実現している企業とそうでない企業の間に何が大きな

■ 図表20-2　東証プライム上場企業におけるPBRと売上高成長率の関係性

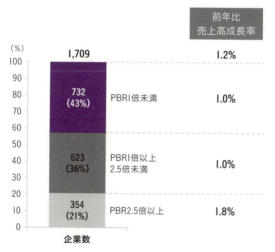

出所：SPEEDA、各社有価証券報告書よりA.T. カーニーが作成

差として存在するのでしょうか。そして、PBRを高めるために高PBR企業群から学べることは何でしょうか。ここからの分析の①対象、と、②方針、については、以下の通りです。

① 分析対象：東証プライム上場企業1,709社。ただし、銀行業、証券業、保険業、その他金融業は除く。財務諸表の構造が大きく異なり、各指標の比較がしづらくなるため。なお、これらの1,709社に占めるPBR1倍未満企業数は732社あり、1,709社のうち43%を占めます。

② 分析方針：PBRは分解すると、ROE×PERになります。どちらもさらに分解・深掘りできる指標ですが、資本収益性を表し、短期の株価や市場動向に左右されにくいROEを中心に詳細を見ていきたいと思います。

　PBRをROEを起点に分解すると、PBR（時価総額〈＝株価×発行済み株式総数〉÷株主資本）＝ROE（当期純利益÷株主資本）×PER（時価総額〈＝株価×発行済み株式総数〉÷当期純利益（＝一株当たり当期純利益×発行済み株式総数）が成り立ちます。東証プライム企業のPBRを、このROEとPERという2指標に分解して比較した結果（図表20-3）を見ると、いずれの指標もPBR1倍未満企業ではPBR1倍以上企業と比べ低いですが、特にPBR1倍未満企業と、1倍以上2.5未満企業を比べると、ROEは2倍近くの差があり、「PBRとROEは高い連関性が存在する」「ROE＝8%が株主に報いているかの一つの大きなマイルストーンである」という伊藤レポートでの記載に即しているように見えます。従って、ここではROEに着目し、ROEを「デュポンシステム」に則り以下のように分解して見ていくこととします：ROE＝当期純利益率（当期純利益÷売上高）×売上高総資産回転率（売上高÷総資産）×財務レバレッジ（総資産÷株主資本）。

　ご覧いただくと分かる通り、基本的な傾向としては、PBRが低い企業は、当期純利益率と売上高総資産回転率が低く、反対にPBRが高い企業はそれらの指標が高い傾向にあります（財務レバレッジには大きな差は無し）。一

業界横断テーマ

■ 図表20-3　東証プライム上場企業におけるPBRの因数分解

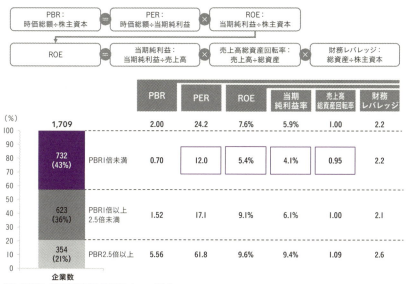

出所: SPEEDA、各社有価証券報告書よりA.T. カーニーが作成

見すると、特に、当期純利益率の差が大きいですが、それ自体は2014年公表の「伊藤レポート」から指摘されてきたことでもあります。また、PL内で完結する「分かりやすい指標」でもあり、多くの企業が改善目標に掲げ、日々向上に向けて尽力はしているものと察しますが、打ち手の実効性で相当の差がついているのが実態と推察されます。詳細の方法論については、本書の他の章で詳しく扱っているのでそちらに譲り、ここでは、もう片方の売上高総資産回転率の高低について考察を深めていきたいと思います。売上高当期利益率の差に比べれば少ないものの、この指標でもPBRが高い企業と低い企業の間に傾向の差は見られます。そもそも、売上高総資産回転率とは総資産からどれだけ効率的に売上高を生み出すことができたかを判断する指標です。資産の効率性を示す指標と言われ、高ければ高いほど一定の総資産から効率よく売上高を上げることができていることを示します。従って、PBR1倍未満企業について、売上高総資産回転

率が低いということは、総資産が、売上とそこから生み出される収益に対して重い、つまり同じ規模の資産から、他社と同じだけの売上高を創出できていないことを意味しています。それでは、具体的に総資産を効率的に活用するには何が必要なのでしょうか。

資産の効率化のための着眼点

　総資産とは、ご承知の通り、現金または換金価値のあるもの、または現金を得る権利を持つものの総和であり、流動資産、固定資産、および繰延資産に分けられます。流動資産は1年以内に現金化されうるもの（および現金）、固定資産は1年を超えて事業に使われる資産、繰延資産は費用ですが、費用の効果が1年以上にわたるものを示し、総資産のほとんどが原則的には流動資産と固定資産で成り立ちます。では総資産を効率化するために、つまり一義的には圧縮するために、何ができるでしょうか。

　おそらく直感的に最も分かりやすいのは固定資産の売却ではないでしょうか。活用できていない設備の売却や、不採算子会社または関係会社の株式の売却などがこれに当たります。固定資産を売却すると現金が増え、その時点では総資産の総額は変わりませんが、創出された現金を投資し、売上につなげることで総資産回転率は向上する。固定資産の売却による圧縮は、絶対額として効果が出やすいですが、一度売却してしまうとその後は効果が出ません。また、それ自体が組織内で目的化すると、かえって長期的な競争力を削ぐ恐れすらあります。

　一方で、流動資産に着目するとどのような打ち手と効果が期待できるでしょうか。本節ではまず概論を述べ、具体的な施策や効果の詳細については、後半で述べたいと思います。そもそも流動資産と聞いて何を思い浮かべるでしょうか。おそらく、最もなじみが深い科目が「現金」ではないかと思います。日本企業の「カネ余り」は多くの方が耳にしたことがあるの

業界横断テーマ

ではないかと思いますが、歴史的に、日本企業は現金を貯める傾向にあると言われます。現金は最終的には最も重要であり（ご承知の通り、利益を創出していても現金が枯渇したら企業は破産します）、日本企業が歴史的に現金を確保しておくことに重要性を置いてきたことは決して悪いことではありません。現にリーマンショックやCOVID-19のような「未曾有の」不況が訪れた際にも、もちろん多くの企業が資金繰りに苛まれはしましたし、また、金利や為替等外部要因も関わるところではありますが、それでも他国と比べた景況やその冷え込み方が幾分かましであったのは、企業が確保している資金水準とは不可分ではありません。本節でまさに議論したいのが、その「カネ」の話です。ただし、上述にある狭義の流動資産の勘定科目の「現金」ではなく、事業を回しながら確保できる資金をどう最大化するか、それにより資産がどう効率化されるかを論じたいと思います。

　企業の資金繰りを見る上で重要の一つの指標がキャッシュコンバージョンサイクル（図表20-4、図中では"CCC"）です。キャッシュコンバージョンサイクルは、企業が原材料等を仕入れることで債務を負ってから、売上として回収されるまでにどの程度の期間がかかったかを表す指標です。具体的には、売上債権回転期間＋棚卸資産回転期間－買入債務回転期間で表されます。売上債権回転期間は売上が発生してから債権が回収されるまでの期間を示し、短ければ短いほど早期の回収ができています。棚卸資産回転期間は棚卸資産を仕入れてから販売されるまでの期間を示し、同じく短いほど早期に販売されています。また、買入債務回転期間は仕入れた債務の支払いまでの期間を表し、長ければ長いほど、支払いに猶予がある状態を示します。つまり、ゼロに近ければ近いほど、キャッシュベースでの持ち出しが少なく、企業によってはマイナスの企業も存在します（簡単に言うと、支払いよりも入金が早いということを示します）。

　これらの指標を、前節までと同様、PBR水準別にグループ分けをして比べてみると、PBR1倍未満企業ではキャッシュコンバージョンサイクル

■ 図表20-4　東証プライム上場企業におけるキャッシュコンバージョンサイクル

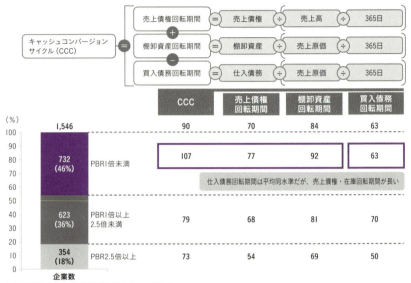

出所: SPEEDA、各社有価証券報告書よりA.T. カーニーが作成

が107日、一方で、PBR1倍以上企業では79日と、約30日の違いがあります。

つまりPBR1倍未満企業では、PBR1倍以上企業と比べて、資金の回収に約1カ月、余分な時間がかかるということを示しています。それでは、資金の回収に1カ月の差がでることの潜在的な影響を考えてみましょう。

受注ベースで原料から商品を作り、販売する事業を行う企業AおよびBがあったと想定します

売上規模は同等ですが、企業Aは企業Bよりも売上高の回収が1カ月早期に行われます。企業Aが売上高の回収を行い、企業Bがまだ回収できていない1カ月の間に、両社に商品が発注されたとします。両社とも原料の購買を行いますが、企業Aは既に資金が手元に入金されているため現金で原料を購買し、企業Bは手元資金が足りませんが、1カ月後に入金があることを見越して借入を行い原料を購買しました（借入が行えない場合は1カ月後

業界横断テーマ

■ 図表20-5　資金回収が長期化した際のコストとリスク

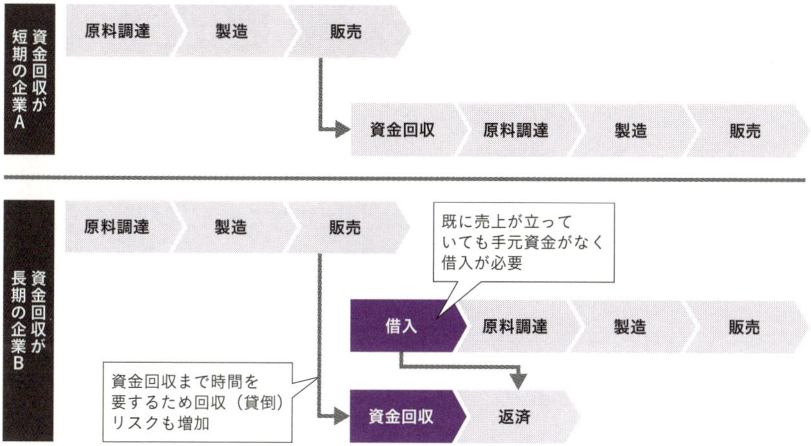

の入金まで原料を購買できず、その場合販売期間を逃すリスクを負うことになります）。つまり、企業Bは企業Aと同じ売上高を上げるために、借入金＝負債を増やしました。未回収の売上高は売掛金としてバランスシートに計上されたまま、負債と同額分の現金がさらにバランスシートに増額されることになりますので、企業Bの総資産回転率が企業Aと比べて下がることがお分かりいただけるでしょう。また、一般的には借入金には利息が伴うため、同じ売上高を上げたにもかかわらず、利益率も企業Bの方が低くなります。

　その後、企業Bは売上高の回収を待っていましたが、悪いことに、その債務者が資金繰りに困り、破産してしまったとします。企業Bは先に借りた借入金を返すために新たに借入金で資金を調達する必要があるわけですが、おそらく利息条件は前回よりも悪化し、金融費用の負担がさらに増えてしまいます。資金の回収までに時間がかかることは、バランスシート上負荷がかかり総資産回転率を下げるだけでなく、収支上も負荷を負うことがお分かりいただけるのではないでしょうか。

　純有利子負債の現金に対する保有割合を、PBR水準別に比較してみる

第20章　企業価値創出

■ 図表 20-6　東証プライム上場企業における PBR と純有利子負債の状況

	企業数	純有利子負債[1] 対現金比率
PBR1倍未満	722	5%
PBR1倍以上 2.5倍未満	574	−4%
PBR2.5倍以上	311	−11%
合計／総平均	1,607	−1%

1. 純有利子負債は有利子負債−現金等。数値がマイナスであるのは有利子負債が現金等よりも少ないことを意味する
出所: SPEEDA、各社有価証券報告書よりA.T. カーニーが作成

と、PBR1倍未満企業では有利子負債が現金よりも多い状態であり、逆に PBR1倍以上企業では有利子負債よりも多くの現金を保有している傾向にあります。

　キャッシュコンバージョンサイクルが長い企業は、事業を運営するために負債に頼る度合いが高くなることを示していると言えるでしょう。総資産回転率の低さに見られる総資産の膨張は、運転資本を効率的に活用できていない可能性があるサインであり、売上高や利益のみを見ていると見落としがちな長期的に事業の足を引っ張る構造を生み出しています。逆に言えば、キャッシュコンバージョンサイクルを短くすることができれば、自社内で創出するキャッシュが増え、財務的な選択肢も増え、未来の競争力強化に向けた投資にもより積極的になれます。

運転資本の効率化のための施策

　それでは、具体的に運転資本の効率化のために何から手をつけるべきなのでしょうか。企業ごとに状況は異なりますが、大きく以下4つの観点か

ら戦略・施策に落とし込むことができます。短期に効果が出るものと、中長期で整備していくものの双方から策定する必要があります。

①取引条件の見直し・向上

　まず、1つ目の観点が、取引条件の見直し・交渉です。取引の慣習は業種ごとに、また時には規模により異なりますが、自社の業種・業態に鑑みた際に、公正な条件を引き出せているのか、適正な水準はどの程度なのか、どのような交渉があり得て、交渉の結果どの程度の条件改善を見込めるのかを検討し、実行します。主には契約更新に合わせ交渉を行いますが、全ての要求が聞き入れられるわけではないことを踏まえ、何を譲歩し、取引条件の見直しを先方にのんでもらうのか、その交渉による収支の全体像を理解した上で交渉に臨む必要があります。

②運転資本を扱うプロセスの改善

　次に、2つ目の観点として、運転資本を扱うプロセスの改善が挙げられます。どこで運転資本の滞留が起こっているのか、プロセスの変更により効率化できる余地はないのかを、社内（ときには社外パートナーも含めた）調査により定性・定量のデータとして客観的に可視化し、改善策を講じます。例えば、需要予測や在庫予測の精度改善や、在庫保有をどこで行うのかなど、検討すべきプロセス改善は多岐にわたります。これらの改善は、在庫の圧縮等保守的な理由だけでなく、これまで捉え切れていなかった需要増を感知するきっかけにもなり、売上高成長にもつながるため非常に重要です。キャッシュコンバージョンの比較で確認した通り、PBR1倍未満企業ではそのサイクルが全社平均に比べて長いですが、その差は売上債権および在庫回転期間での差で生じています。つまり、当社が取引先等他社に支払うまでの期間（仕入債務回転期間）は他社比同水準であるにもかかわらず、当社が支払いを受ける際の期間（売上債権回転期間）および一度保有した在庫

を現金として回収するまでの期間が長いことを意味します。これらは①の取引条件の交渉や、本②でのプロセスの見直しにより改善が可能です。

③モニタリング体制の構築

　そして、3つ目の観点が、モニタリング体制の構築です。一旦深掘りをして、プロセスの改善を行っても持続しなければ意味がありません。また、改善によって本当に望んだ効果が出ているのかの確認ができなければ不十分です。改善箇所をはじめ、全体にボトルネックはないのか、プロセスを改善したとして、それが回り続けているのか、また別の個所で滞りは生じていないのか、随時確認し、滞りがある場合に早期に手を打つために、KPIを設定し、継続的なモニタリングを行う必要があります。

④企業文化の醸成

　最後に、4つ目の観点が、企業文化の醸成です。運転資本を効率化し、キャッシュコンバージョンサイクルを短縮する必要があるということを社内に根付かせ実践させる必要があります。企業文化の定着には、当然経営陣からのメッセージングが重要な原動力になりますが、それと併せて、従業員が則っていれば、自然と運転資本の効率化に貢献するような、新たな仕組みが必要となります。例えば契約時に契約相手に求める支払いタイミングの早期化など、基準を設けて徹底することで、従業員が、それを習慣化し、「当然だ」として実行に移せるようになることが非常に重要です。

運転資本の効率化の効用

　低PBRの一因である、総資産回転率の低さについて、改善方法を運転資本の効率化およびキャッシュの創出の観点から取り上げてきました。では、具体的に運転資本を効率化し、キャッシュを捻出することでどのよう

業界横断テーマ

■ 図表20-7　運転資本の効率化による企業価値成長

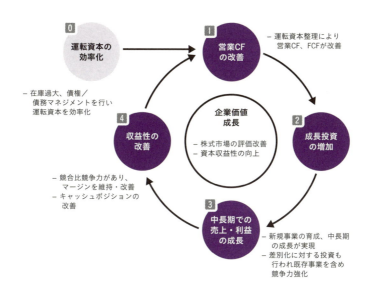

な効果があるでしょうか。運転資本を効率化させると、キャッシュが創出されます。その結果、新規事業の種まき、既存事業の競争力強化などのために投資が行われ、中長期での収益性が向上し、収支の改善にもつながります。

例えば、新興成長企業にとっては、売上高を創出する機会が増えても、資金が回収できなければ次の購買や投資への手立てが充てづらいのが現状です。一方で、運転資本を効率化し、事業を回しながら極力資金を回収できる体質を作っておけば、成長投資を行いやすく、加速的な売上高成長につながりましょう。また、設備投資が必須である製造業、石油精製業等の産業では設備の優劣が中長期的な製品改善・生産性改善のために必須であり、競争力を分けることがあります。運転資本効率性の高い体質を作っておけば、投資に振り分けるキャッシュの確保も容易となり、競争に適応することが可能です。さらに、M&Aをはじめとする他社への投資機会への

レディネスも高まります。また、前節で紹介した運転資本改善施策の2つ目で取り上げたプロセス改善からの効果も存在します。需要予測の精緻化を行うことで、過剰在庫を避けることができます。また、逆に売れているものの在庫がなく販売機会を逃すということも減り、潜在的な売上高増にもつながっています。加えて、資金の回収を早期化することは、貸倒損失の回避につながります。当然、資金の回収を早期化することで、負債を借り入れる必要性が減ることから、金融費用の減少も実現されます。本章の前半で、PBR1倍未満企業の当期純利益率の低さを指摘しました。実は運転資本の効率化は、このような収支改善と、時価総額の向上をもたらし、いわゆる「リストラ」のみで構造改革を検討する場合と比べて、社内への痛みが少ない形で、成果を上げる蓋然性が高いという特徴があります。運転資本は打ち手を定め実行することで効果が出やすいため、経営陣の皆様にぜひ一度効率化余地を検討していただきたい事項の一つです。

まとめ

本稿ではあえて触れませんでしたが、PBR（= ROE × PER）を高める施策として、株主還元（自己株買いや増配）も挙げられ、東証改革の発表以来、少なからぬ企業で実行されています。それらの施策は短期的にEPSを向上したり、足元で企業内の溜まったキャッシュを株主に譲渡することにより、即効性が得られたりします。しかし、それらの施策では、（株主や債権者に譲渡する前段階の）企業が事業を通じて生み出すキャッシュフロー（Cash Flow to Firm）、いわばパイ自体が増えるわけではないことに留意する必要があります。今一度自社のバランスシートとキャッシュフローを点検し、顧客や取引先との諸条件の改善や、運転資本のプロセスの高度化などを徹底することで、これまで「カネ食い虫だった事業」を改善できるかもしれません。また、その結果として、企業全体が事業を通じて生み出すキャッシュ（パイ自体）を増やすことができるかもしれません。また、結果的に、そ

業界横断テーマ

■ 図表 20-8 「分け前」の議論から「パイ全体を広げる」議論へ

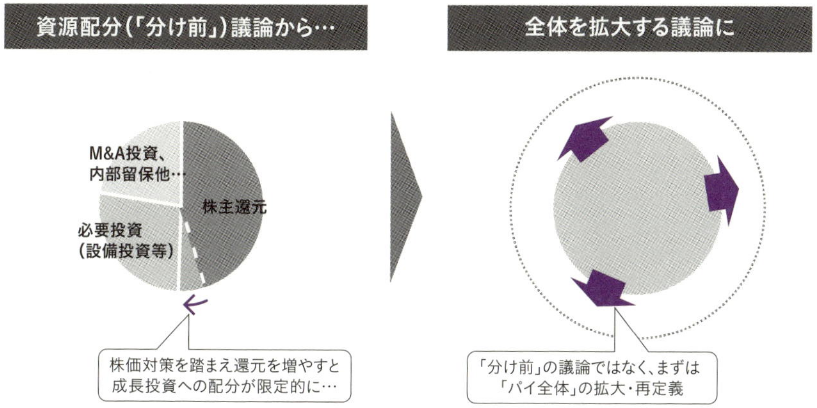

| 資源配分(「分け前」)議論から… | 全体を拡大する議論に |

M&A投資、内部留保他…
株主還元
必要投資（設備投資等）

株価対策を踏まえ還元を増やすと成長投資への配分が限定的に…

「分け前」の議論ではなく、まずは「パイ全体」の拡大・再定義

れらの諸改革を通じて将来への投資を積極的に行えるようになれば、長期的な企業成長にも寄与します。賢明な経営陣やCFOの方々には、「PBR1倍以上」の実現が短期的な株主還元策に留まるのではなく、本稿の冒頭で触れた、より長期的で根源的な「企業価値の成長」に向けた企業改革の契機となるよう、願ってやみません。

　A.T. カーニーでは「企業価値の向上」に向けた企業改革を、本稿で特に中心的に触れた運転資本の改善の切り口に限らず、診断〜処方〜実行〜フォローアップの各段階で、ご支援しています。関心を持たれた方はご相談いただければ幸いです。

執筆者

井上 真（いのうえ まこと）
A.T. カーニー　消費財小売プラクティス アジア太平洋共同リーダー シニアパートナー
東京大学卒。Washington University in St.Louis 経営学修士。総合商社にて、事業投資や投資先の経営を経験。その後、米系コンサルティング会社を経て、A.T. カーニーに参画。企業戦略、ポートフォリオ戦略、競争戦略、組織設計、収益改善など企業の根源的価値向上に向けた様々な取り組みをハンズオンで支援。

梶 沙瑶子（かじ さよこ）

A.T. カーニー　消費財・小売プラクティス プリンシパル

慶應義塾大学卒。米系証券会社での投資銀行業務、日系銀行での企業投資業務や投資先の経営を経験。その後米系コンサルティング会社、日系・米系コマース企業を経て、A.T. カーニーに入社。

組織戦略、ポートフォリオ戦略、企業価値向上戦略、海外事業展開戦略策定などを支援。

業界横断テーマ

第**21**章

組織変革

グローバル本社機能の強化

本社は何をしている？

　現場社員の本社批判というのは、いつの時代も変わらず存在したものです。前線だけでなく、幹部に近い管理職が本社に対する批判を展開するのも決して珍しくありません。批判までいかなくても、ぼやきくらいは日常茶飯事でしょう。現場社員からの本社批判はまだよいとして、近年は大企業のCEOからも本社機能への懸念を耳にすることが増えてきています。あるクライアント先のCEOとの間で、最近このような会話がありました。この方と過去の失敗の振り返りやこれからの取り組みの障害を議論する中で、様々な取り組みが思うように進まない、あるいは、その前提となる決断ができない背景に、本社の弱さがあるという認識が強くなってきました。改めて、現状の本社機能について問いかけると、彼からは本社について次のような不満や愚痴の吐露が続きます。

> 「意思決定に必要な情報がタイムリーに上がってこない、結果として自ら現場情報をかき集めて手を突っ込んでいくしかない」
> 「事業はグローバル化したものの本社はグローバル化できていない。本社の企画や財務は国内事業だけ見ていて、海外事業は実態がどうなっているかすら、把握できていない」
> 「日々のトランザクション業務を回すのに精一杯で、付加価値のある業務に取り組めていない」

　では、本社機能を強化するために、何か取り組みを進めているかと問いかけると、「PLに直結する事業課題への対応を優先してきており、この問題は先送りにしてしまっている」と言うのです。これは、なかなか憂慮すべき状況ではないでしょうか。

　この問題を先送りにすることが大きな間違いであることを理解するには、ソニーの経験を見てみるとよいでしょう。1990年代初頭にソニーの企画の方と議論したことを筆者は極めて鮮明に記憶しています。「ソニーには本当の意味でのグローバル本社がない」というのが彼の問題意識でした。「ソニー株式会社の企画機能はエレキだけを見ていて、エンタメ事業や金融事業を見ていない。ソニーグループの経営陣はエンタメや金融をもっと伸ばしていきたいが、ポートフォリオを最適化していくような動きをドライブするメカニズムが存在しない」というのです。この状況は、その後も長く続いてきました。グループ本社機能の未分化や弱さが、技術偏重文化の打破の妨げやエンタメ事業・金融事業のコントロール不足につながり、結果として戦略展開の遅れをもたらしたと言えるでしょう。

　もちろん個別に手は打たれてきていましたが、この問題に対する明確な解が出されるには2021年のソニーグループへの会社再編を待つことになりました。会社再編を通じてエレキ事業とは明確に切り分ける形でグローバル本社を設置し、長年の課題に決着をつけたのです。また、ソニーはグ

業界横断テーマ

■ 図表 21-1　ソニーグループへの会社再編

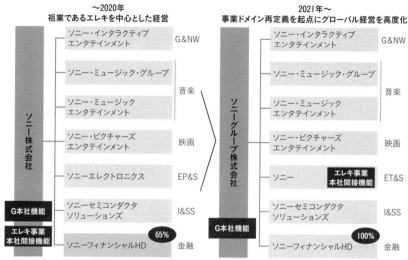

G&NW：ゲーム＆ネットワークサービス　　EP&S：エレクトロニクス・プロダクツ＆ソリューション
ET&S：エンタテインメント・テクノロジー＆サービス　　I&SS：イメージング＆センシングソリューション
出所：各種公開資料を基にA.T. カーニー作成

ループとしてのパーパスと事業ドメインを再定義し、事業ポートフォリオの見直しを加速していきました。

　近年のソニーの好調さは、個別事業での構造改革や各事業の環境要因に支えられているところもありますが、全社の中での各事業の位置付けが明確になり、戦略的な投資方針が固まったことが大きな要因であると筆者は見ています。本社が、「戦略を定め、各事業がシナジーを活かしながら事業を推進できる内部環境を作る」という本来の役割を果たした結果です。

　一方で、企業業績の向上に向けた取り組みを進めるものの、本社機能の弱さゆえに思うように成果を出せていない企業もあります。

　企業が大幅に業績を向上させる道のりは大きく3つの局面に分解されます。事業構造改革、事業ポートフォリオのシフト、新しいコア事業の最大化（スケール）です。事業構造改革と事業ポートフォリオのシフトは順番が逆になることも、ほとんど同時に手が付けられることもあります。また、

第21章　組織変革

■ 図表 21-2　業績向上の道のりにおける本社のタスクと起こりがちな課題

	タスク	本社が弱いことで起こりがちな課題
新しいコア事業の最大化（スケール）	– 成長を最大化するために、大胆な投資を実行する – 必要な組織能力を整備し、事業オペレーションを強化する	– 全社共通で重要な組織能力の特定、それらについての標準的プロセスの整備やノウハウの蓄積が進められない
事業ポートフォリオのシフト	– 各事業の事業ポートフォリオ上の位置付けを明確にして、それに沿った戦略投資・リソース配分の方針に落とし込む – 方針に沿って、ヒト・モノ・カネの再配分を進める – (M&A・パートナーシップが戦略の一環の場合は) システマチックにM&A・パートナー候補を探索し、ディール、その後のPMIを推進する	– 予算・計画が前年踏襲・積み上げ型であり、各事業の位置付け、それに紐付く戦略投資・リソース配分の方針の大胆な見直しができない – 戦略と戦略投資の紐付けを明確にし、戦略の実行状況に沿ったステージ別の投資管理を行う投資ガバナンスに落とし込めない – 戦略に沿った外部人材の採用加速、戦略事業へのトップ人材の大胆な移動が進められない – M&A機会の探索がシステマチックではなく、案件単位でのアドホックになされるため、事前の取締役会のバイインが不足し、ディールスピードについていけない
事業構造改革	– 事業の業績ギャップを把握して、実行可能だが、ストレッチした業績改善ゴールを設定する – 収益構造の抜本的な改善に向けた大胆な打ち手を洗い出し、方針を決め、行動計画を立てる – 実行チームを立ち上げ、それぞれの取り組み状況をモニターしながら、障害を取り除き、成果達成までやり切らせる	– 各事業の収益やコストドライバーの把握が甘く、グローバルな競合とのベンチマーキングができず、事業構造改革が必要であるという認識が確立できない – 事業構造改革についての大胆なオプション出し、それぞれのオプションの評価を行った上で、経営陣に建設的な議論を促すことができず、構造改革についての意思決定ができない – 構造改革に向けたチームの立ち上げに必要な人員リソースを引っ張ってくることができない。また、立ち上げたチームへの適切なガバナンスを組み立てられない

新しいコア事業の成長追求が先に始まることもあり得ます。

それぞれの局面でやり遂げるべきタスクと弱い本社のもとで起こりがちな課題を整理してみましょう。

事業構造改革

【タスク】
- 事業の業績ギャップを把握して、実行可能だが、ストレッチした業績改善ゴールを設定する
- 収益構造の抜本的な改善に向けた大胆な打ち手を洗い出し、方針を決め、行動計画を立てる
- 実行チームを立ち上げ、それぞれの取り組み状況をモニターし、障害を取り除き、成果達成までやり切らせる

業界横断テーマ

【弱い本社の課題】

・各事業の収益やコストドライバーの把握が甘く、グローバルな競合とのベンチマーキングができず、事業構造改革が必要であるという認識が確立できない（主に、弱い財務の問題）

・事業構造改革について大胆なオプションを複数出した上で、それぞれの評価を行い、経営陣に建設的な議論を促す、ということができない。結果として、構造改革についての意思決定ができない（主に、弱い経営企画の問題）

・構造改革に向けたチームの立ち上げに必要な人員リソースを引っ張ってくることができない。また、立ち上げたチームへの適切なガバナンスを組み立てられない（主に、トランスフォーメーション・オフィスの問題）

事業ポートフォリオのシフト

【タスク】

・各事業の事業ポートフォリオ上の位置付けを明確にして、それに沿って戦略投資・リソース配分の方針に落とし込む

・方針に沿って、ヒト・モノ・カネの再配分を進める

・（M&A・パートナーシップが戦略の一環の場合は）システマチックにM&A・パートナー候補を探索し、ディールを実行し、その後のPMI（買収後統合）を推進する

【弱い本社の課題】

・予算・計画が前年踏襲・積み上げ型であり、各事業の位置付け、それに紐付く戦略投資・リソース配分の方針の大胆な見直しができない（主に、弱い財務と経営企画の問題）

・戦略と戦略投資の紐付けを明確にし、戦略の実行状況に沿ったステ

第21章　組織変革

ージ別の投資管理を行う投資ガバナンスに落とし込めない（主に、弱い財務の問題）

- 戦略に沿った外部人材の採用加速、戦略事業へのトップ人材の大胆な移動が進められない（主に、弱い人事の問題）
- M&A機会の探索がシステマチックではなく、案件単位にアドホックになされるため、事前の取締役会のバイインが不足し、ディールスピードについていけない（主に、弱い事業開発の問題）

新しいコア事業の最大化（スケール）

【タスク】

- 新しいコア事業の成長を最大化するために、大胆な投資を実行する
- 新しいコア事業に必要な組織能力を整備し、事業オペレーションを強化する

【弱い本社の課題】

- 全社共通で重要な組織能力の特定、それらについての標準的プロセスの整備やノウハウの蓄積が進められない（主に、経営企画とCOE〈Center of Expertise〉機能の問題）

　こうしたタスクに対する課題を並べてみると、多くのCEOが自社に当てはまると感じられるようです。特に、財務、経営企画、人事といった機能に対しては、もっともっと戦略的な役割を果たして付加価値を出してほしいという声が強く上がります。一方で、それぞれの機能組織に全ての問題の責任を帰するのは酷なことも多いように見えます。そもそもそういう役割を求められていなかったことが問題であるというケースが多いのです。CEOも自らの反省も込めて、こうした振り返りをされます。また、こうした機能がきちんと役割を果たそうとした場合に、必要な情報が取れ

ないという問題もよく指摘されます。ITインフラの未整備という問題が大きく響いています。

　いくつかコメントと解説が必要な用語も出ているかもしれません。事業構造改革のところで挙げている、トランスフォーメーション・オフィス、あるいは、トランスフォーメーション・マネジメント・オフィス（TMO）という機能は、まだまだ日本企業で定着しているとは言い難いでしょう。事業構造改革を推進する際に、どの機能組織が主たる責任を持つべきかについては様々なオプションがあり、どれも一長一短があります。財務部門が推進するケースも多いものの、その場合は事業の運営からのギャップが大きくなりがちで、オペレーションへの配慮が薄くなりがちです。あるいは、そうした懸念を事業側が持つこと自体が改革のボトルネックになり得ます。経営企画の方が、より事業には近くなるものの、オペレーションに近いところまで入り込んでいくだけの人員リソースを置いていないケースも多いようです。そこで、TMOを置いて、構造改革を推進していく会社が増えてきています。日本企業の場合は、そもそもこうした新しい機能を設計して、動く組織に落とし込むノウハウが欠けていることも大きな問題と言えそうです。

　新しいコア事業の最大化については、スケールという言葉をカッコ内でつけています。スケールという概念はテック企業やスタートアップでよく使われます。ある事業や製品のコンセプトが市場に受け入れられ、対競合でも競争力を持っており、収益性が成り立つとなった場合に、事業運営の考え方を規模（スケール）拡大に一気に振っていきます。スケールに際しても、何がボトルネックになるかを常にモニターし、どんな投資がリターンを生み出すか、常に小さな実験から学んでいくことは欠かせません。ただし、ここで大事なのは、そこそこの成功で満足するのでなく、市場で可能な限りの成功を収めて「スケール」を追求することです。日本企業がともすると陥りがちな、ゆるゆるとした新規事業の立ち上げとの差を強調する

意味で、スケールという言葉をカッコでつけています。

　スケールを推進するのは基本的には各事業部門ですが、本社も大事な役割を果たす必要があります。それが、Center of Expertise の設定です。日本においても COE という言葉は徐々に広がっています。本社が COE をうまく用意して、徹底的に活用することがどのようなインパクトを生むかを理解するには、ダナハーを見るとよいでしょう。ダナハーは日本ではあまり知られていませんが、「最も業績の良い多角化企業」として世界的には注目されている企業です。

　多角化企業の常として、ダナハーは M&A に極めて積極的に取り組んでいます。その際の根幹になっているのは、ダナハー・ビジネス・システム（DBS）と呼ばれる経営のプレーブックです。予算をどう実行計画に落とし込んで、その進捗をどう追いかけていくか。どうやって買収企業の PMI を進めるか。どうやって品質管理を進めていくか。マーケティングやイノベーションを推進していくか。こうした経営のノウハウを DBS として形式知化し、グループ企業の間で共有しています。ダナハーが買収を進める際には、DBS を取り入れて推進することに買収先の既存経営陣がコミットすることを条件としています。ダナハーの本社は、この DBS を継続的に進化させて各事業会社に共有するだけでなく、個別取り組みでサポートが必要であれば本社からエキスパートを送り込んでサポートするなど、COE の活用の教科書的お手本と言えます。

　TMO や COE 的な機能を本社の役割だと言うと驚かれる方も多いようです。そうした方は、本社は方針だけ決める組織であって、事業運営に口をはさむべきでない、という考えを持たれています。これは後ほど触れるように、本社の役割（Role of Center）をどう定めるか、という設計の問題です。変化のスピードが早く、複雑性を増す、今日の事業環境においては、本社が全社的なリソースを結集して、新しいノウハウの構築と蓄積、その横展開を推進することを必要とするケースが増えてきています。本社がど

うやって付加価値を出していくかをよく考えていく必要があります。

なぜ今なのか？

　では、なぜ近年、日本の大企業のCEOが本社機能への懸念を口にすることが増えているのでしょうか。そして、なぜ今、本社機能の強化に取り組む必要があるのでしょうか。筆者は、マクロ環境の大幅な変化、グローバル化の加速、デジタル化の急速な進展が、その背景にあると考えています。

①マクロ環境が大幅に変化しており、事業ポートフォリオの点検・入れ替えの必要性が高まっている

　地政学・為替等のマクロ環境が大幅に変化する中で、事業毎の収益性やリスクプロファイルも大きく変化しています。結果として、事業ポートフォリオの点検の必要性、さらには入れ替えの必要性を感じる企業が増えてきています。その際に、質の高い議論や正しい意思決定をするためには、そもそも足元の事業毎の収益性やリスクプロファイルの変化をタイムリーに把握できる経営管理機能が本社に備わっていることが大前提となります。

②事業のグローバル化が加速する中で、海外事業へのガバナンスを強化する必要性が高まってきている

　日本市場の低成長を受けて、気が付いてみれば、海外事業の売上が日本事業を上回るという企業が増えています。M&Aによって、海外での事業基盤を手に入れてきた会社も多くあります。一方で、こうした事業構成に比して、IT基盤も含めた海外事業の統合、さらには、海外事業へのガバナンスは遅れたままの会社が極めて多い状況です。絶望的とも言える状況

は、グローバルでのタレントマネジメントです。海外事業のどこにハイポテンシャル人材がいるか。グローバル人材も含めたサクセッションプランニング（後継者計画）ができている会社は極めて少数です。日本市場の相対的魅力度が下がる中、もう一層のグローバル化を加速し、グローバル競合の本丸市場や新興国市場で一層飛躍するためには、海外事業に対して付加価値を出せ、ガバナンスを利かせられる本社の構築は不可欠となります。

③デジタル化、脱炭素化が急速に進展する中で、ビジネスモデルを転換する必要性が高まってきている

デジタル化が急速に進展する中で、ソリューション事業の推進やサブスクモデルへの対応等、新しいビジネスモデルの構築に取り組む企業が増えてきています。その際には、事業自体の構築だけでなく、本社の経営管理体制や意思決定体系も新しいビジネスモデルに適した形にアップデートすることが不可欠となります。脱炭素化の推進にあたっては、様々な取り組みについての適切な評価指標の整備、取り組み推進の主体設定が必要です。これは事業部門任せでは進められません。強い本社が、経営管理体制や意思決定プロセスといった新しい経営の枠組みを作っていくことが欠かせません。

ビジネスを取り巻く環境が大きく変化し、成り行きでの成長に陰りが見える中で、企業自体の方向性の見直しに迫られる、そのような中で本社機能の弱さに改めて直面するCEOが増えているのではないでしょうか。

何をすべきか？

では、本社機能を強化するために、具体的に何をすればよいのでしょうか。筆者のこれまでの経験によると、次の5ステップでの取り組みが必要

業界横断テーマ

■ 図表21-3　本社機能強化のステップ

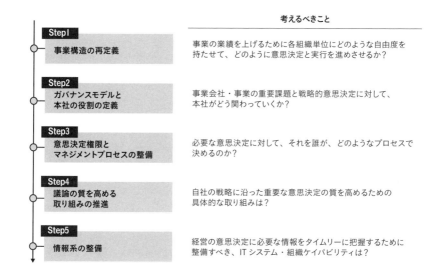

だと考えています。

①事業構造の再定義（事業×機能×地域の軸の整理）

　本取り組みは本社機能の外の検討課題だと感じる方も多いのではないでしょうか。しかし、組織設計の論理を整理することは、本社機能強化のポイントを明確にするための欠かせないステップです。

　事業構造の軸を決めるのは、突き詰めて言うと、事業の業績を上げるために各組織単位にどのような自由度を持たせて、どのように意思決定と実行を進めさせるかを設計することになります。

　具体的には次の3つです。

> 1）オペレーション上の最適化を独立して決められるのはどの単位か
> 　（例：各顧客への販売活動を推進して単価を決める、販売計画に基づいて調達・生産計画を立てる、等）

２）組織能力を構築して、活用するのはどの単位か

３）戦略を決めて、投資を推進するのはどの単位か

　多くの企業で、さすがに１）のオペレーションレベルでの問題が生じないようには、組織を調整しています。一方、組織能力や戦略の展開をにらんだ際には、事業構造がミスマッチしているケースはそれほど珍しくありません。

　近年、多くの製薬会社が、事業環境変化に伴って組織能力を変える必要性に直面し、組織軸の変更を行っています。従来は、本拠地の研究拠点で製品を開発し、各地域の規制に対応して承認を得て、ローカルの顧客に向けて営業・マーケティングを展開していました。本当の意味でのグローバルな組織能力の必要性は限定的であり、組織の形も、本社主導の製品軸の組織に対して各地域のコマーシャル組織を並列させるものでした。一方で、近年では、研究開発拠点のグローバルネットワーク化が進んだことで、開発時点からのグローバルなコーディネーションが求められ、関連する薬事、開発、品質保証といった機能のグローバルな統合の必要性が増しています。また、各市場で製品の承認を得て市場アクセスを確立するマーケットアクセス機能、サイエンスを重視した製品ポジショニングの確立を推進するメディカル機能、製品の費用対効果を立証する医療経済機能といった新たな機能を確立する必要性も高まっています。こうした機能を各地域が単独で確立することは極めて困難であることを受けて、多くの製薬会社が組織設計の軸を地域から機能へと変更し、それまでの地域分散型の独立したコマーシャル組織の権限を大きく削っています。

　戦略取り組みのニーズから、組織設計の軸が変わることもあります。グローバル化を進めてきた、ある素材メーカーの例です。この会社では、「素材メーカーとして生産周りと顧客向けのいずれの活動においても地域ごとの意思決定が重要である」との認識から、日亜・米・欧という３極の

グローバル経営体制をつくっていました。さらに、グローバル化を推し進めるために、自動車向け素材事業での大きな買収を通じた欧州での基盤構築、ヘルスケアでの新規事業の立ち上げ、といった取り組みも進めていました。一方で、グローバル本部のもとに買収した事業を継ぎ足してきた結果、戦略的な取り組みの推進力が弱い状況が生じてきています。具体的には、自動車向け素材事業ではグローバルでの対応体制を求めるOEM（完成車メーカー）顧客の要求に十分に応えられない、ヘルスケアの新規事業では既存の化学品とのシナジーが実現できない、その他の事業においても地域横断でのDX推進や成長事業へのリソースシフトが進められない、といった問題が表面化してきたのです。この会社の場合は、生産・物流コストという過去の戦略ドライバーから、グローバル対応やDX推進という新たな戦略ドライバーに変わってきたことにより、組織設計の軸の再考を迫られたのです。

　組織設計の軸を明確にして、それに沿って組織構造を整理することが、これに続くガバナンスモデルと本社の役割の定義の前提条件となります。組織の軸が混乱したままでは、ガバナンスの在り方を議論することは不可能と言っても過言ではありません。

②ガバナンスモデルと本社の役割の定義

　ここでのガバナンスは必ずしも取締役会を機能させることだけを指すわけではありません。経営としての正しい意思決定や事業運営を実現するための、監督や統制、監視を指しています。

　この広い意味でのガバナンスが目指すべきは、優先的な戦略への注力を維持し、戦略的意思決定の質を上げ、現場への権限移譲を進めることです。そのためには、ガバナンスを設計する際に、戦略的優先順位と重要な意思決定に沿って意思決定権の配分を進め、意思決定の実行のモニタリングの仕組みを設計する必要があります。企業の業績を左右するような課題

は何なのか。それは、「どのような新製品やサービスを開発して、どう発売していくか」かもしれません。あるいは、「どのような生産能力を持って、最適な稼働をどうやって維持していくか」かもしれません。良いガバナンスは、こうした課題を解こうとしたときに必要な意思決定に対して、適切な注意を払い、正しい決断を下し、その実行をきちんとフォローアップしていくことを経営陣に強います。

　本社の役割を定義する際には、事業会社・事業の重要課題と戦略的意思決定に対して本社がどのようなガバナンスを実施するかを決めることから出発します。ここで前のステップで組織構造を整理したことが活きてきます。各組織は重要な取り組みの塊へのオーナーシップを持っています。本社が、これらの取り組みに対応した重要課題と戦略的意思決定にどう関わっていくかを定義していきます。

　本社の役割については、様々なバリエーションがあり得ますが、通常は３つの類型で考えていきます。

投資家型本社

・本社は、投資家的視点からの事業価値最大化に向けた、財務を軸にした事業コントロールにフォーカス

・事業の予算・計画においても、財務成果に重きを置く

・本社の役割として、M&A的な意味での事業開発を重視し、積極的な事業ポートフォリオの入れ替えを推進する

戦略家型本社

・本社は、全社レベルのグループ戦略のみならず、事業・事業会社の戦略策定にまで関与する

・本社として、事業間のシナジーの創出に積極的に関与し、重要な組織能力についてしっかりとしたCOEを持つ

業界横断テーマ

> **オペレーター型本社**
> ・本社が、グループ戦略から事業会社の基本戦略やオペレーション設計にまで深く関与する
> ・事業会社は、地域や事業に合わせて、戦略やオペレーションの修正を本社に提言するが、基本的には執行に専念する

　純粋なオペレーター型本社は単一事業に近い事業体でないとなかなか成立しません。この類型に当てはまる会社としては、コカ・コーラがあります。強力なブランドを持った製品を軸に、ボトラーシステムを作り上げ、物流・販売網でもグローバルに単一モデルを推進してきました。ある意味、コカ・コーラにとっては、日本市場だけがオペレーター型本社にとっての例外市場と言えます。日本の競争環境、顧客の嗜好の多様性、販売チャネルの特性から、様々な面でグローバルモデルとは異なる経営が許容されてきています。ここからイノベーションが生まれているのも、面白いところです。

　投資家型本社の場合でも、本社としての付加価値を出すためのレバーについてのコントロールを握ることはあります。例えば、先述したダナハーはこの類型になります。事業ポートフォリオの管理とM&Aに加え、DBSのような経営ノウハウの構築とその横展開については、本社の責任としてしっかり推進しています。

　この3つの類型を、日本の多角化事業の経営者に提示すると、ほぼ反射的に戦略家型本社を選ばれる傾向があります。しかし、実はこれは有効に機能させるのが難しい類型です。どうやって本社が、事業会社における戦略的意思決定に対して付加価値を出すのか。どのような戦略取り組みの推進に、本社がどうやって関与していくのか。どのような組織能力の構築を本社が推進するのか。戦略家型本社を選ぶ際には、具体的なレベルに降りて検討した上で、意思決定する必要があります。

第21章　組織変革

③意思決定権限とマネジメントプロセスの整備

　選んだガバナンスモデルを動かすためには、組織メカニズムの設計と整備が必要になります。必要な意思決定に対して、「それを誰が決めるのか」「どのようなプロセスで決めるのか」を設計することになります。ここでの代表的な取り組みは下記となります。

・主要な意思決定のリストアップ
・意思決定権の配分（DRIVEモデル）：意思決定ごとに、「誰がどのような役割で関わるか」「どのような権限を持つか」を決めます。その際には、いろいろな枠組みが存在しますが、ここではDRIVEモデルを紹介します。この枠組みのもとでは、「誰が決めるか（Decide）」「誰が提言するか（Recommend）」「誰がインプットを行うか（Input）」「誰が拒否権を持つか（Veto）」「誰が決定内容について知らされるか（Educate）」を決めます。
・会議体とプロセスの設計：定められた意思決定権を動かすために、どのような会議体を置き、どのようなプランニングプロセスを運用していくかを決めます。

　過去からの経緯で置かれた会議体やプランニングプロセスが見直しされないまま踏襲されている会社も多くあります。結果として、経営陣が議論すべきことを議論できていないケースも多発しているように見えます。

④議論の質を高める取り組みの推進

　このステップは多くの会社で抜けがちです。ステップ③までできれば、本社の役割やどの意思決定がどこで行われるかは明確になり、ガバナンスの形式的な要件は整います。この枠組みのもとで運営を継続していけば、ある程度の意思決定の質の向上は見込めます。

しかし、競争力を強化していくためには、自社の戦略に沿った重要な意思決定の質を高める取り組みを積極的に進めることが重要です。例えば、ある企業では、M&Aを成長戦略の一つの手段として位置付け、ディールに関わる意思決定の質を高める取り組みを進めました。戦略に紐付く領域でのM&A候補となり得る提携・買収候補先リストを作成し、リスト上の企業を常にモニタリングするとともに、リストの更新を定期的に行う。そして魅力的な候補先にはこちらからアプローチをし、買収まで行かなくとも、パートナーシップを持ち掛ける。この一連のプロセスを、定常的な活動の中に組み込むこととしたのです。買収が成立するかどうかは市場環境や対象会社の経営状況などの要素に依存するため、このようなプロアクティブなアプローチが実際に買収に結実することはそれほど多くありません。従って、多くの企業は、このようなプロセスを定常的なシニアマネジメントの活動や経営会議のテーマに組み込むことを怠りがちです。しかし、この会社は、こうした取り組みの中で様々な案件を横比較することで、ディールの相場感をマネジメントチームで共有しました。さらには、提携候補先との折衝や交渉の経験を蓄積することで、いざ案件が出てきたときの議論の質、意思決定の質を上げることに成功しました。

このような実践を通したノウハウの蓄積を起点に、グローバルのトップ企業はノウハウの体系化まで踏み込んでいます。例えば、製薬会社のアストラゼネカ社は、新薬の候補物質の評価の際の枠組みを体系化して、5Rフレームワークと名付けています。"Right target" "Right tissue" といった科学的仮説について検証すべきポイントを定義するとともに、それぞれの項目で使う定量評価のモデルやツール化を進めました。こうした取り組みによって、業界内でもトップクラスと目されるR&Dの生産性を実現しています。

消費財におけるブランド計画、製薬会社の新製品の上市計画等、繰り返し行われる戦略的な意思決定の質を高めるための工夫、そのための議論の

テンプレート化や行うべき分析や調査の継続的な見直し。このような取り組みにより、本社機能の強化を、絵にかいた餅でなく、現実のものとすることができるのです。

⑤情報系の整備

　最後に、日本企業に共通する課題として、経営の情報系の整備があります。経営の意思決定に必要な情報をタイムリーに届ける能力です。特に、インターナルな経営情報については、ERPを中心としたIT基盤の整備、財務プロセスの整備、ダッシュボードの構築と運用、財務分析を行うスキルを持ったFP&A（ファイナンシャル・プランニング&アナリシス）のチームの構築が欠かせません。グローバル企業では、内部の財務・オペレーション情報の整備は当然で、これを基にしたリアルタイムデータ経営にまで踏み込んでいます。さらに、市場や競合についての基本的な情報をデータベース化して統合する、さらには、サプライヤーの情報や外部の販売パートナーの情報まで統合することを目指す企業も増えています。

　これからは、AIの活用も含めた戦略的な取り組みを進められているかによって、ますます企業間の格差が大きくなっていくでしょう。既に周回遅れ気味の日本企業にとっては、一気に差を詰めるための大胆な取り組みをする必要のある課題です。

　以上、日本企業の現状を念頭に置きながら、本社機能をどの方向で強化するか、そのためにどのような取り組みが必要か、の概略を示しました。途中で紹介した先進企業の事例等、世界の優れた取り組みや経営のプラクティスを積極的に取り入れることは欠かせません。一方で、他社の解が自社にそのまま当てはまることはなく、自社の戦略に沿った解を作り出すことが大事です。本稿が、自社ならでは、の解を作り出していく一助になることを願います。

業界横断テーマ

[執筆者]

西谷 洋介 (にしたに ようすけ)

A.T. カーニー　LCO（リーダーシップ・組織変革）プラクティス、ヘルスケアプラクティス　シニアパートナー

東京大学 教養学部卒業、ペンシルベニア大学 ウォートン校卒業。

25年のコンサルティング経験。直近は医療機器メーカーにて戦略本部を統括しながら、新規事業の立ち上げを推進。医薬、医療機器を中心に、全社戦略、事業ポートフォリオ組み換え、営業マーケティング改革、企業文化変革に豊富な経験を有する。

早川 純平 (はやかわ じゅんぺい)

A.T. カーニー　LCO（リーダーシップ・組織変革）プラクティス、デジタルプラクティス　プリンシパル

東京大学 工学部卒業、東京大学大学院 情報理工学系研究科修了。

株式会社みずほ銀行を経て、A.T. カーニーに入社。

テクノロジー企業、ヘルスケア企業を中心に、事業戦略、M&A戦略、新規事業開発、営業マーケティング改革、組織文化変革など幅広いテーマを手掛ける。

第21章

組織変革

【編者紹介】

A.T.カーニー

1926年に米国シカゴで創立された世界有数の経営コンサルティング会社。世界41の国と地域、71拠点に、約5,300名のスタッフとグローバルネットワークを擁す。あらゆる主要産業分野のグローバル1,000社や各国の大手企業や政府系機関等を中心顧客とし、戦略からオペレーション、ITにいたるまで一貫した高品質のサービスを提供。

A.T.カーニー　業界別 経営アジェンダ2024

2023年11月17日　1版1刷
2023年12月6日　　2刷

編　者	A.T.カーニー
	© Kearney, 2023
発行者	國分正哉
発　行	株式会社日経BP
	日本経済新聞出版
発　売	株式会社日経BPマーケティング
	〒105-8308　東京都港区虎ノ門4-3-12
装　幀	沢田幸平（happeace）
ＤＴＰ	朝日メディアインターナショナル
印刷・製本	シナノ印刷

ISBN978-4-296-11862-5　Printed in Japan

本書の無断複写・複製（コピー等）は著作権法上の例外を除き，禁じられています。
購入者以外の第三者による電子データ化および電子書籍化は，私的使用を含め一切認められておりません。
本書籍に関するお問い合わせ，ご連絡は下記にて承ります。
https://nkbp.jp/booksQA